Essen muss der Mensch

Auf der Suche nach der verlorenen Sicherheit

Über die Autorin:
Inka Faltynowicz ist studierte Philologin und lebt mit ihrem Mann in einer sympathischen kleinen Stadt in Westmünsterland, in der es noch einen regionalen Wochenmarkt gibt und die Entfernungen mit dem Fahrrad zu bewältigen sind. Die drei gemeinsamen Kinder sind bereits aus dem Haus.
Weitere Bücher der Autorin: „Die traditionelle polnische Küche. Von einfach bis festlich", „Schenken ist ein Brückenschlag. Vom Zauber und Sinn des Schenkens", „Dankbarkeit. Warum wir sie brauchen"

Inka Faltynowicz

Essen muss der Mensch

Auf der Suche nach der verlorenen Sicherheit

© Inka Faltynowicz 2018
2., überarbeitete und erweiterte Auflage
Umschlaggestaltung: Inka Faltynowicz
Umschlagfoto: Inka Faltynowicz
Verlag: tredition GmbH, Hamburg
Paperback
978-3-7469-0016-2
Hardcover
978-3-7469-0017-9

Bibliografische Information der Deutschen Nationalbibliothek: Die Deutsche Nationalbibliothek verzeichnet diese Publikation in der Deutschen Nationalbibliografie; detaillierte bibliografische Daten sind im Internet über http://dnb.d-nb.de abrufbar.

Für meinen Mann, in Liebe

Über den Titel:
Der Titel stammt aus dem Lustspiel „Weh dem, der lügt" von Franz Grillparzer
(Grillparzer 1840, S.17)

Inhalt

Vorwort

„Wir sind, was wir denken." (Dhamapada 1,1)

Essen ist ein elementares menschliches Bedürfnis. Es nährt den Körper und lässt ihn wachsen und gedeihen. Im Laufe der Geschichte hat der Mensch ein enormes Wissen über das Essen angesammelt – über seine materielle, sinnliche wie emotionale und geistige Seite. In der heutigen Zeit schwindet leider der große Erfahrungsschatz zusehends.

Ohne ein maßgebendes Wissen sind wir jedoch schutzlos ausgeliefert: den unterschiedlichsten Wertungen, Trends, Kampagnen und der knallbunten Welt der Werbung. Auch bei der Ernährung macht uns das Wissen unabhängig von der Meinung der anderen und erlaubt uns sicher und souverän zu entscheiden. Wir halten dann den Schein und das Sein leicht auseinander und erkennen leicht den wahren Wert der Dinge.

Das Ziel des Buches ist die verlorene Sicherheit und Selbstverständlichkeit im Umgang mit der Nahrung wieder zu erwecken, die noch unseren Eltern und Großeltern eigen war, genauso wie die ursprüngliche, unbeschwerte und froh machende Lust auf frische Lebensmittel. Es führt vor Augen, wie reich die Natur das Angebot an Essbarem für den Menschen bereithält und wie viel Lebensfreude der Genuss des Essens einem bereiten kann.

Das Buch wirbt nicht für irgendeine besondere Sichtweise. Seine Aufgabe ist lediglich, den Leser mit breit gefächerten Informationen vertraut zu machen, um seinen Blick zu weiten. Es informiert, ohne zu belehren und irgendwelche Ängste (negative Suggestionen) zu erzeugen. Es zeigt zudem, dass – wenn wir es zulassen – Essen nicht nur den Körper, sondern auch die Seele nährt und erbaut.

Inka Faltynowicz

Die Ernährung im digitalen Zeitalter

„Zwischen Essen und Ernähren können Welten liegen." (Sprichwort)

Essen und das Urvertrauen unserer Vorfahren

In seiner Geschichte folgte der Mensch dem Nahrungsangebot der Natur Tausende von Jahren. Als Sammler und Jäger verbrachte er alle Tage auf Nahrungssuche. Er sammelte wilde Samen, Früchte und Wurzeln, jagte Tiere. Tief mit der Natur verbunden, wusste er instinktiv, was sie für ihn an Essbarem bereithielt. Das Angebot war zwar karg und stark abhängig von der Umgebung und der Jahreszeit, sicherte aber trotzdem das Überleben.

Mit der Zeit erweiterte der Mensch seine Nahrungsauswahl, indem er die Erde urbar machte (etwa 8000 v. Chr.). Er wurde sesshaft und als Siedler baute er Getreide an, domestizierte Tiere, verarbeitete Gemüse, Milch und Fleisch, lernte Vorräte anzulegen. Er passte sich der Umgebung an: dem Boden, dem Klima und den Jahreszeiten. Im Einklang mit der Natur lebte er nach deren Gesetzen und profitierte von ihren Gaben.

Aus dem, was er der Erde und den Tieren abverlangte, entstanden mit der Zeit regionale Küchen, der Umgebung, dem Klima und dem Reichtum der Natur sowie den verschiedenen Lebensweisen und Weltanschauungen angepasst. Sie ergaben eine solide Ernährungsgrundlage und sorgten für das Gedeihen der Menschen, Tausende von Jahren.

Wissen, das verloren ging

Diese immense Sammlung an Wissen über die Lebensmittel, ihre Wirkungskraft, Zubereitungsmethoden und Vorratshaltung wurde von jeder kommenden Generation erweitert, bereichert und weiter gegeben. Zusammen mit den jeder Region eigenen Ritualen ergab es eine für die Gegend charakteristische Lebensart, in der sich der Mensch gut aufgehoben wusste. Das althergebrachte, bewährte Wissen gerät in den Industrieländern immer mehr in Vergessenheit und mit ihm auch die ursprüngliche Sicherheit und Selbstverständlichkeit.

Die Zeit der Industrialisierung und der Vormarsch der Industriekost

Im frühen 19. Jahrhundert brach mit der Industrialisierung ein neues Zeitalter an, das nicht nur grundlegend das Leben der Menschen veränderte, sondern auch deren Essgewohnheiten. Bis dahin wurde das Essverhalten von religiösen und familieren Traditionen sowie der Umgebung und den Jahreszeiten diktiert. Die traditionellen Küchen lebten von frischen Zutaten aus der Region und dem Hausgemachten. Die Industrialisierung brachte die maschinelle Verarbeitung: Die mühselige Handarbeit bei der Lebensmittelherstellung wurde zunehmend von Maschinen übernommen.

Die Umstellung kam natürlich nicht über Nacht. Lange Zeit wurden noch viele Lebensmittel mit traditionellen Methoden und aus den Erzeugnissen aus der näheren Umgebung in kleinen handwerklichen Betrieben hergestellt und in der Region verkauft. Es gab neben den Bäckereien auch Metzgereien, Käsereien, Molkereien, die viele regionale Produkte herstellten. Käse wurde noch handgeschöpft, Mehl in Steinmühlen gemahlen, Brot hatte noch Zeit, um zu gehen und bedurfte keinerlei Backhilfen außer Hefe und Sauerteig.

Mit der Zeit wurden die kleinen handwerklichen Betriebe immer mehr durch Großbetriebe – Lebensmittelfabriken – verdrängt. Seit den 70er Jahren verschwanden immer mehr davon. Die Industrie übernahm weitgehend die Produktion der Nahrungsmittel: Die Industriekost war geboren und eroberte schnell den Markt. Fast zwei Drittel unseres Konsums bestreiten wir heutzutage mit der industriell verarbeiteten, „zeitsparenden" Kost. Die Fertiggerichte haben Konjunktur – sie werden gerne gekauft, weil viele glauben, zu wenig Zeit zu haben, um noch selbst zu kochen.

Hast und Eile

„Die Natur beeilt sich nicht und trotzdem ist alles vollendet." (Lao Tse)

Unsere Welt ist schnell geworden. Das Tempo dringt in immer weitere Bereiche des Lebens ein und macht es dem Menschen schwer, etwas Ruhe, Erholung und Zeit für sich zu finden. Der moderne Mensch hat es eilig. Die Zeit jagt ihn nur so durch den Tag.

Dabei war er nicht immer deren Sklave. Jahrtausende lang folgte er seinem individuellen Rhythmus, verbrachte die Tage ohne Hetze und Eile: War er müde, setzte er sich hin. Ging die Sonne unter, legte er sich schlafen. Sein Leben gestaltete sich nach den natürlichen Rhythmen. Die Jahreszeiten und der Lauf der Sonne bestimmten seinen Tag. Auch die Erfindung der mechanischen Uhr zu Beginn des 13. Jahrhunderts hatte zunächst daran nicht viel geändert.

Die große Wende kam erst mit der Industrialisierung. Sie brachte die neue Geschwindigkeit: Die auf Profit ausgerichteten Großbetriebe duldeten keinen Aufschub, keine Verzögerung, keine Verspätung. Sie bedienten sich der Uhren, um den neuen Arbeitsrhythmus vorzugeben. So floss seitdem die Zeit nicht mehr so dahin, sondern zerhackt in Stunden und Minuten überwachte sie rigoros die Arbeit. Man durfte die Zeit nicht mehr „verlieren". Nicht umsonst heißt der Leitsatz, der neu angebrochenen Epoche: „Zeit ist Geld".

Mittlerweile herrscht das Tempo nicht nur am Arbeitsplatz und auf der Straße. Es wird jeden Tag nach Hause mitgeschleppt und macht sich selbst in der Küche breit. So ist in unserer schnelllebigen und ungeduldigen Zeit das Kochen zu zeitaufwendig und zu mühselig geworden: Viele glauben, keine Zeit mehr übrig zu haben für Schälen, Würfeln, Braten und Kochen.

Industriekost – die modernen Nahrungsmittel?

Es ist noch nicht lange her, da wurden als *Lebensmittel* laut Duden: „Alle natürlichen, ungekocht genießbaren tierischen und pflanzlichen Produkte" bezeichnet. „Tierische und pflanzliche Produkte, die durch Erhitzen, Konservieren und Präparieren verändert werden", fielen unter die Kategorie *Nahrungsmittel.* Heute bezeichnet man als Lebensmittel nicht nur Nahrungs- und Genussmittel, sondern, laut Brockhaus: „auch die Lebensmittelzusatzstoffe und Nahrungsergänzungsmittel". Die natürlichen Lebensmittel (unveränderte Naturerzeugnisse), durch traditionelle Zubereitungsmethoden veränderte Lebensmittel (Nahrungsmittel) und industriell verarbeitete Lebensmittel (Industriekost – Fertiggerichte) gehören jetzt derselben Kategorie an. Die früher *klaren Grenzen* werden damit verwischt. Demzufolge ist es für viele fast unmöglich, die verschiedenen Lebensmittelgruppen auseinanderzuhalten. Besonders schwer fällt die Unterscheidung zwischen den *traditionell* und *industriell* verarbeiteten Lebensmitteln, also zwischen den Nahrungsmitteln und den Fertiggerichten (Industriekost).

Die *Nahrungsmittel* werden in kleinen handwerklichen Betrieben hergestellt. Für sie sind Bauer, Bäcker, Metzger, Käsemacher und Köche zuständig. Die *Fertiggerichte* (Industriekost) werden in den Lebensmittelfabriken produziert und die zuständigen Berufe tragen fremd wirkende Namen wie: Lebensmitteltechniker, Lebensmittelchemiker, Lebensmittelingenieure, Biotechnologen und Gentechniker. Dementsprechend wird die Industriekost auch zusammengebraut: Viele der Grundnahrungsmittel werden in ihre Bausteine zerlegt und mit allerlei Zusatzstoffen neu konstruiert (vgl. Furtmayer-Schuh, 1993, S. 93ff). Die Fertiggerichte durchlaufen zudem laut Brockhaus „eine Reihe von Produktionsverfahren". Manche von ihnen wurden von der natürlichen Vorratshaltung abgeleitet wie z. B. das Trocknen und Einkochen. Andere gehören zu den neuen und neuesten Technologien: Tiefgefrieren, Pasteurisierung, Sterilisierung, Homogenisierung, Hocherhitzung, Raffination, Zusatz von Konservierungsstoffen, Bestrahlung und Gentechnik. Das Ziel ist, die Ware länger haltbar zu machen, da sie lange Wege durchzustehen hat und über Monate hinweg in den Regalen ausharren soll.

Die Verfahren verändern die Nahrung: Ein Teil der Lebensenergie und der Vitalstoffe wird ihr entzogen, ihre Biochemie verändert. Da viele wichtige Substanzen dann nicht ausreichend geliefert werden können, werden die Fertiggerichte mit Ergänzungsstoffen angereichert: Synthetisch hergestellte Vitamine, Spurenelemente und Mineralien werden zugegeben, Nahrungsergänzungsmittel empfohlen. Besonders von Sterilisierung, Hocherhitzung, Zusatz von diversen (dem Stoffwechsel fremden) Konservierungsstoffen, Bestrahlung und Gentechnik wird abgeraten.

Zu alledem sind die Fertiggerichte sehr kalorienreich und können deswegen viel schneller zu Übergewicht führen: Nach der industriellen Aufbereitung ihres Eigengeschmacks beraubt, werden sie reichlich mit industriell verarbeitetem Fett (*Transfettsäuren*, siehe S. 34), Zucker (oder immer öfter mit dem *Glucose-Fruktose-Sirup,* siehe S. 253), Salz und verschiedenen Geschmackverstärkern aufgepäppelt, um den Geschmack und die Konsistenz zu verbessern. Die große Menge an Kalorien wird auch dank neuester technologischer Verfahren besser ausgenutzt. Auch die Zusatzstoffe wie Emulgatoren und Enzyme tragen zu der stärkeren Ausnutzung bei. Das bedeutet: Der Körper *nimmt von den Kalorien viel mehr auf,* als es gewöhnlich der Fall ist (vgl. Furtmayr-Schuh 1993, S. 115, 123).

Aufgewertet werden die Fertiggerichte durch die Werbung. Sie nutzt die Erkenntnis, dass der Mensch eine selektive Wahrnehmung hat: bedient sich positiv besetzter Worte und Begriffe, um ein positives Bild zu wecken, das in unseren Köpfen dann andauernd herumspukt. Auf diese Weise lässt sie uns glauben, dass wir ein frisches, wie hausgemacht schmeckendes Produkt kaufen, das alles enthält, was der Mensch braucht. Um das Image noch mehr aufzupolieren, werden die Produkte als „moderne Lebensmittel" bezeichnet. Dem Käufer wird damit suggeriert, dass er mit der Zeit gehe und selbst ein moderner Mensch wäre. So kaufen wir oft im Grunde genommen farbenprächtig verpackte Illusionen, die uns das, was wir eigentlich gerne hätten, nur vorgaukeln.

Zu den Fertiggerichten gehören Konserven, Instantprodukte und Tiefkühlmenüs: Dosen, Gläser, Brühwürfel, Tütensuppen und Tütensoßen, allerlei Chips sowie die ganze Palette an tiefgekühlten Fertiggerichten.

Überfluss und Verwirrung

Wir leben in den industriellen Ländern im Überfluss, im Überfluss an materiellen Gütern, Informationen und im Überfluss an Nahrung.* Die Massenproduktion bringt ein Übermaß an Nahrungsprodukten mit sich. Die Regale der Lebensmittelgeschäfte sind brechend voll. Viele Menschen stehen dem umfangreichen Angebot verwirrt und hilflos gegenüber. – Das einmal vorhandene Wissen und mit ihm das *Urvertrauen*, welches für unsere Vorfahren noch selbstverständlich war, ist größtenteils verloren gegangen; die neuen Informationen verwirren und verunsichern.

---

* Dabei täuschen die vollen Regale nur einen Artenreichtum (Biodiversität) vor. Die Industrialisierung der Agrarproduktion bewirkt, dass die Artenvielfalt zunehmend schrumpft und viele der regionalen Pflanzenarten und Tierrassen einfach verschwinden.

Die neuen Ernährungslehren, Diäten und Trends sind häufig widersprüchlich, starr, oft sogar dogmatisch: Was die Makrobiotik preist, verschmäht der Rohköstler, dem Vegetarier ist der Fleischesser ein Groll, und nicht nur die Atkins-Diät wird von manchen verteufelt. Sogar an der Vollwertküche findet sich etwas auszusetzen.

Auch die Erkenntnisse der Ernährungswissenschaft werden oft relativiert: „Was gestern als gesund galt, wird heute als ungesund verworfen" (Pötzl, Spiegel 25/2005) oder umgekehrt. So wurde vor noch nicht so langer Zeit vor dem Genuss von Olivenöl nachdrücklich gewarnt (vgl. Pollmer 2000, S. 139). Lange Zeit waren es auch Fett, Salz und Zucker „ der Bösewicht"*. Viele lang andauernden Studien entlarven die meisten „gängigen Empfehlungen als völlig nutzlos" (ebd. S. 9). So gilt es z. B. heute als Märchen, dass „Butter und Eier Gift für die Gefäße sind", Margarine dagegen das Herz schützt (Herden, PM 6/2007).

Dazu kommt die allgegenwärtige Werbung, die uns ins Haus flutet und alles verspricht, was der Mensch zu suchen glaubt: Geschmack, gute Verträglichkeit, die wenigsten Kalorien, Vollaroma und Zeitgewinn. Sie redet Wünsche ein, weckt die Begierde, den Appetit, die Gelüste. Über den Wert der Nahrung entscheiden dann Marken, kunterbunte Verpackungen und nicht selten die Vorbereitungszeit.

---

* Vgl. Pollan: „Momentan ist Gluten der Bösewicht, lange waren es Fett oder Zucker. Fast jeden Tag wird eine neue böse Ingredienz ausgemacht" (Pollan 2016, S. 115).

Auf der Suche nach der verlorenen Sicherheit

„Wissen ist ein Schatz, der seinen Besitzer überallhin begleitet. "(aus China)

Essen und das Nähren von Körper und Seele

Essen ist viel mehr als nur eine Aufnahme von Nahrung. Es vertreibt nicht nur den Hunger – es macht satt, zufrieden und entspannt: „Essen hält den Leib und die Seele zusammen."

Was den Körper nährt

Was nährt den Körper – aus analytischer, biochemischer Sicht

Unser Weltbild fußt auf Rationalität und somit ist Analyse seine geläufige Denkweise. Das Phänomen – das Ganze – wird in seine Bestandteile zerlegt und untersucht. Auch unsere Lebensmittel werden untersucht, aus welchen Bestandteilen sie bestehen.

Die verschiedenen Nährstoffe werden in Grundnährstoffe und Vitalstoffe eingeordnet. Zu den Grundnährstoffen zählt man *Kohlenhydrate*, *Eiweiß* und *Fett*. Sie liefern Energie und Stoffe für den Aufbau des Körpers. Die Vitalstoffe liefern zwar keine Energie, sind aber unentbehrlich für den Körper.

Aus analytischer Sicht bestehen unsere Lebensmitteln aus verschiedenen Nährstoffen: Grundnährstoffen und Vitalstoffen. Aus der Sicht der Ernährungswissenschaft braucht der Körper Energie und Aufbaustoffe. Das Ziel der Ernährung ist somit die optimale Versorgung mit allen notwendigen (lebenswichtigen) Nahrungsinhaltsstoffen.

Grundnährstoffe

Kohlenhydrate – die Energieträger

Alle Kohlenhydrate sind pflanzlichen Ursprungs. Sie werden von den Pflanzen aus Luft (Kohlendioxid) und Wasser mit Hilfe von Sonnenlicht hergestellt. Die während der Fotosynthese entstandene Kohlenhydrate werden in Samen, Körnern, Knollen, Wurzeln und Mark gelagert.

Kohlenhydrate bestehen aus *verdaulichen* (einfachen und komplexen Kohlenhydraten) und *unverdaulichen* (löslichen und unlöslichen

Ballaststoffen) Bausteinen. Zu den einfachen Kohlenhydraten zählen Einfach- und Zweifachzucker, zu den komplexen Mehrfachzucker und Stärke. Zu den löslichen Ballastoffen zählen unter anderem Pektin und Schleimstoffe, zu den unlöslichen die Zellulose.

Kohlenhydrate:

verdauliche Kohlenhydrate: einfache (Einfach-, Zweifachzucker)
komplexe (Mehrfachzucker)
unverdauliche Kohlenhydrate: lösliche Ballaststoffe (z. B. Pektin)
unlösliche (z. B. Zellulose)

Einfachzucker (*Fruktose, Glukose*) besteht aus einem Zuckermolekül, *ist süß* und in Wasser löslich. Zu den Einfachzuckern gehören: *Fruchtzucker* (*Fruktose*) und *Traubenzucker* (*Glukose*). Beide kommen entweder in freier Form vor als Bestandteil von Obst und Gemüse oder als Bausteine von Zweifach- und Mehrfachzucker. Fruktose und Glukose schmecken süß und sind wasserlöslich.

Mehrfachzucker (*Stärke*) besteht aus vielen Zuckermolekülen und schmeckt *nicht süß*. Zu Mehrfachzuckern gehören: *Amylose* (100 bis 1400 Moleküle), die nur im heißen Wasser löslich ist und *Amylopektin* (5000 bis 25000 Moleküle), das sich im Wasser nicht lösen lässt (quillt nur leicht). *Stärke* besteht aus Amylose und Amylopektin. Als eine organische Einheit (Stärkekörner) befindet sie sich in Rüben, Knollen, Wurzeln, Samen, Mark und Getreidekörnern.

Die Ernährungswissenschaft unterscheidet *vollwertige* und *minderwertige* (raffinierte) Kohlenhydrate.
    Die *vollwertigen Kohlenhydrate* werden als eine Ganzheit (alle Inhaltsstoffe) geliefert: in Getreide und allen Vollkornprodukten, Hülsenfrüchten, Trockenobst, Kartoffeln und anderen Knollen (z. B. Topinambur). Die besten Lieferanten von vollwertigen Kohlenhydraten sind vor allem Getreide, mit etwa 70 g Stärke pro 100 g (Vollkornbrot etwa 50 g) und Hülsenfrüchte mit etwa 60 g (Kartoffeln enthalten 17 g). Bei Obst und Gemüse liegt der Gehalt entsprechend bei etwa 7-11 g. Die vollwertigen Kohlenhydrate werden schon seit Urzeiten gegessen.

Die *raffinierten* (*minderwertigen*) *Kohlenhydrate* werden durch verschiedene industrielle Verarbeitungsprozesse verändert, indem ihnen die Ballaststoffe und ein mehr oder weniger großer Teil der Vitalstoffe entzogen werden. Zu den raffinierten Kohlenhydraten gehören: Haushaltszucker (Saccharose), Weißmehl, Kartoffel-, Mais- und Weizenstärke. Die raffinierten Kohlenhydrate werden erst seit dem 19. Jahrhundert (als Massenware) gegessen.

Im Prozess der Verdauung werden die Kohlenhydrate zuerst in Zweifach-, dann in Einfachzuckern gespalten, um verstoffwechselt zu werden. Dabei werden die vollwertigen Kohlenhydrate viel langsamer abgebaut, als die raffinierten, was den Vorteil hat, dass sie den Körper nicht aus dem Zucker-Insulin-Gleichgewicht bringen. Ein Zuviel an Kohlenhydraten wird als Fett gespeichert. Bei zu wenig Kohlenhydraten verwendet der Körper Eiweiß zur Energiegewinnung, was zu Muskelabbau führen kann.

Werden Kohlenhydrate (Stärke) erhitzt und anschließend abgekühlt entsteht sogenannte resistente Stärke. In Kartoffeln, Getreide und Bohnen bekommt die Stärke dann eine andere Struktur, die unsere Verdauungssysteme nicht aufspalten können. Die *resistente Stärke* (in Kartoffelsalat, Nudeln, Sushi) wirkt *präbiotisch*, was bedeutet, dass sie das Wachstum von nützlichen Darmbakterien (Lactobazillen, Bifidobakterien) fördert.*

Auch *Ballaststoffe* sind Mehrfachzucker (außer Lignin). Man unterscheidet *unlösliche* und *lösliche* Ballaststoffe. Die unlöslichen Ballaststoffe (Zellulose und Hemizellulose) dienen in den Pflanzen als Gerüstsubstanz in den pflanzlichen Zellwänden. Sie befinden sich vor allem im Getreide und seinen vollwertigen Erzeugnissen sowie in Gemüse, Hülsenfrüchten, Nüssen und Obst. Eine Scheibe Vollkornbrot enthält so viele Ballaststoffe wie zehn Scheiben Weißbrot. Die löslichen Ballaststoffe (Pektin, Schleim- und Gelstoffe) befinden sich in den Zellwänden: Pektin in Obst und Gemüse; Schleimstoffe in Hafer, Gerste, Leinsamen und Flohsamen; Gelstoffe in Meeresalgen (u. a. Agar-Agar). Pektine und Gelstoffe werden als Geliermittel, Verdickungsmittel und Stabilisatoren angewendet.

---

* Vgl. Mike Croghan: „Resistente Stärke als funktioneller Bestandteil von Lebensmitteln", in: www.ernaerung-umschau.de/print-artikel/11-02-2003-

Ballaststoffe wurden eine Zeitlang als grob und unerwünscht – als Ballast für den Körper betrachtet, sogar von der Wissenschaft. Daraus resultiert auch der im Grunde genommen abwertende Begriff – „Ballast-Stoffe". Die Ballaststoffe sind jedoch für den Stoffwechsel unentbehrlich. Sie regen die Bewegung des Darmes an, sorgen für eine gesunde Darmflora und binden Fette und andere unerwünschte Substanzen.

Eiweiß (Proteine) – der Baustoff

Eiweiß dient im Körper dem Aufbau von Zellen und Gewebe, also von Muskeln, Knochen, Sehnen, Haut, Haaren und Organen. Aus Eiweiß werden auch Blutkörperchen, Hämoglobin, Enzyme, Hormone und Antikörper gebildet.

Eiweiß besteht aus 20 aneinander geketteten Aminosäuren. Man unterscheidet *entbehrliche* (nichtessenzielle) Aminosäuren, welche der Körper selbst aufbauen kann und *unentbehrliche* (essenzielle) Aminosäuren, die der Körper nicht selbst herstellen kann und auf die Nahrungszufuhr angewiesen ist. Auch Tiere müssen sich die essenziellen Aminosäuren aus der Nahrung holen, denn *nur die Pflanzen* können alle Aminosäuren selbst herstellen.

Wir unterscheiden *tierisches* und *pflanzliches* Eiweiß. Das meiste tierische Eiweiß findet sich in Fleisch, Fisch, Eiern und Milcherzeugnissen. Die besten Lieferanten von pflanzlichem Eiweiß sind Sojabohnen, Hülsenfrüchte, Nüsse und Getreide.

Lange Zeit galt das tierische Eiweiß als wertvoller als das pflanzliche, weil es alle benötigten Aminosäuren liefert. Werden jedoch pflanzliche Eiweißlieferanten in richtigen Mischungen gegessen, sind sie nicht weniger wertvoll. Die bekanntesten pflanzlichen Kombinationen sind: Mais und Bohnen sowie Reis und Linsen und werden bis heute in vielen Regionen der Welt so gegessen. Zu den wertvollsten gemischten Kombinationen gehören Kartoffeln und Ei, Kartoffeln und Milch sowie Milch und Ei.

Obwohl Eiweiß für den Körper unerlässlich ist, soll es trotzdem nicht in zu hohen Dosen aufgenommen werden, denn Eiweiß kann im Körper nicht gespeichert werden. Das Zuviel wird in Harnsäure umgebaut.

Fett – Energieträger und Aufbaustoff

Fett ist ein Energie-, Aufbau- und Schutzstoff: Es speichert und liefert Energie (Depotfett), transportiert fettlösliche Vitamine (Blutfett), dient als Baustoff für Zellwände und Hormone (Baufett), fixiert die Organe, isoliert die Nerven und dient als Wärmedämmung (Schutzfett). Fett besteht aus einem Teil Glycerin und drei Teilen Fettsäuren. Die Fettsäuren sind natürliche Moleküle und werden in drei Kategorien unterteilt: *gesättigte*, *einfach ungesättigte* und *mehrfach ungesättigte*. Darüber hinaus gibt es noch freie Fettsäuren und Transfettsäuren.

Fettsäuren:

gesättigte Fettsäuren (in: Schmalz, Butter, Kokosfett)
einfach ungesättigte Fettsäuren: u. a. Ölsäure (in: Olivenöl)
mehrfach ungesättigte Fettsäuren: Omega-3-Fettsäuren, Omega-6-Fettsäuren

freie Fettsäuren, Transfettsäuren

Gesättigte Fettsäuren – stabil (für Kochen und Braten)
Die gesättigten Fettsäuren kommen hauptsächlich in Tierprodukten vor wie Speck, Schmalz, Talg, fettes Fleisch, Butter, Käse, Sahne sowie in Vollmilch und ihren Erzeugnissen. Zu den pflanzlichen Produkten mit gesättigten Fettsäuren gehören nur Palm- und Kokosfett. Die gesättigten Fettsäuren sind *stabil* und werden nicht ranzig. Sie können somit zum Kochen und Braten verwendet werden.

Die gesättigten Fettsäuren sind für den Körper *unentbehrlich* für die Energiegewinnung und können zum Teil vom Körper aus den Kohlenhydraten hergestellt werden. Die gesättigten Fettsäuren wirken antimikrobiell: Sie schützen den Körper von Viren, Pilzen und unerwünschten Bakterien im Darm.

Einfach ungesättigte Fettsäuren – relativ stabil (nur für Kochen)
Die einfach ungesättigten Fettsäuren können von dem Körper aus den gesättigten Fettsäuren hergestellt werden. Die einfach ungesättigten Säuren sind *relativ stabil*. Das bedeutet, dass sie nicht so schnell ranzig werden und können zum Kochen verwendet werden. Die wichtigste von ihnen ist die *Ölsäure*. Sie kommt vorwiegend in kalt gepressten Ölen vor

(wie Olivenöl, Rapsöl, Erdnussöl und Haselnussöl), aber auch in Nüssen sowie Oliven und Avocados. Zu den besten Lieferanten gehört das Olivenöl.

Mehrfach ungesättigte Fettsäuren – unstabil (nur für kalte Küche)
Die mehrfach ungesättigten Fettsäuren können von dem Körper nicht hergestellt werden – sie sind *essenziell* und müssen mit der Nahrung aufgenommen werden. Sie sind *unstabil* und werden schnell ranzig, deswegen sollten sie nicht erhitzt und nur für die kalte Küche verwendet werden. Zu den wichtigsten mehrfach ungesättigten Fettsäuren gehören *die Omega-3-* und die *Omega-6-Fettsäuren.*

Die Omega-3-Fettsäuren kommen in größeren Mengen in fettreichen Fischen und in einigen pflanzlichen Nahrungsmitteln vor. Die wichtigsten Quellen sind Fisch- und Leinöl. (Die Omega-3-Fettsäuren befinden sich in kleinen Mengen auch in Weidefleisch und Eiern aus Weidehaltung.)

Die bedeutendsten Omega-3-Fettsäuren sind die *Alpha-Linolensäure* (*ALA*) und die sogenannten „Fischsäuren": *Docosahexaensäure* (*DHA*) und *Eicosapertaensäure* (*EPA*). Die *Alpha-Linolensäure* kommt hauptsächlich in Pflanzen vor, in großen Mengen in Leinöl und in kleineren in manchen anderen Ölen wie Hanf- und Rapsöl. In geringen Mengen befindet sie sich auch in Nüssen, Samen und verschiedenen Kohlarten. Die *DPA* und *EPA* liefern vor allem die fetten Meeresfische aus kalten Gewässern. Der Körper kann die „Fischsäuren" auch aus der Alpha-Linolensäure herstellen. Die größte Konzentration von *EPA* und *DHA* befindet sich in Thunfisch, Hering, Sprotte, Lachs (Salm), und Makrele. Auch die Süßwasserfische sind nicht zu verachten, vor allem Wels, Forelle und Karpfen. Die größte Konzentration von *Alpha-Linolensäure* befindet sich in Leinöl (über 50 Prozent) und Hanföl (20 Prozent) sowie Leinsamen. Weniger enthalten u. a. Raps- und Walnussöl.

Menschen, deren Nahrung einen hohen Anteil der Omega-3-Fettsäuren aufweist, erfreuen sich eines gesunden Herzens und stabiler Gesundheit. Es ist allgemein bekannt, wie herzgesund die Inuit und die Japaner sind, deren tägliche Menge an Omega-3-Fettsäuren sehr hoch ist: Die Inuit (die sich traditionell ernähren) verspeisen jeden Tag weit über 300 g Fisch, bei den an der Küste wohnenden Japanern sind es 200 g. (Das Verhältnis der Omega-6-Fettsäuren zu Omega-3-Fettsäuren liegt bei Inuits bei 1:1, bei Japanern 4:1, in den westlichen Industrieländern dagegen etwa bei 20:1.)

Wichtig: Ihre volle Wirkung können die Omega-3-Fettsäuren erst dann entwickeln, wenn das *Verhältnis* der Omega-6-Fettsäuren zu den Omega-3-Fettsäuren 4:1 bzw. 5:1 beträgt*. Das beste Verhältnis weisen laut Wikipedia Leinöl 1:3 und Rapsöl 2:1, das schlechteste Maiskeimöl 50:1, Sonnenblumenöl 120:1 und Distelöl 150:1.

Um das gewünschte Verhältnis von Omega-6-Fettsäuren zu Omega-3-Fettsäuren zu erreichen, wird geraten, die an Omega-6-Fettsäuren reichen Öle stark zu reduzieren oder gar zu meiden.

Zu den wichtigsten *Omega-6-Fettsäuren* gehören die *Linol-* und *Arachidonsäure*. Die *Linolsäure* ist in größeren Konzentrationen vor allem in kalt gepressten Distelöl (75 Prozent), Traubenkernöl (70 Prozent), Sonnenblumenöl (65 Prozent) und Sojaöl sowie in den Keimölen (Maiskeim- und Weizenkeimöl) vorhanden. Die *Arachidonsäure* kommt in sehr kleinen Mengen in Fleisch, Wurst und Milch vor.

Die *Linolsäure* ist wichtig für den Körper, unter anderem für eine glatte und straffe Haut und für die Produktion von bestimmten Hormonen. Der Körper benötigt jedoch *nur ein gewisses Maß* davon. In Übermaß vorhanden, ist sie dem Körper nicht mehr wohlgesinnt. (Sie kann sogar die wohltuende Wirkung von Omega-3-Fettsäuren schwächen). Zu einem Übermaß kommt es, wenn reichlich Speisen mit viel Omega-6-Fettsäuren gegessen werden und gleichzeitig zu wenig Omega-3-Fettsäuren im Körper vorhanden sind.

Die unerwünschten Fettsäuren

Nicht alle Fettsäuren erweisen sich für den Körper als vorteilhaft. Es sind die *freien Fettsäuren* und die *Transfettsäuren*, die man meiden soll.

Die freien Fettsäuren verursachen einen ranzigen Geruch und Geschmack der Lebensmitteln. Besonders schnell ranzig werden Butter und Leinöl. Die empfindlichen Fette dürfen nicht Luft, Licht und Wärme ausgesetzt werden. Deswegen wurde schon früher die Butter immer mit Wasser bedeckt, dunkel und kalt gehalten, das Leinöl sollte in dunkeln Glasflaschen stets im Kühlschrank aufbewahrt werden.

---

* Mehr darüber unter: www.kantoslabor.bs.ch/dam/jcr:f8d20c19-b127-4b52-bbcb.../ omegadrei_4.pdf und: www.paleocarb.de/eier-vom-bauernhof-oder-aus-dem-supermarkt?

Die *Transfettsäuren* kann man leider nicht herausschmecken. Sie entstehen laut DGB durch „lebensmitteltechnologische Prozesse"* bei der Oxidation der Fette, die bei Härtungsverfahren, Warmpressung und Raffination der Öle stattfindet. Die Transfettsäuren sind noch weniger empfehlenswert als die freien Fettsäuren.

Die *Transfettsäuren* befinden sich in Margarine (außer Reformmargarine), Backfetten (außer den naturbelassenen), Kartoffelchips, Erdnussflips, manchen Schokoladen (am besten die mit Kakaobutter wählen). Zu finden sind sie zudem in Fertigprodukten aller Art (Fertigsuppen, Soßen, Knabbergebäck, Blätterteig, Keksen und Kuchen, die mit Margarine hergestellt worden sind**).

Auch frittierte Speisen können viel von den Transfettsäuren enthalten, (Pommes frites) wenn sie bei sehr hoher Temperatur frittiert werden. Aus diesem Grund sollte man beim Frittieren auf die Temperatur des Öls (Bratöls) achten (das Öl sollte nicht rauchen) und jedes mal frisches Öl nehmen (siehe dazu auch S. 129).

Neben den bei der industriell produzierter Nahrung entstehenden Transfetten, gibt es auch *natürliche Transfette*, die in Milchprodukten wie Butter und Käse sowie im Rind- Lamm-, Ziegen- und Hirschfleisch in minimalen Mengen vorkommen. Im Unterschied zu den industriellen Transfetten gelten sie als unbedenklich: Denn der Körper kann sie in eine Linolsäure umbauen***.

Sekundäre Nährstoffe – Vitalstoffe

Vitalstoffe werden auch Mikronährstoffe genannt. Sie liefern keine Energie, sind jedoch für den Körper unentbehrlich. Die meisten von ihnen müssen mit der Nahrung zugeführt werden. Zu den Vitalstoffen gehören: Vitaminc, Mineralstoffe, Spurenelemente und sekundäre Pflanzenbiostoffe.

---

* Vgl. www.dge.de/wissenschaft/weitere-publikationen/fachinformationen/transfettsaeuren
** Bei den *Transfetten* gelten in Deutschland Grenzwerte nur bei Säuglingsnahrung und Olivenölen, sonst besteht bis heute keine Deklarationsplicht.
*** ETH-Studie von Peter Rüegg: „Zu viele Transfette in Nahrungsmitteln" unter: URL:http//www.organische-chemie.ch/chemie/2007jan/transfette.shtm/

Vitamine

Vitamine sind die bekanntesten Vitalstoffe und für den Menschen unerlässlich. Die meisten von ihnen sind *essenziell*, was bedeutet, dass der Körper sie nicht selbst herstellen kann. Gebraucht werden sie zwar nur in geringen Mengen, sollen aber regelmäßig zugefügt werden. Zum Glück kommen sie in ausreichender Menge in der Nahrung vor, sodass es im Grunde genommen ein Leichtes ist, den Bedarf zu decken.

Die Vitamine werden unterteilt in *wasserlösliche* – Vitamin C und alle B-Vitamine und *fettlösliche* – Vitamin A, D, E, und K. Wird Gemüse, Obst oder Getreide gekocht, so empfiehlt es sich, das Kochwasser weiter zu verwenden – den wasserlöslichen Vitaminen zuliebe. Die fettlöslichen sind dankbar für etwas Fett – man kann einfach Gemüse mit etwas Öl oder Sahne zubereiten oder in Butter dünsten.

Vitamine werden auch synthetisch hergestellt und als Vitaminpräparate angeboten. Sie kommen jedoch an die natürlichen nicht heran. Denn die natürlichen Vitamine wirken im Gleichgewicht mit den anderen Vitalstoffen. Mit Nahrung aufgenommen, entwickeln sie ihr ganzes Potenzial und können nicht überdosiert werden.* (Aufpassen soll man nur bei der Leber, die aufgrund „moderner" Fütterung viel Vitamin A enthält.)

Wasserlösliche Vitamine

Vitamine B-Gruppe
Zu den Vitaminen der B-Gruppe gehören: Vitamin B1 (Thiamin), B2 (Riboflavin), B3 (Niacin), B5 (Pantothensäure), B6 (Pyridoxin), Biotin, Folsäure und Vitamin B12.

Vitamine der B-Gruppe sind allgemein bekannt als froh machende Stoffe, da sie sich günstig auf das Nervenkostüm auswirken. Sie sind gut für den Stoffwechsel, helfen bei der Energiegewinnung und sorgen für Erneuerung der Zellen. Manche von ihnen (B1 und Biotin) tragen zu gutem Aussehen von Haut und Haaren bei und werden deswegen Schönheitsvitamine genannt.

Die besten Lieferanten von B-Vitaminen sind: Bierhefe, Melasse, Vollkorn, Nüsse und Samen (z. B. Sonnenblumensamen), Fleisch, Fisch,

---

* Vgl.: Hauner 2017

Eier, Blattgemüse und Hülsenfrüchte. Ihre größten Feinde sind Alkohol, Antibiotika und die Antibabypille, aber auch weißer Zucker und weißes Mehl. Risse in den Mundwinkeln und Haarausfall deuten auf einen Mangel hin. Ein Überschuss wird nicht gespeichert (außer B12), sondern ausgeschieden, deswegen müssen sie immer aufs Neue zugeführt werden. Alle Vitamine der B-Gruppe (außer Folsäure) sind hitzestabil.

Folsäure
Der erst am Anfang der 40er Jahre des 20. Jahrhunderts isolierte Stoff ist sehr empfindlich – gegen Licht, Hitze und Sauerstoff. Industrielle Verarbeitung und Kantinenessen übersteht sie nicht. Sie fehlt zuerst in der Nahrung, dann im Körper.

Um sich die Zufuhr an Folsäure zu sichern, soll man auf frische Saisonprodukte aus der näheren Umgebung umsteigen, denn kurze Wege sind für den Erhalt der empfindlichen Folsäure von großem Vorteil. Besonders gute Spender sind dunkelgrünes Blattgemüse und Salate, aber auch Bierhefe, Weizenkeime, Vollkorn, Nüsse, Samen, Brokkoli, Eigelb und Leber sowie Fleisch, Fisch und Obst enthalten relativ viel davon. Sehr günstig ist Rohkost oder kurzes Dämpfen. Die Widersacher der Folsäure sind neben Hitze, Licht und Sauerstoff: die Antibabypille, Antibiotika, Schlafmittel und Alkohol.

Folsäure beteiligt sich zusammen mit dem Vitamin B12 an der Blutbildung und trägt, wie die anderen B-Vitamine, zur Nervenstärke bei.

Vitamin B12
Cobalamin ist ein lebenswichtiges Vitamin. Weil es an vielen essenziellen Prozessen beteiligt ist, kann sein Mangel schwere Gesundheitsstörungen hervorrufen. Obwohl das Vitamin nur in kleinsten Mengen benötigt wird und sehr stabil ist, denn Hitze und ein langes Lagern verursachen keine Verluste, werden trotzdem nicht alle Menschen genügend versorgt. Ein erhöhtes Risiko haben in erster Linie Veganer, da das Vitamin fast ausschließlich in der Nahrung tierischen Ursprungs vorkommt. Vor allem bei Kindern kann es kritisch werden, wenn sie während der Schwangerschaft und in den ersten Jahren nicht ausreichend mit Vitamin B12 versorgt werden, denn ein Mangel führt bei ihnen zu Veränderungen im Gehirn und Nervensystem und folglich zu schweren Entwicklungs-störungen.

Vitamin B12 kann der Körper in der Leber speichern. Die Vorräte reichen für viele Jahre, deswegen tritt ein eventueller Mangel oft erst nach ein paar Jahren auf.

Das Vitamin befindet sich in ausreichenden bis großen Mengen in tierischen Lebensmitteln, vor allem in der Leber (größte Konzentration) aber auch in Fleisch, Käse, Milch, Molke und Eiern. In pflanzlichen Lebensmitteln kommt es fast nur dann vor, wenn sie zuvor fermentiert wurden, weil es durch Milchsäurebakterien gebildet wird. So befindet sich das Vitamin in geringen Mengen u. a. in Sauerkraut, sauren Gurken und allen gegorenen Lebensmitteln wie Tempeh, Miso, Sojasoße und anderen fermentierten Sojaprodukten. Leider sind nicht nur die Mengen sehr klein, sondern ist auch nicht klar, ob die pflanzliche Variante der Vitamin B12 von dem Körper verwertet werden kann.*

Vitamin C
Es ist ein Vitamin, dass früher von den Seeleuten oft arg vermisst wurde, weil sein Fehlen Skorbut verursachte. Heutzutage ist es das bekannteste Vitamin überhaupt. Fühlt man eine Erkältung kommen, greift man bewusst zu Vitamin C reichen Lebensmitteln, um die Abwehrkräfte zu unterstützen und zu steigern.

Der Bedarf an Vitamin C ist hoch, seine unterstützende Wirkung breit gestreut: Es schützt die Zellen von freien Radikalen (als Antioxidans), hilft bei Wundheilung, Blutbildung und Entgiftung, stärkt das Immunsystem und somit auch den Körper. Darüber hinaus erweist es dem Binde- und Stützgewebe gute Dienste, in dem es die Herstellung von Kollagen fördert.

Besonders reich an Vitamin C sind Obst und Gemüse – je frischer, desto besser. Etwa 100 mg Vitamin C (auf 100 g) enthalten Melone, Brokkoli, Paprika, Grünkohl, Rosenkohl und Himbeeren. Eine Zitrone enthält 80 mg. In besonders großen Konzentrationen kommt das Vitamin vor in Acerola-Kirschen (bis 3000 mg), Hagebutten (1250 mg), Sanddornbeeren (675 mg) und schwarzen Johannisbeeren (454 mg). Die größten Feinde des Vitamins sind industrielle Zubereitungsmethoden (Fertigprodukte), Zigaretten, weißer Zucker, manche Medikamente und die Antibabypille.

---

* Mehr darüber unter: www.greanpaece-magazin.de/wie-viel-sauerkraut-muesste-ein-veganer-essen... und www.zentrum-der-gesundheit.de/vitamin-b12-quellen-fuer-veganer...

Fettlösliche Vitamine

Vitamin A – Retinol
Der meistbekannte Vitamin-A-Spender ist die Karotte, die früher gerne den Kindern angeboten wurde, um sie vor der Nachtblindheit zu schützen. (Die Chinesen nahmen dafür schon 1500 v. Chr. Leber und Honig.) Das Vitamin ist auch ein Bestandteil der Augennetzhaut und ohne sie könnten wir in der Dämmerung nichts mehr sehen. Sie ist aber auch der Haut und Schleimhaut dienlich und für zukünftige Väter sogar notwendig. – Ohne Vitamin A weigert sich der Körper, Spermien zu produzieren.

Natürlich kommt Vitamin A nicht nur in Möhren vor. Viel davon enthalten auch Orangen, Aprikosen, Dill, Petersilie, gelbes Gemüse (Kürbis), Spinat, Eigelb und Milchprodukte. Die größte Konzentration erreicht sie in Lebertran und auch in den Lebern von verschiedenen Tieren. Es wird jedoch empfohlen, nicht oft davon zu essen – aufgrund „moderner" Fütterung enthält tierische Leber sehr viel von der Vitamin.

In Pflanzen kommt das Vitamin als Provitamin A (Beta-Karotin) vor, eine Vorstufe des Vitamins, die erst im Körper umgewandelt wird, was vor einer Überdosierung schützt. Beta-Karotin befindet sich in den Zellwänden und es ist nicht einfach, daran zu kommen. Ihre Aufnahmefähigkeit wird durch das Zerreiben und Erhitzen (Dünsten) sowie eine Fettzufuhr gesteigert, da es ein fettlösliches Vitamin ist.

Vitamin D
Das Vitamin kann der menschliche Körper mithilfe von Sonnenlicht (ohne Sonnencreme auf der Haut!) selbst bilden, wenn wir uns draußen aufhalten. Es kann es auch für die Wintermonate speichern (im Körperfett und Muskeln).* In der Nahrung kommt Vitamin D leider nur sehr begrenzt vor in Hering, Lachs, Aal, Sprotten, Lebertran, Leber, Butter, Käse und Eigelb. Auch Pilze können zu der Versorgung mit Vitamin D beitragen – allerdings nur wenn sie der Sonne ausgesetzt werden. Legt man jedoch die gekauften Pilze (die im Dunkeln gezüchtet werden), die frischen wie die getrockneten, in die Sonne, bilden sie das Vitamin D, das monatelang stabil bleibt.**

---

* Mehr darüber unter: www.bfr.bund.de/ausgewaelte_fragen_und_antworten_zu_vitamin_d-131898.hrml
** Siehe auch: www.saarbruecker-zeitung.de > Saarbrücker Zeitung – Startseite > Internet

Vitamin D ist sehr wichtig nicht nur für den Knochenbau, die Muskelkraft und das Immunsystem, sondern ist auch an verschiedenen Stoffwechselvorgängen beteiligt.

Vitamin E
Vitamin E ist eines der bedeutendsten Radikalfänger und gilt als ein Verjüngungsvitamin. Das Vitamin wird nur von Pfalzen gebildet und befindet sich in erster Linie in kalt gepressten Ölen (Weizenkeimöl, Sesamöl, Kokosöl), Nüssen, Samen und vor allem in Mandeln.

Vitamin K
Zu den fettlöslichen Vitaminen gehört auch das Vitamin K, das für die Gerinnung des Blutes verantwortlich ist. Es wird in ausreichender Menge vom Körper selbst hergestellt, was ihn unabhängig von der Zufuhr mit der Nahrung macht. Verletzt sich der Mensch, droht ihm auch in schweren Zeiten das Ausbluten nicht. In größeren Mengen kommt das Vitamin vor allem in Blattgemüse, Kohlgemüse (auch Sauerkraut) und Zwiebel (besonders in getrockneter Zwiebel) vor.

Mineralstoffe

Mineralstoffe sind anorganische, wasserlösliche Stoffe, die in pflanzlichen und tierischen Lebensmitteln vorkommen. Sie müssen mit der Nahrung zugeführt werden, da der Körper sie selbst nicht herstellen kann. Mit der Nahrung aufgenommen, bleiben sie in ihrem natürlichen Gleichgewicht, als einzelne Mineralpräparate können sie dagegen leicht zu einem Ungleichgewicht führen. Zu den Mineralstoffen zählen: Kalzium, Phosphor, Magnesium, Chlorid, Natrium, Kalium und Schwefel.

Kalzium
Kalzium ist unentbehrlich für den Körper, denn es sorgt für seine Stabilität und Festigkeit. Das meiste Kalzium befindet sich in Knochen und Zähnen, der Rest beteiligt sich u. a. an der Arbeit der Muskeln und Nerven sowie der Aktivierung von manchen Hormonen und Enzymen. Um Kalzium aufzunehmen, benötigt der Körper das Vitamin D.
  Bei einem Mangel ist es ratsam, bewusst mineralstoffreiche Nahrung zu wählen. Kalziumreich sind: Tofu, Käse, Quark, Mandeln, Sesamsamen,

Feigen und Hülsenfrüchte. Leider hat Kalzium viele Störer, die seine Aufnahme behindern: Alkohol, Zigaretten, Koffein, Schmelzkäse, Cola und Limonaden, Fertiggerichte, schwarzer Tee, Sauerampfer, Rhabarber, Spinat und sogar Schokolade. Auch die vegane Ernährungsweise wirkt sich mit den vielen Hemmstoffen (v. a. Oxalatsäure, Phytate, Ballaststoffe) negativ auf das Aufnehmen von Kalzium aus, genauso wie zu viel Fleisch und Salz.

Eine gute Alternative zu den Mineralpräparaten sind die potenzierten Mineralstoffkombinationen nach Dr. Schüßler. Die Schüßlersalze verbessern die „Aufnahmefähigkeit der entsprechenden Mineralstoffe aus den Lebensmitteln" (Kellenberger 2003, S. 13). Für die Stabilität der Knochen und Zähnen ist es wichtig, dass Kalzium, Phosphor und Magnesium im natürlichen Gleichgewicht bleiben.

Phosphor

Phosphor ist neben dem Kalzium der wichtigste Bestandteil der Knochen und sein Bedarf richtet sich nach dessen Aufnahme. In seinen natürlichen Bindungen befindet es sich praktisch in allen Lebensmittel, vor allem in Milch und seinen Erzeugnissen: Eiern, Fleisch und Fisch sowie Vollkorn und Hülsenfrüchten.

In den Industrieländern wird meist zu viel Phosphor aufgenommen, was an den Lebensmittelzusatzstoffen liegt. In Form von Phosphaten wird es vielfach zugegeben: als Stabilisator, Emulgator, Konservierungsstoff, Backtriebmittel u. v. a. So finden sich Phosphaten vor allem in Fertignahrung: Schmelzkäse, Fischzubereitungen, Kakaogetränken, Wurstwaren, Cola und Limonaden sowie Backpulver (eine Alternative ohne Phosphate ist das Weinsteinbackpulver).

Ein Zuviel an Phosphor beeinträchtigt nicht nur die Aufnahme von Kalzium, sondern steht auch unter dem Verdacht, Kalzium aus den Knochen zu verdrängen sowie für das Zappeln (Zappelphilipp, Hyperkinetisches Syndrom) bei manchen Kindern mitverantwortlich zu sein.

Magnesium

Magnesium ist ein Partner des Kalziums. Es hilft ihm beim Aufbau der Knochen und hält es davon ab, sich in den Gefäßen abzusetzen. Wie wichtig Magnesium für den Stoffwechsel ist, merkt jeder spätestens dann, wenn er Krämpfe* bekommt. Magnesium kommt vor allem in pflanzlichen Lebensmitteln vor, besonders reichlich in Sonnenblumen und Kürbiskernen, Mandeln und Cashewnüssen, Vollkorn, getrockneten Feigen, Datteln und Aprikosen sowie Bananen, Kartoffeln und Kakao. Seine Verbündeten sind die an Vitamin B reichen Lebensmittel, seine Feinde die gesättigten tierischen Fette, Phosphate (z. B. in Cola, Limo, Wurstwaren u. v. a. siehe oben) sowie Antibabypille und Alkohol.

Natrium und Chlorid
Natrium und Chlorid sind (zusammen mit Kalium) für das Flüssigkeitsgleichgewicht im Körper verantwortlich. Aufgenommen werden sie als *Natriumchlorid* (Kochsalz). In den Industrieländern wird meistens zu viel davon eingenommen, weil neben dem Salz, das wir bewusst zu uns nehmen, essen wir auch das versteckte Salz in Nahrungsmitteln (Käse, Wurstwaren u. a.). Für einen Erwachsenen wird empfohlen, unter der Grenze von 3-5 g Salz täglich zu bleiben. Ein Zuviel an Salz bewirkt, dass Kalium schneller ausgeschieden wird.

Kalium
Kalium ist nicht nur für den Wasserhaushalt des Körpers verantwortlich, sondern auch für den Blutdruck, die Nerven- und folglich auch das Herz. Reich an Kalium sind vor allem getrocknete Aprikosen, Datteln, Feigen und Rosinen, Sonnenblumen- und Kürbiskerne, Haselnüsse, Mandeln, Kartoffeln (v a. ungeschält gebacken), Bananen und Tomatenmark sowie Vollkorn, Champignons, Lachs und Kakao.

Schwefel
Schwefelreich sind vor allem Eier, Milch, Fisch und Fleisch. In Pflanzen findet er sich in größeren Mengen in Meerrettich, Kohl, Rettich, Zwiebel, Knoblauch und Lauch. Wird Schwefel als natürlicher Bestandteil der Nahrungsmittel aufgenommen, fördert er die Verdauung und das gute Aussehen von Haut, Nägeln und Haaren.

Schwefel wird gerne als Konservierungsstoff benutzt und besonders dem Wein, Kartoffelprodukten und getrockneten Früchten zugegeben.

---

* Soforthilfe bietet das Schüßlersalz Magnesium phosphoricum D6: 10 Tabletten in heißem Wasser auflösen und langsam trinken. Keinen Metalllöffel benutzen (vgl. Helmke Hausen 2002, S. 115).

Im Mittelalter gab es Verbote, Schwefel dem Wein zuzufügen. Nicht ohne Grund, denn ein Zuviel davon kann schnell manches durcheinanderbringen: So bezahlt man später den Genuss von süßem Wein oft mit Kopfschmerzen.

Spurenelemente

Spurenelemente sind Mineralstoffe, die im Körper nur in „Spuren", vorkommen, aber unentbehrlich (essenziell) und nicht austauschbar für den Körper sind. Zu den Spurenelementen zählt man: Eisen, Kupfer, Kobalt, Zink, Chrom, Silizium, Selen, Mangan, Fluor und Molybdän.

Eisen ist unentbehrlich bei der Bildung der roten Blutkörperchen. Sie versorgen die Zellen mit Sauerstoff und entsorgen das Kohlendioxid (indem sie es in die Lunge abgeben). *Eisen* kommt auch dem Aussehen zugute: Es macht die Haut zartweich, die Haare seidig und die Fingernägel fest.

Eisen kommt reichlich in der Nahrung vor. Die Versorgung ist nicht schwierig, nur seine Erschließung ist etwas knifflig, denn Eisen braucht Vitamin C, um aufgenommen zu werden. Ernährungswissenschaftler nennen es „Resorption-Verdoppelung", bei der auch Vitamin B6, Folsäure und Magnesium eine bedeutende Rolle spielen. Die beste Aufnahme erreicht man deswegen bei Kombination von Fleisch und Gemüse sowie Zugabe von natürlichem Vitamin C (Zitronensaft u. v. a.). Ein Hemmnis bedeuten: Weizenkleie, Kaffee, schwarzer Tee, Coca-Cola, Limonaden und phosphathaltige Nahrungsmittel (Fertiggerichte, Wurstwaren und Co.) sowie Oxalatsäure (Sauerampfer, Rhabarber, Spinat u. a.). Auch strenge Diäten können zu einem Eisenmangel führen.

Der Bedarf an *Eisen* ist unterschiedlich groß. Vor allem Kinder und Jugendliche brauchen viel davon. Auch Frauen, besonders Schwangere und Stillende, bedürfen etwas mehr. Zu wenig *Eisen* merkt man an andauernder Müdigkeit und dem Gefühl, nicht genug Wärme zu bekommen. Bei Kindern und Jugendlichen äußert es sich zusätzlich als Konzentrations- und Lernschwierigkeiten. Äußerlich weisen darauf schwarze Schatten unter den Augen hin (sowie brüchige Nägel, dünnes Haar und Lippenrisse). Dazu kommen häufig eine erhöhte Anfälligkeit für Erkältungen und ein Heißhunger auf so sonderbare Sachen wie Gartenerde. Bei einem Eisenmangel empfehlen Heilkundigen vor allem

Brennnesseltee oder Schüßlersalz Ferrum phosphoricum D12, welche den Mangel schnell und nebenwirkungsfrei beheben. *Eisen* kommt in Lebensmitteln in unterschiedlichen Formen und Mengen vor. Fleisch enthält das zweiwertige, leicht aufnehmbare Eisen, pflanzliche Lebensmittel dagegen das dreiwertige, das nicht so leicht aufnehmbare *Eisen*. Besonders reich an *Eisen* sind Innereien (v. a. Leber siehe dazu S.) und das Muskelfleisch vom Rind und Geflügel. Auch Fisch und Meeresfrüchte (v. a. Venusmuscheln) sind gute Eisenlieferanten. Bei den pflanzlichen Lebensmitteln stehen ganz oben auf der Liste: Kürbis- und Sesamsamen, Getreide (v. a. Hirse), Hülsenfrüchte und Sojaprodukte wie Tofu und Tempeh sowie Nüsse und Pilze (v. a. Pfifferlinge). Auch Obst (v. a. getrocknete Pfirsiche und Aprikosen) und Gemüse enthalten viel davon (neben Spinat und Rote Bete auch Zuckerrübensirup).

Kupfer und Kobalt sind Verbündete von Eisen und unterstützen deren Aufnahme. *Kupfer* hält zudem die Gefäße jung und biegsam. Kupferreich sind vor allem Nüsse, Samen (Sesam), Hülsenfrüchte und Meerestiere. Kakao mit Zitronensaft gilt als ein Geheimtipp. *Kobalt* ist ein Bestandteil von Vitamin B12 und wird ausreichend mit der Nahrung aufgenommen.

Zink ist sehr wirkungsreich: Es ist ein wichtiger Bestandteil der Zellen, aktiviert viele Enzyme, wirkt sich positiv auf den Fett- und Zuckerspiegel des Blutes aus, kräftigt nicht nur das Immunsystem, sondern auch Haut und Haare und ist wohltuend für das Nervensystem (hilft als Schüßlersalz Zinkum chloratum bei Reizzuständen). Es wird empfohlen bei Nachtblindheit nicht nur an Vitamin A, sondern auch an *Zink* zu denken und mehr Nüsse (Cashewnüsse), Sesamsamen, Pinien- und Sonnenblumenkerne, Hülsenfrüchte (kein Dosenerbsen), Vollkornroggenbrot (mit natürlichem Sauerteig fermentiert) und eventuell Käse und Leber zu essen. Das meiste Zink erhalten die Austern. (Aus den Lebensmitteln, die neben viel Zink auch Phytinsäure enthalten, kann der Körper das Spurelement nicht so einfach aufnehmen, denn Phytinsäure hindert ihn daran.)*

---

* Phytinsäure befindet sich in der Kleie von Getreide, besonders viel in Mais, Soja, Weizen, Gersten Roggen sowie Erdnüssen. Phytinsäure bindet Eiweiß und Mineralstoffe wie Eisen, Kalzium, Magnesium, Kupfer, Zink und Mangan in unlösliche Komplexe (vgl. spektrum.de/Lexikon/ernaehrung/phytate/7005).

Auch die Bedeutung von *Chrom* ist weitreichend. Es unterstützt die Funktion der Schilddrüse, hilft bei der Herstellung von nichtessenziellen (körpereigenen) Aminosäuren und kommt dem Blutzuckerspiegel zugute. Es verbessert die Insulinwirkung und schützt auf diese Weise den Körper vor einem Zuviel an Zucker. Sehr reich an *Chrom* sind Weizenkeime, aber auch Vollkorn, Rindfleisch und weiße Bohnen enthalten viel davon.

Fluor wirkt vorbeugend bei Karies. Es wird von dem Körper in Form von Fluoriden aufgenommen. Bei Fluorpräparaten „besteht grundsätzlich die Gefahr von Überdosierung" (Zittlau 1997, S. 88). Das Spurelement kommt nicht nur in Gemüse (u. a. weißen Bohnen, Eisbergsalat und Spinat), Nüssen (v. a. Walnüssen), Samen (Pistazien), Vollkorn, Meeresfrüchten vor, sondern auch in Fleisch, Eiern und Butter.

Selen und Molybdän helfen dem Körper bei der Entgiftung. *Selen* schützt die Körperzellen vor freien Radikalen, lässt das Blut nicht zu schnell gerinnen und stärkt das Immunsystem. Bei zukünftigen Vätern erhöht es die Zeugungsfähigkeit. Pflanzliches *Selen* ist für den Menschen leichter resorbierbar als das aus den tierischen Lebensmitteln. Reich an Selen sind Bückling. Hering, Thunfisch, Forelle, Steinpilze, Weizenkeime, Vollkorn, Bierhefe, Hülsenfrüchte und Nüsse, besonders Paranüsse sowie Kohlrabi und Petersilie. Seine Feinde sind Alkohol und Fastenkuren, auch eine streng vegane Ernährungsweise kann schnell zu einem Selenmangel führen. *Molybdän* hilft bei der Entsäuerung und den Abtransport von Harnsäure. Es kommt in erster Linie in Bierhefe, Hülsenfrüchten (vor allem in grünen Bohnen und Sojabohnen) vor sowie in Hühnerfleisch und Kartoffeln.

Jod ist ein treuer Gehilfe der Schilddrüse, die ohne ihn unfähig ist zu funktionieren. Leider ist unsere Nahrung überwiegend jodarm, da die Böden in Europa arm an Jod sind. Reich an Jod ist dagegen Meerwasser und somit sind alle Seefische, Meeresfrüchte und Meeresgemüse (Algen) eine sehr gute Jodquelle. Zu den besten Jodlieferanten gehören: Schellfisch, Seelachs, Miesmuscheln, Garnelen und Hering. Sehr reich an Jod sind die Meeresalgen (*Kombu, Nori, Wakame*) und folglich auch viele japanische Speisen wie Sushi, Dashi-Brühe und Kombu-Gemüse. Aber auch manches europäische Gemüse hat wenigstens etwas an Jod zu bieten.

Dazu gehören Feldsalat, Brokkoli, Möhren, Grünkohl und Spinat. Auch Champignons enthalten etwas davon.

Silizium ist ein sehr freundliches Mineral, dem vor allem das Aussehen am Herzen liegt. Dank ihm bleibt das Bindegewebe straff und kräftig, die Haut samtweich und faltenlos. Neben dem Aufbau von Bindegewebe und Kollagen tut es auch den Knochen und Knorpeln gut. Silizium ist etwas hart im Nehmen. – Es befindet sich vor allem in hartem Gemüse wie Knollen und Wurzeln sowie in Vollkorngetreide. Sehr gute Siliziumlieferanten sind Hirse, Brennnessel und Zinnkraut. Das Schüßlersalz Silicea D12 verbessert seine Aufnahmefähigkeit.

Mangan unterstützt im Körper die Funktion verschiedener Enzyme. Es kommt oft in der pflanzlichen wie tierischen Nahrung vor, unter anderem in Haferflocken, Sojamehl, Weizenvollkornmehl, Haselnüssen, Hirse und Reis sowie weißen Bohnen und frischen Erbsen.

Sekundäre Pflanzenstoffe

Sekundäre Pflanzenstoffe sind pflanzliche Abwehrstoffe, die Pflanzen vor Schädlingen, Bakterien, Viren und Pilzen schützen. Sie formen komplexe Kombinationen, in denen sie gezielt wirken. Je reifer das Obst und Gemüse, desto mehr von den sekundären Pflanzenstoffen steckt in ihnen. Gelangen sie in den menschlichen Organismus, wirken sie antibakteriell, entzündungshemmend und schützend auf den Kreislauf. Geeint helfen sie dem Körper, im Gleichgewicht zu bleiben oder es wiederzufinden. Essen wir gerne Obst und Gemüse – stehen wir in ihrer Gunst.

Zu den sekundären Pflanzenbiostoffen gehören u. a.: *Polyphenole, Sulfide, Phytoöstrogene, Saponine und Karotinoide.* Die bekanntesten Polyphenole sind die *Flavonoide.* Von der Natur breit ausgestreut, befinden sie sich vor allem in der Schale, wo sie die Pflanzengewebe vor Schädigungen durch freie Radikale (Oxidation) schützen. Manche von ihnen (*Anthozyane*) geben den Beeren und Früchten die rote, blaue und violette Färbung. Gerade ihretwegen erfreut sich der Rotwein einer so großen Fangemeinde, da sie wortwörtlich herzensgut sind. Auch der Bitterstoff *Cynarin*, der sich vor allem in Löwenzahn, Endivie, Chicorée und Artischocke befindet, zählt zu den *Flavonoiden.* Obwohl sehr bitter, ist er ein wohlwollender Stoff – verjüngt die Zellen und ist sehr leberfreundlich.* Das meist vorkommende *Flavonoid* ist *Quercetin*, das die Zwiebelschale zu einem Heilmittel gegen die Erkältung macht. In besonders großen Konzentrationen befinden sich die *Flavonoide* in roten Weintrauben, Schwarzen Johannisbeeren und Kirschen, Möhren, Getreide, Zwiebel und Grünkohl.

Die bekanntesten *Sulfide* sind die *Senföle*, die in großen Konzentrationen in Zwiebel, Knoblauch, Schnittlauch und Lauch vorkommen. Sie sind bekannt für ihre antibiotische Wirkung und besonders wohltuend für die Harnwege und den Magen.

Phytoöstrogene sind sekundäre Pflanzenstoffe, die eine östrogen-ähnliche Wirkung haben, zu den wichtigsten Phytoöstrogenen gehören *Isoflavone* und *Lignane*. Die Isoflavone befinden sich in erster Linie in Soja und Sojaerzeugnissen sowie in anderen Hülsenfrüchten. Besonders gut werden die Wirkstoffe von fermentierten Sojaprodukten aufge-nommen wie Miso, Tempeh und Sojasoße.** Die *Lignane* dagegen findet man in vielen Lebensmitteln: Getreide (Roggen, Gerste), ölhaltigen Samen wie Kürbiskerne und Leinsamen sowie in verschiedenen Beeren. Die wohltuende Wirkung der Lignane erfahren alle, die regelmäßig Kürbiskörner knabbern. Besonders reifen Männern werden sie gerne empfohlen.***

Vor allem in den Hülsenfrüchten befinden sich die *Saponine*, bitterschmeckende Wirkstoffe, deren Stärke auch in der Verteidigung gegen Pilze liegt. Die *Karotinoide* (u. a. *Beta-Karotin, Lutein*) haben viel mehr zu bieten, als nur *Provitamin A* zu bilden, denn sie schützen das Zellgewebe gegen die freien Radikalen. Karotinoide sind einfach zu erkennen, da sie Obst und Gemüse gelb, orange und rot färben. Sie befindet sich u. a. in Möhren, Kürbis, aber auch in Wirsing, Grünkohl und Spinat, bei denen das grüne Chlorophyll die anderen Farben überdeckt.

---

* Bitterstoffe stabilisieren und normalisieren die Darmflora, was auch das Immunsystem nachhaltig stärkt. Sie aktivieren den Stoffwechsel und erleichtern die Verdauung von Fetten. Die meisten Bitterstoffe befinden sich in Chicorée, Feldsalat, Artischocken, Endivie, und Grapefruit. Zu den Getreidearten mit den meisten Bitterstoffen zählt die Hirse. Reich an Bitterstoffen sind Wildkräuter wie Schafgarbe und Beifuß. Am bittersten ist der gelbe Enzian. Schmecken aber Zucchini und Kürbis bitter, *sollten sie nicht verzehrt werden*, weil sie dann die giftigen *Cucurbitacine* enthalten können (siehe auch S. 195).

** Mehr darüber unter: www.ugb.de/phytooestrogene/phytooestrogene-in-lebensmittel/

*** Siehe unter: www.eatmovefeel.denatuerliche-oestrogene-in-lebensmittel/

Was nährt den Körper – aus ganzheitlicher Sicht

„Ein Geist, der immer nur logisch denkt und nichts anderes gelten lässt, ist wie ein Messer, das nur aus Klinge besteht." (Rabindranath Tagore)

Das Ganze ist immer mehr als die Summe seiner Teile

Keiner der oben beschriebenen Inhaltstoffe existiert als Einzelstoff, sie alle sind ein Teil einer Einheit – einer Pflanze oder eines Tiers. So ist auch jedes uns bekannte Lebensmittel eine Ganzheit und nicht bloß die Summe seiner Einzelstoffe: Alle seine Inhaltsstoffe wirken in komplexen Kombinationen und auf verschiedenen Ebenen – körperlichen, energetischen und geistigen. Sie ergänzen und fördern sich gegenseitig – sind wechselseitig voneinander abhängig. Die Wirkung eines Lebensmittels (einer Ganzheit) ist deswegen anders als die aus ihren organischen Bindungen losgelösten Inhaltsstoffe.* Es heißt unter den Kundigen nicht umsonst: „Die Gesamtheit ist größer als die Summe der Einzelkomponenten."**

Die fernöstlichen Ernährungslehren

Die Grundlagen der fernöstlichen Ernährungslehren
Zu den bei uns meist bekannten fernöstlichen Ernährungslehren gehören die der Traditionellen Chinesischen Medizin (TCM), Tibetischen Medizin, des Ayurveda und Zen-Buddhismus. Alle sind tief verwurzelt in ihren philosophischen und medizinischen Systemen und entsprechen der jeweiligen Sicht des Lebens.

Im Unterschied zu dem uns geläufigen rationalen Denken und der mechanistischen Sichtweise, steht im Vordergrund des fernöstlichen Weltbilds das analoge Denken. Die fernöstliche Auffassung der Natur geht von der Ganzheit aus und sieht die Phänomene in ihren Zusammenhängen. Die Welt besteht für sie aus fünf Elementen, die in

---

* Die technologisch verarbeitete Nahrungsmittel haben andere Wirkungen als naturbelassene (vgl. www.ugb.de/ernährungs-wirkungen).
** Der Gedanke ist sehr alt. Schon der chinesische Philosoph Lao Tse hat um 400 v. Chr. behauptet: „Die Summe der Teile ist nicht das Ganze." Was meistens zitiert wird, ist jedoch der Ausspruch von Aristoteles: „Das Ganze ist mehr als die Summe seiner Teile."

ständigen Wechselwirkungen (Wandlungsphasen) stehen. Die Wandlungsphasen werden symbolisch ausgedrückt. In der Traditionellen Chinesischen Medizin sind es Holz, Feuer, Erde, Metall und Wasser. Es ist eine ganzheitliche Sichtweise der Welt und des Menschen.

Im Vordergrund der fernöstlichen Ernährungslehren steht der ganzheitlich und individuell gesehene Mensch. Jeder als einzigartig mit seiner Konstitution – seinen körperlichen, emotionalen und geistigen Anlagen. So unterscheidet der Ayurveda drei Konstitutionen, die je einem Element angehören: Vata der Luft, Pitta dem Feuer und Kapha dem Wasser. Der Vata-Typ ist leicht wie Luft, trocken und kalt. Pitta heiß wie Feuer, leicht und feucht. Der Kapha-Typ ist feucht wie Wasser, kalt und schwer.

Auch die Nahrung wird ganzheitlich gesehen und die Erkenntnisse über die Wirkung der Lebensmittel kommen nicht aus dem Labor, sondern basieren auf jahrtausendelanger Erfahrung und auf intuitivem Wissen.

Die grundlegende Kraft, die Essenz und der „Motor" des Lebens, ist die Lebensenergie, die Chi, Ki, Qi, Prana oder Chiva genannt wird. Sie ist für alle Prozesse, die im Körper stattfinden, verantwortlich: Sie durchströmt den Körper auf ihren Wanderpfaden – Meridianen – und gelangt zu jedem Organ, jedem Muskel, jeder Zelle. Die Lebensenergie und die Meridiane sind ein übergeordnetes System. Fließt die Energie, funktionieren alle Systeme (Kreislauf u. a.). Der Mensch befindet sich im Gleichgewicht: Er erfreut sich guter Verdauung, biegsamer Gelenke und eines kraftvollen Kreislaufs. Er fühlt sich wohl in seiner Haut, ist ausgeglichen und gelassen. Um seine Lebensenergie aufrecht zu erhalten, braucht der Mensch Luft und *Nahrung*.

Die Wirkungen der Lebensmittel

Aus der Sicht der fernöstlichen Ernährungslehren ist Lebensenergie der wichtigste Bestandteil der Lebensmittel. Je natürlicher und frischer sie sind, desto mehr davon können sie bieten. Die Ausnahmen sind Honig und Ghee, deren Energie mit der Zeit immer mehr an heilender Kraft gewinnt. Zu den natürlichen Energiespeichern gehören: Getreide, Hülsenfrüchte, Nüsse, Samen und Wintergemüse.

Die Lebensmittel haben unterschiedliche Wirkungen. Man erkennt sie an dem *Geschmack*, an der *Beschaffenheit* (Yin-Yang) und an ihrer *energetischen Eigenschaft* (thermische Wirkung).

Geschmackrichtungen

Es gibt fünf Geschmacksrichtungen: süß, sauer, salzig, bitter und scharf. Sie entsprechen den fünf Elementen: Erde, Holz, Wasser, Feuer und Metall.

Süßer Geschmack – Erdelement

Der süße Geschmack hat auf den Menschen eine wohltuende Wirkung – er ist ausgleichend, regenerierend und belebend. Er beruhigt den Körper und speist ihn mit neuer Energie. Er erdet und kräftigt die Kinder und steigert die Lebenserwartung von Erwachsenen. Auf der geistigen Ebene entspannt er den Geist und hilft, sich besser zu konzentrieren (siehe auch S. 250f). Das alles aber nur, soweit er *nicht einseitig und im Übermaß* konsumiert wird. Dann zeigt er seine dunkle Seite und macht den Menschen träge, faul und nachgiebig, verlangsamt seine Verdauung und führt schnell zu Übergewicht.

Der süße Geschmack wird in den alten Ernährungslehren mit Zuwendung und Liebe zusammengebracht. Besonders wichtig ist er bei Kindern, die ihn für ihre körperliche und geistige Entwicklung brauchen.

Der süße Geschmack bezieht sich nicht vordergründig auf Zucker und Süßigkeiten. Als süß gelten alle Lebensmittel, die dem Erdelement angehören: Getreide, Hülsenfrüchte, Nüsse, Gemüse (Kartoffeln, Möhren, Kürbis, Aubergine und grüne Bohnen), das meiste Obst, Butter, Milch, Rind- und Kalbfleisch, Gewürze (Zimt, Vanille, Safran) sowie Honig und Zucker. (In Ayurveda benutzt man den Jagrézucker – Vollrohrzucker). Aus der Sicht der fernöstlichen Ernährungslehren zeuge ein Verlangen nach Süßem von zu wenig Energie.

Saurer Geschmack – Holzelement

Der saure Geschmack regt das Verdauungsfeuer und den Appetit an. Er fördert die Produktion von Gallensaft und hilft damit, schwere Speisen besser zu verdauen. Er klärt den Geist und macht ihn wach und rege. Im Übermaß macht er den Körper schlaff und durstig – und kann sogar dem Kinderwunsch im Wege stehen. Männern und Frauen, die Kinder haben wollen, wird deswegen abgeraten, zu viel Saures zu essen. (Schwangeren Frauen wird am Anfang der Schwangerschaft sogar geraten, von Ananas und Papaya ganz die Finger zu lassen.) Zuviel Saures macht auch den Geist nicht glücklich: Er reagiert dann unruhig, mürrisch, mal sogar zornig oder verfällt in Apathie.

Als sauer gelten Zitrusfrüchte, Beeren wie Rote und Weiße Johannisbeeren, Tomaten, Sauermilchprodukte wie Joghurt, Kefir, Quark, Essig, Wein, sauer Eingelegtes wie Sauerkraut u. v. a.

Salziger Geschmack – Wasserelement
Der salzige Geschmack wirkt auf den Körper stabilisierend und reinigend, fördert den Appetit und mehrt den Durst. Auf der geistigen Ebene verbessert er die Wahrnehmung und macht einsichtig und offen. Im Übermaß oder einseitig eingenommen, zeigt er aber seine Schattenseite: Er schwächt den Körper und lässt die Haut schrumpelig werden. Der Geist wird dabei immer starrer und bleibt an alten Mustern hängen. Der salzige Geschmack leitet das Chi nach unten.

„Erst das Salz macht das Essen wirklich schmackhaft", heißt es in Ayurveda. Dabei wird an natürliches Steinsalz gedacht. Das raffinierte Salz wird nicht empfohlen, weil es für die Gefäße nicht von Vorteil ist. Neben dem Salz gehören zu den salzigen Nahrungsmitteln: Algen, Krabben, Krebse, Fisch, Buchweizen und Hafer sowie Walnuss, Kastanien, Mungobohnen, schwarze Sojabohnen und der schwarze Rettich. Der salzige Geschmack kann schnell die anderen Geschmackrichtungen und dabei auch ihre Wirkungen übertönen.

Bitterer Geschmack – Feuerelement
In den Industrieländern aus vielen Lebensmitteln weggezüchtet, gehört der bittere Geschmack zu jeder Mahlzeit, genau wie die anderen Geschmacksrichtungen. Er ist ein besonderer Freund von Leber und Galle, die er stärkt und regeneriert. Bitter fördert die Verdauung und die Entgiftung, greift gezielt in den Stoffwechsel ein und reduziert das Fettgewebe. Bei Atembeschwerden lässt er leichter atmen. Der bittere Geschmack beruhigt und klärt den Geist: verhilft die Dinge so zu sehen, wie sie sind. Zudem wirkt er sich sehr günstig auf die Haut aus. Außer den Menschen von feingliedriger Konstitution und einem sehr lebhaften Temperament (Vata-Typ) wird er allen wärmstens empfohlen. Vor allem Frauen wird er als besonders gesundheitsfördernd ans Herz gelegt.

Es ist ein Geschmack, der so gut wie nie im Übermaß verzehrt wird, da bitter einfach nicht der Lieblingsgeschmack der Menschen ist. Sollte es dazu kommen, ermüdet der Mensch. Er verfällt in Tagträume oder bekommt Kopfschmerzen.

Scharfer Geschmack – Metall
Den scharfen Geschmack – das Brennen an der Zunge, nimmt jeder sofort wahr. Viele essen gerne scharf bis sehr scharf, andere dagegen meiden sogar die leicht scharfen Speisen.

Der scharfe Geschmack ist leicht, heiß und austrocknend. Dadurch wirkt er ausgleichend auf süß, sauer und salzig. Schwere, feuchte Speisen werden ausbalanciert. Der Körper wird erwärmt und belebt. Scharf fördert die Verdauungsfeuer, verbrennt überschüssiges Fett und Schlacken, entgiftet und reinigt – selbst die Gefäße.

Auch der Geist wird belebt: Er sieht die Dinge klarer und kann sich besser von manchem lösen. Scharf leitet die Energie nach oben, was bei einem Zuviel sich in einem Schluckauf äußert. Langzeitig wirkt er austrocknend auf die Gelenke. Am besten bekommt er dem Kapha-Typ, der die Hitze sowieso liebt und mit Schwere zu kämpfen hat. Auf der geistigen Ebene kann seine anregende Wirkung in Ärger und Zorn umschlagen – was andererseits auch manches klären kann.

Scharf wird vorrangig in den heiß-feuchten Klimazonen gegessen. Die Schärfe bringt die träge Verdauung in Schwung und ist außerdem keimtötend. Zu den scharfen Lebensmitteln gehören in erster Linie alle scharfen Gewürze wie Chili, Pfeffer, Ingwer und Paprika sowie Muskat, Koriander, Zimt und Nelken; darüber hinaus auch manches Gemüse wie Zwiebel, Knoblauch, Rettich, Sellerie, Grünkohl, Rosenkohl und Wirsing sowie reifer Käse und Gerste.

Herber Geschmack
Ayurveda und die Tibetische Medizin unterscheiden noch den *herben Geschmack.* Er wirkt zusammenziehend, ist leicht kühlend und austrocknend und verlangsamt die Verdauung. In größeren Mengen dämpft er die Emotionen und fördert die Askese. Es gibt nicht viele Lebensmittel von herbem Geschmack, aber umso mehr Heilpflanzen. Ihre zusammenziehende Wirkung hilft bei Blutungen, Verletzungen, Wundheilung und Durchfall. Zu den herben Lebensmitteln gehören: Bananen, Aprikosen, Birnen, Quitten (alle süß, herb), Pflaume (süß, sauer, herb) Oliven, Muskatnuss, Molke (sauer, herb), Erbsen (herb, süß) und schwarzer Tee. Zu herben Heilkräutern zählt man u. a. Himbeer- und Brombeerblätter, Brennnessel und Breitwegerich.

Unser Essen und die Geschmacksrichtungen
Jeder Mensch braucht eine für sich geeignete Menge von sämtlichen Geschmackrichtungen. Der Bedarf richtet sich nach der Konstitution des Einzelnen. Sehr anschaulich schildert das der Ayurveda:

• Die Schwere der *Süße* ist besonders gut geeignet für die luftleichte Vata (natürlich in Maßen). Auch die feurige und leichte Pitta kann davon profitieren. Alle jedoch, die mit Schwere (Übergewicht) zu kämpfen haben, sollten Süß auf ein Minimum reduzieren.

• *Sauer* soll ebenfalls in Maßen gegessen werden. Auch hier benötigt die leichte Vata etwas mehr als die schwere Kapha. Die feurige Pitta braucht am wenigsten davon.

• *Scharf* in Maßen tut jeder Kondition gut, aber am besten der kalten, schweren Kapha. Etwas weniger davon tut auch der leichten Vata gut. Pitta braucht es am wenigsten, da sie selbst schon feurig genug ist. Sollte sie jedoch übergewichtig sein, kann auch ihr das gut tun.

• Auch *herb* soll in Maßen verzehrt werden. Am meisten tut es gut der feurigen Pitta, auch der schweren, kalten Kapha kann es nicht schaden, etwas davon zu essen. Die leichte Vata ist trocken und kühl genug und braucht im Grunde genommen den zusammenziehenden, herben Geschmack nicht.

• *Salzig* sollte nur in geringen Mengen verzehrt werden. Davon kann die leichte, trockene Vata etwas mehr vertragen als die zwar feurige, aber feuchte Pitta. Die schwere, feuchte Kapha sollte am wenigsten davon nehmen, da Salziges das Wasser zurückhält.

• Genauso wenig braucht der Mensch von dem *bitteren* Geschmack. Der jedoch aufgrund seiner Unbeliebtheit nie in großen Mengen verzehrt wird. Besonders geeignet ist er für die heiße Pitta, auch Kapha verträgt noch etwas davon. Die leichte und trockene Vata muss sich damit nicht quälen.

Die *Geschmacksrichtungen* kommen in den Lebensmitteln oft zusammen vor. So enthalten z. B. die Südfrüchte zwei Geschmacksrichtungen, süß und sauer. Die Pflaumen sogar drei, süß, sauer und herb. Mit der Reifung und während der Zubereitung ändert sich häufig ihre Zusammensetzung. Die meisten werden weniger sauer, herber oder scharf und umso süßer (z. B. Äpfel, Bananen, Zwiebel). In manchen Lebensmitteln erschließen sich uns die Geschmacksrichtungen nacheinander. Zuerst erschmecken wir den dominanten, dann den unterlegenen Geschmack. So schmecken zum Beispiel Aprikosen und Birnen zuerst süß, erst mit der Zeit bekommen wir auch den herben Geschmack zu spüren; Buttermilch und Käse nehmen wir als sauer wahr, die Süße erschmecken wir erst im Nachhinein.

Die Beschaffenheit der Lebensmitteln und die Gegensätze Yin und Yang
Nach der chinesischen Philosophie spielt sich alles in der Natur zwischen zwei polaren Gegensätzen ab – dem Yin und Yang. Yin ist alles, was „kontraktiv, empfangend und erhaltend" ist, Yang dagegen „expansiv, aggressiv und fordernd" (Capra 1985, S. 32 ff). Yin entspricht der Nacht, dem Mond und dem Winter sowie allem, was feucht und kühl ist – es ist die fallende Energie. Yang dagegen entspricht dem Tag, der Sonne und dem Sommer wie auch allem Trockenen und Warmen – es ist die aufsteigende Energie.

Die Eigenschaften werden *nicht bewertet*. Nicht wünschenswert ist alleine das Ungleichgewicht zwischen den Gegensätzen, da die natürliche Ordnung in einem dynamischen Gleichgewicht zwischen Yin und Yang besteht (vgl. Capra 1985, S. 32 ff). Die mit dem Weiblichen (Yin) oder dem Männlichen (Yang) assoziierten Gegensätze sind nicht maßgebend für die Geschlechter: Jeder Mensch durchläuft in seinem Leben genauso Yin- wie auch Yang-Phasen. Auch die verschiedenen Eigenschaften der Lebensmittel werden als gegensätzliche Paare eingestuft: scharf und dumpf, fein und grob, weich und hart, glatt und rau. Zu den bedeutendsten für die tägliche Ernährung gehören: schwer und leicht, trocken und feucht, steigend und fallend und die energetischen Eigenschaften wärmend und kühlend.

Schwer sind alle konzentrierten Speisen und Lebensmittel, die süß, salzig und herb schmecken. Dazu gehören Milchprodukte (v. a. der Käse), Fleisch (v. a. das rote), Hülsenfrüchte und Getreide. Der Körper braucht dabei mehr Energie als bei anderen Lebensmitteln, um sie aufzuspalten und zu verdauen. In Maßen gegessen *erden* sie den Menschen und beruhigen seinen Geist, bei einem Zuviel machen sie den Körper schwer und den Geist träge.

Als *leicht* bezeichnet man alle Lebensmittel, die leicht zu verdauen sind. Sie fördern Beweglichkeit und Kreativität, im Übermaß können sie allerdings zu Tagträumereien führen. Viele Lebensmittel sind von Natur aus leicht, viele können aber auch mittels Kräutern und Gewürzen (bitter und scharf) leicht gemacht werden.

Die *austrocknenden* Lebensmittel werden bei zu großer Ansammlung von Fett und Feuchtigkeit – der Fettleibigkeit – empfohlen. Sie absorbieren die Feuchtigkeit und festigen damit das Gewebe, fördern Beweglichkeit des Geistes und wecken neue Interesse. Bei einem Zuviel jedoch erstarrt der Geist und verharrt dann bei alten Ansichten. Zu austrocknenden Lebensmitteln gehören vor allem Kräuter und Gewürze: Kümmel, Schwarzkümmel, schwarzer Pfeffer, Kurkuma, Basilikum; auch alter Honig, Gerste und Linsen sind dafür bekannt. Austrocknend wirkt generell alles, was scharf, bitter und sauer ist.

Die *feuchten* und einsalbenden Lebensmittel bekämpfen dagegen die Trockenheit. Sie halten den Körper und die Haut jung und geschmeidig, beruhigen den Geist, der vieles dann leichter loslassen kann. Im Übermaß aber führt das Feuchte zu Lethargie und Gleichgültigkeit. Zu den feuchten Lebensmitteln zählt man in erster Linie saftiges, reifes Obst und Gemüse, Reis, Milch, Ghee, Öl und andere Fette sowie alles Süße, Salzige und Herbe.

Viele der Lebensmittel können die Energie im Körper *heben* (Yang) oder *senken* (Yin). Die steigende Wirkrichtung ist typisch für die heißen Lebensmittel wie Chili, Pfeffer und Ingwer, aber auch für die wärmenden wie Zimt, Nelken, Nüsse, Zwiebel, Knoblauch, Essig sowie Kakao. Die fallende Wirkung haben die kühlenden und kalten Lebensmittel – vor allem Salz, Mineralwasser, Gemüse wie Gurken, Sellerie, Tomaten, Zucchini, rotes Fleisch und Fisch (außer Aal).

Thermische Wirkung der Lebensmittel

Nach den fernöstlichen Ernährungslehren haben alle Lebensmittel eine energetische Wirkung, die unabhängig von ihrer physischen Temperatur ist. Es wird zwischen heißen, warmen, kühlen und kalten sowie neutralen Lebensmitteln unterschieden.

Die energetischen Eigenschaften der Lebensmittel werden auf den Körper übertragen. Sie wirken sich auf unterschiedliche Weise aus. Die warme Energie aktiviert den Stoffwechsel und die Verdauung sowie das Nerven- und Kreislaufsystem. Die kühle dagegen verlangsamt die körperlichen Abläufe und beruhigt die Nerven. Richtig ausgewählt, helfen Lebensmittel dem Körper im Gleichgewicht zu bleiben oder es zurück zu erlangen.

Besonders schnell spürt man die heiße Energie. Noch während des Essens von scharfen Speisen steigt die Hitze auf. Wird sehr scharf gewürzt, fängt man sogar sofort an zu schwitzen. Die heißen Lebensmittel fördern im körperlichen Bereich die Verdauungsfeuer – im seelischen die Emotionen und Leidenschaft. Im Übermaß können sie zu Heftigkeit führen oder in einen Streit ausarten.

Die warmen Lebensmittel hinterlassen ein behagliches, wohliges Gefühl – die kühlenden ein erfrischendes (besonders an heißen Sommertagen wohltuend für den erhitzten Körper). Sie besänftigen zudem die Gemüter und helfen Distanz zu wahren und somit die Umwelt nüchtern zu betrachten: Der Mensch bleibt zurückhaltend, bei einem Übermaß sogar abweisend.

Ein Zuviel von kühlenden Lebensmitteln (wie Rohkost, Mineralwasser oder Joghurt) kühlt schnell den Magen ab, der sich dann schwer und träge anfühlt. In der indischen Küche wird die Hitze des Chilis deswegen mit Joghurt gelöscht. Vor allem *Kinder* reagieren empfindlich auf kühle Lebensmittel, weil sie sehr schnell ihre Wärme verlieren. Es ist jedem bekannt, dass sie sogar am heißesten Sommertag beim Baden schnell eine Gänsehaut und blaue Lippen bekommen. Den Kindern wurde schon immer Getreidebrei gegeben, der mit seiner natürlichen Süße dem Körper angenehme Wärme verleiht. Kriegt der kleine Magen dagegen kühlschrankkalten Saft oder Joghurt, krampft er sich oft zusammen.

Auch mancher erwachsene Körper ist von den kühlenden und kalten Lebensmitteln nicht gerade begeistert, besonders wenn er zu einem Yin-Typ (Kälte-Typ) gehört. Der Yang-Typ (Hitze-Typ) dagegen freut sich über ihre erfrischende Wirkung. (Dem Yin-Typ ist fortwährend kalt – sogar im Sommer gibt er seine Daunendecke nicht weg. Der Yang-Typ dagegen öffnet die Fenster auch im Winter.)

Zu den heißen Lebensmitteln gehören zuallererst die scharfen Gewürze wie Chili, Pfeffer, Ingwer, Rosenpaprika, Zimt, Nelken sowie Zwiebel und Knoblauch. Heiß wirkt auch Schnaps, deswegen wird nach schwer verdaulichem Essen oft ein „Schnäpsken" getrunken, um den Stau im Magen zu lösen. (Wein wirkt warm, Bier dagegen stark abkühlend und passt deswegen besser zu einem Sommerabend als zu kalten, nassen Tagen.)

Zu den neutralen Lebensmitteln gehört Getreide, außer Weizen, Hirse, Mais und Buchweizen, die warm sind. Warm wirken auch Fleisch, Butter, Honig und Wintergemüse.

Kühl und kalt sind: Rohkost, Mineralwasser, Grüner Tee, Pfefferminz und alle Milchprodukte (besonders die sauer vergorenen), ansonsten Fisch, Sommergemüse (Gurken, Tomaten, Wassermelonen) und das meiste Obst, außer Äpfeln, Kirschen, Aprikosen und Weintrauben, die warm sind. Die thermisch kalten Süd- und Zitrusfrüchte wirken in den Heißzonen auszugleichend bei Hitze. (Auch bei Fieber, der inneren Hitze, kühlen sie schnell den Körper ab.) Auskühlend auf den Körper wirken mit der Zeit Mikrowellengerichte und tiefgekühlte Nahrungsmittel und das, obwohl sie erwärmt werden. Ein Zuviel an kühlenden Lebensmitteln kann zu einem Energiemangel führen, auch bei Erwachsenen. Zu wenig Energie im Körper äußert sich als Müdigkeit, Interessenlosigkeit, Konzentrationsmangel, Trägheit oder gar Unbehagen. Der Körper verlangt nach viel Schlaf, langen Ruhepausen und oft nach Süßigkeiten.

Bei genug Energie strotzt er dagegen vor Vitalität und Stärke, kommt mit dem Leben, wie mit den äußerlichen Einflüssen (kaltes Wetter, verschnupfte Umgebung usw.) bestens zurecht.

Das Verdauungsfeuer

Verdauungsenergie wird in den fernöstlichen Ernährungslehren als das A und O des gut funktionierenden Körpers betrachtet, denn sie beeinflusst den Aufbau des ganzen Organismus. Was sich an Nährstoffen in der Nahrung befindet, landet nicht zwangsläufig in unseren Zellen. Bei guter Verdauung kann der Körper alle Speisen aufschließen und verwerten. Ist seine Energie jedoch zu schwach, wird die Nahrung nicht vollständig aufgeschlossen und der Körper kann nicht alle Nährstoffe resorbieren.

Die Verdauungsenergie ist abhängig von der Konstitution jedes Einzelnen, aber auch von Klima, Umgebung, Wetter, Jahres- und Tageszeit sowie von der momentanen Gemütsverfassung. Bei Auswahl der Lebensmittel orientiert man sich an der Konstitution des Einzelnen und seiner momentanen Verfassung. Es wird leicht Verdauliches serviert oder die Verdauungsenergie wird „angefeuert". So wird in den feucht-heißen Klimazonen der trägen Verdauung mit scharfen Gewürzen abgeholfen. Auch das Kochen hilft, leichter an die Nährstoffe zu kommen: Es hat die Aufgabe, die Lebensmittel aufzuspalten und sie somit verdaulicher zu machen.

Kochen mit fünf Elementen

Aus der Sicht der chinesischen Ernährungslehre macht das Kochen die Speisen nicht nur leicht verdaulicher, sondern lädt sie auch energetisch auf – es „bringt den Geist in die Speise". Durch Braten, Grillen, Backen und Schmoren wird das Essen mit der Yang-Energie angereichert; durch Kochen, Dünsten und Blanchieren mit der Yin-Energie.

Die Yang-Energie verstärkt die warme Energie der Lebensmittel oder gleicht ihre kalte Energie aus. So wird die warme Energie des Fleisches durch Braten und Grillen verstärkt. Das energetisch kalte Gemüse durch Anbraten im Wok oder Schmoren energetisch „aufgepäppelt". Auch langes Kochen (Köcheln) bringt viel Wärme in die Speise. Dazu eignen sich vor allem Brühen, die besonders Genesenden, Erkälteten und Gebärenden empfohlen werden. (Den jungen Müttern in China wird nach der Geburt traditionell Hühnerbrühe gegeben, um die durch die Geburt geschwächte Leberenergie auszugleichen.) Durch Gewürze wie Pfeffer, Chili, Ingwer oder Zimt kann die heiße Wirkung noch erhöht werden. Für Ausgleich sorgen energetisch abkühlende Zutaten wie Sahne, Joghurt oder Sprossen.

Die Yin-Energie gleicht die heiße und erwärmende Energie der Lebensmittel aus oder verstärkt ihre kühlende, erfrischende Wirkung. Besonders im Sommer ist Dünsten, Kochen oder Blanchieren gefragt. Nimmt man noch dazu thermisch kühle Zutaten wie Sahne, Joghurt, Sprossen, Algen oder frisches Obst, wirken die Speisen angenehm erfrischend.

Als die höchste Stufe des Kochens gilt das Kochen mit den fünf Elementen. Alle fünf Elemente (die fünf Geschmackrichtungen) werden in einer Speise zusammengefügt. Die Zutaten werden in der natürlichen Reihenfolge in den Topf gegeben, so wie in der Natur die Elemente aufeinander folgen: Wasser, Holz, Feuer, Erde und Metall. Begonnen wird meistens mit dem Element Wasser. Das bedeutet, zuerst wird Wasser in den Topf gegossen. Die anderen Elemente folgen der Reihe nach: z. B. Suppenhuhn (Holz), Thymian (Feuer), Möhre (Erde), Lauchgrün (Metall). Nach jedem neuen Element wird etwa eine Minute gerührt. Der Kreis der Elemente sollte sich wenigstens einmal schließen. Das letzte Element bestimmt über die Heilwirkung der Speise. Das Erdelement z. B. stärkt die Mitte.

Die Grundempfehlungen der fernöstlichen Ernährungslehren

Die Empfehlungen der traditionellen fernöstlichen Ernährungslehren sind der fernöstlichen Weltanschauung eingebettet und vermitteln neben den Grundregeln der Ernährung auch die der geistigen Haltung.

• Die alten Weisen empfahlen den Menschen, mit offenen Augen durch das Leben zu gehen und aufmerksam zu sein: In dem Augenblick zu leben, denn das macht das Leben intensiver, bunter und tiefer; es berührt das Innere und verlangsamt zudem die Zeit. Ganz nach dem Motto: „In dieser Welt können die einfachsten Dinge Wunder bewirken, wenn du bereit bist, sie wahrzunehmen" (aus dem Buddhismus).

• Den Menschen sollte auch bewusst sein, dass nichts von Bestand ist: Alles fließt, alles verändert sich ständig. Deswegen lohnt es sich nicht, zu sehr an den materiellen Dingen zu hängen und für sie zu leben. Genügsamkeit zu pflegen, macht das Leben einfacher, denn lebt man nach seinen Bedürfnissen und nicht nach der Begierde, wird man zufrieden und gelassen. Es heißt: „Wer genügsam zu sein weiß, ist reich."

• Wichtig ist außerdem, das rechte Maß zu finden – in allem, was man tut. *Mäßigung* ist eine der wichtigsten Empfehlungen der alten Ernährungslehren. Dabei soll man dem Hunger und Durst gehorchen und alles Extreme meiden. Das bedeutet: Essen, wenn man Hunger hat. Trinken, wenn man Durst verspürt. Sonst handelt man gegen den Körper. Schon in der „Mahâbhârata"* steht: „Nur um sich zu erhalten, soll er essen". Isst man maßvoll, einfach und natürlich, fühlt man sich nach dem Essen leicht und zufrieden. (So essen sich z. B. die Japaner nicht satt, sondern zufrieden.) Nach den alten fernöstlichen Ernährungslehren „blockiert" ein Zuviel an Nahrung nicht nur den Körper, sondern auch die Psyche. Isst man nur so viel, wie man braucht, wird das Verdauungsfeuer bestärkt und der Geist bleibt klar. (Tausende von Jahren lebte der Mensch danach. Die grundlegenden Bedürfnisse – Hunger und Durst – haben für sein Überleben gesorgt.)

---

* „Mahâbhârata" ist eine der wichtigsten indischen Schriften, die zwischen 400 v. Chr. und 400 n. Chr. geschrieben worden ist.

• Genauso wichtig ist es, das zu essen, was einem schmeckt. Dabei ist ein bewusstes, achtsames und somit langsames Essen gemeint, bei dem man den Geschmack der Speise auskostet, am besten in entspannter Atmosphäre, ohne Hast und Anspannung.

• Empfohlen wird auch, sich den Jahreszeiten entsprechend und vorwiegend von Lebensmitteln aus der näheren Umgebung zu ernähren. Also von dem: „Was der Himmel für den Ort und die Jahreszeit vorschreibt", wie das ein japanischer Zen-Landwirt Masanobu Hakaoka nannte. Denn der Körper profitiert von diesen Lebensmitteln, da sie denselben klimatischen Einflüssen unterliegen, wie der Mensch. Sie helfen ihm, sich den saisonalen Wetterbedingungen besser anzupassen.

Dem Rhythmus der Jahreszeiten zu folgen, bedeutet nicht nur, auf die thermische Wirkung der Speisen zu achten, sondern auch auf die veränderten Bedürfnisse des Körpers. Im Sommer werden deswegen leichte süße Gerichte empfohlen: Obst, Gemüse und Quellwasser, um den Durst zu stillen. Im Herbst dagegen Bitteres und Herbes, weil der Körper dann die Energie sammelt, um später der Kälte trotzen zu können. Im Winter verlangt der Körper nach sämigen süßen Speisen. Auch Saures und Salziges wird empfohlen.

Die Ernährungslehre der heiligen Hildegard

Die fernöstliche Sichtweise wirkt in Europa oft noch fremd auf den aufgeklärten Menschen. In der Vergangenheit jedoch waren energetische Wirkungen der Lebensmittel allen Menschen geläufig. Leicht und schwer verdaulich ist auch heute noch ein Begriff. Trocken und schleimig, kalt und warm wurde früher noch dazu benutzt. Vielen Lebensmitteln wurden Heilwirkungen nachgesagt. Sogar dem Fleisch, das als wärmendes, stärkendes Mittel in den *Spittelen* auch in der Fastenzeit den Patienten serviert wurde.

Die Grundlage der Heilkunde im Mittelalter bildete die sogenannte Viersäfte Lehre, nach der jedes Lebewesen aus vier Grundelementen entsteht: Wasser, Luft, Feuer und Erde. Jedem Element entspricht einer der vier Körpersäfte: Schleim (Phlegma genannt), Blut und gelbe sowie schwarze Galle. Der Schleim entspricht dem Wasser und ist kalt und feucht. Blut entspricht der Luft und somit ist warm und flüssig. Die gelbe Galle ist heiß und trocken und entspricht dem Feuer. Die schwarze Galle entspricht der Erde und ist trocken und kalt. Die Harmonie der vier Körpersäfte bestimmt über die Gesundheit des Menschen.*

Die Viersäfte Lehre geht zurück auf die antiken Ärzte und Gelehrten: Aristoteles, Hippokrates und Galen und wurde von den bekanntesten Ärzten des Mittelalters Albertus Magnus und Hieronymus erweitert und praktiziert. Auch die heilige Hildegard von Bingen (12. Jh.) ging in ihrer Heilkunde von diesem Bild des Menschen aus. Sie hat ihn als Ganzheit von Körper und Seele gesehen und war sich voll seiner Schwächen bewusst. In ihrer Heillehre hat sie dem Menschen empfohlen, an seinen Tugenden zu arbeiten und sich beim Essen zu mäßigen.

Die hl. Hildegard beschreibt in ihren Werken ausführlich die heilenden Kräfte der pflanzlichen wie tierischen Lebensmittel. Zu den von ihr meist geschätzten Lebensmitteln gehört in erster Linie Dinkel, den sie für das beste Getreide hielt. Ihr zufolge kann das alte Getreide jeder essen – der Gesunde genauso wie der Genesende. So empfahl sie auch Dinkel bei vielen Beschwerden als Basisdiät, vor allem bei Stoffwechsel-

---

* Wenn das Gleichgewicht der Säfte gestört wird, bestimmt der vorherrschende Saft die Art der Beschwerden. So macht z. B. ein Zuviel an Schleim (Erkältung) den Menschen müde und antriebslos. Zum Ausgleich sollte er heiße, trockene Heilmittel (Lebensmittel) bekommen. Der an zu viel Blut (Feuer) leidende „Hitzkopf" dagegen kühle und feuchte.

und Verdauungsstörungen, denn Dinkel „bereitet gutes Blut, stärkt das Muskelwachstum und die Gabe des Frohsinns" (Strehlow 2003, S. 34).

Auch Edelkastanien und Fenchel gehören zu den Lieblingslebensmitteln der heiligen Hildegard. Die Maronen preist sie als Kräftigungsmittel – gekocht für das Immunsystem, Magen und Leber, roh fürs Herz. Den Fenchel bezeichnet sie als wohltuend – genauso für Magen und Herz, wie bei *melancholia*. Den Honig mischte sie gerne Kräutern bei (Beifuß, Brennnessel). Sogar das heutzutage viel kritisierte Fleisch diente bei ihr als stärkendes Diätetikum: Sie riet, Ziegenfleisch für Magenstärkung, Schafsfleisch für die Kreislaufstärkung zu essen.

Zu den bekanntesten Hildegard-Speisen gehören Habermus, Dinkelgrießsuppe, Energiekekse und die Kerbel-Dill-Knödel. Das Habermus besteht aus gekochter Dinkelgrütze, die mit Honig, Zimt, Galgant, Bertram und Zitronensaft abgeschmeckt wird. Es ist eine Frühstücksspeise, die den Körper am Morgen erwärmt und mit anhaltender Energie versorgt. Die mit viel Gemüse gekochte Dinkelgrießsuppe fördert die Ausschwemmung von Harnsäure und die Nervenkekse (Energiekekse) stärken den Körper und die Nerven. Sie werden aus Dinkelmehl mit Muskatnuss, Zimt und Nelken gebacken. Die Kerbel-Dill-Knödel gehören zu der großen Milzkur und haben die Aufgabe, die Milz zu stärken.

Die über 800 Jahre alte Ernährungskunde der heiligen Hildegard ist laut dem Leiter des Hildegard-Kurhauses Wighard Strehlow heute „hochaktuell geworden" und findet zunehmend mehr Anhänger, die sich von ihrer einfachen, beständigen Küche mehr Vitalität und Wohlbefinden erhoffen.

Frühstück und die Empfehlung der heiligen Hildegard
Obwohl uns dauernd geraten wird, „wie ein Kaiser" zu frühstücken, empfinden es manche unnötig, schon früh am morgen zu essen und verzichten gerne darauf, oft unter sorgenvollem Einwand ihrer Umwelt. Bei der heiligen Hildegard finden sie ihre Zustimmung. Die weise Äbtissin hat nicht darauf bestanden, dass der Mensch unbedingt frühstücken muss. In vielen anderen Kulturen gilt es überdies als normal, sehr wenig am Morgen und ausgiebig am Abend zu essen. So beginnen z. B. die Franzosen den Tag gerne nur mit einem Milchkaffee und (wenn überhaupt) einem Croissant. In manchen Gegenden Afrikas wurde früher nur einmal am Tag (nachmittags) gegessen.

Das alte Wissen – Der große Schatz der regionalen Küchen

Das traditionelle Kochen und die regionalen Küchen
Das traditionelle Kochen orientiert sich nicht an Kalorien- und Vitamintabellen. Maßgebend sind der Geschmack und der Rhythmus der Natur. Es wird mit frischen Zutaten aus der Region und den Jahreszeiten entsprechend gekocht. Man unterscheidet zwischen leichten und kühlenden Sommerspeisen und den nährenden und wärmenden Speisen für die kalten Herbst- und Wintertage.

Die regionalen Küchen sind eine solide Ernährungsgrundlage – dem Leben und den Möglichkeiten der Umgebung angepasst. Sie beherbergen eine immense Sammlung an Wissen über die Lebensmittel, deren Zubereitung und Vorratsmöglichkeiten. Dieses Gut wurde von Generation zu Generation weitergegeben und erweitert. Das traditionelle Kochen birgt in sich die *Alltagsküche*, die in erster Linie der Versorgung und Verpflegung – dem Nähren – zugewandt ist und die *Festtagsküche*, die dem Genuss frönt.

Die Küchen sind geprägt von den geografischen Besonderheiten und klimatischen Verhältnissen und haben bis heute ihren Charakter, Charme und ihre Einzigartigkeit behalten. Sie sind genügsam, einfach und traditionell. Hand in Hand mit der jeweiligen Weltanschauung strukturieren sie das Jahr. Die Festtage werden hervorgehoben, die traditionellen Essensrituale gepflegt. Mit Gebeten wird Dankbarkeit ausgedrückt – dem Schöpfer, der Mutter Erde, der Pflanzen- und Tierwelt gegenüber. Gedankt wird auch denen, die gekocht haben – für die Zeit, die sie sich genommen haben und für die Liebe, die sie damit ausdrücken. Das Essen wird damit gesegnet und der Mensch erlangt einen tieferen Blick. So nährt es nicht nur den Körper, sondern auch die Seele.

Die bekanntesten traditionellen Küchen

Mediterrane Küchen
Die mediterranen Küchen gehören zu den bekanntesten in Europa. Ihre Wurzeln liegen in der griechisch-römischen Kultur. Nach der Weltanschauung der Altgriechen beschenkte die urbar gemachte Erde den Menschen mit allem, was er zum Leben brauchte. Deswegen hielten sie die Feldfrüchte für die besten Lebensmittel. Bis heute gehören Gemüse, Weizen und allerhand Olivenöl zu den Grundlagen der mediterranen

Küchen. Es wird viel Fisch, aber wenig Fleisch und tierisches Fett verzehrt.

Die regionalen mediterranen Küchen sind bodenständig und naturverbunden. Sie leben von Frische und guter Qualität. Es wird aus den Zutaten der näheren Umgebung gekocht, von denen viele nur an Ort und Stelle zu finden sind. Es gibt regionale Käse- und Schinkensorten und den passenden Wein dazu. Die Küchen unterscheiden sich im Geschmack, sind aber Ausdruck desselben Lebensstils: Man nimmt sich gerne Zeit zum Kochen und zum Genießen, dabei ist das Essen der Mittelpunkt der Geselligkeit. Mittags macht man eine ausgiebige Siesta, abends setzt man sich in geselliger Runde zu einem Nachtmahl zusammen, das sich stundenlang hinziehen kann.

In den Küstenregionen wird vorwiegend Fisch gegessen, der mancherorts immer noch früh am Morgen direkt bei den Fischern gekauft wird. In den fruchtbaren, ertragsreichen Regionen kommt viel Gemüse auf den Tisch, in den kargen sind Teigwaren und Reisgerichte beliebt. Auch Fleisch und Geflügel werden gerne gegessen, meistens jedoch als Beikost: In den vegetationsarmen Gegenden sind es Schaf- und Ziegenfleisch, sonst Schweinefleisch. (Man bevorzugt die schwarzen Schweine, die mit Eicheln und Kastanien gefüttert werden, wie z. B. in Kalabrien. In Spanien werden aus solchen Schweinen die traditionellen Hochzeitsschinken zubereitet.)

Alle Speisen werden mit frischen Kräutern, Knoblauch und viel Olivenöl zubereitet. Zu den bekanntesten mediterranen Gerichten gehören italienisches *Risotto* und das spanische Gegenstück *Paella*, die französischen Suppen *Pot-au-feu* und *Cassoulet* sowie die italienische *Minestrone* und *Gazpacho* aus Spanien. Zu den berühmtesten Fischsuppen gehören *Bouillabaisse* aus Marseille und die griechische *Kakavia*. Viele der mediterranen Speisen wie *Pizza, Spaghetti, Lasagne, Empanadas, Tortilla, Tapas, Antipasti* und *Mezedes* wurden weltbekannt.

Japanische Küche
Die japanische Küche lebt vom Reis, Fisch und von der Sojabohne. Es ist eine sehr naturverbundene und einfache, fast asketische Küche, die sich an die Jahreszeiten hält und sich auf das, was in der Umgebung verfügbar ist, beschränkt. An der ersten Stelle steht in der Küche der Geschmack, deswegen werden nur unverfälschte, natürliche und sehr frische Lebensmittel benutzt.

In der Gegend, in der ein streng buddhistischer Glaube herrscht, ist die Küche traditionell vegetarisch, so wie in der Region von Kyoto, sonst wird aber auch nicht viel Fleisch benutzt. Das Eiweiß kommt vorwiegend aus vegetarischen Quellen, vor allem aus Tofu und seinen Nebenprodukten.

Zu den für die Küche charakteristischen Lebensmitteln gehören: *Sojasoße, Tofu, Miso, Kombu, Wakame* und *Noriblätter*. *Miso* ist das älteste japanische Gewürz aus fermentierten Bohnen aus regionstypischen Sorten. *Wakame* ist ein milder Seetang, der gerne als Gemüse gegessen wird. Auch *Kombu* ist eine Seetangsorte, die in die *Dashi-Brühe* kommt, aus der Suppen und Soßen zubereitet werden. Die *Noriblätter* werden aus gepresstem Purpur-Seetang hergestellt und dienen als Sushihülle.

Die japanische Küche steht bis heute unter starkem Einfluss der Zen-Philosophie, was sich äußerlich in großer Sorgfalt manifestiert, die für die Ästhetik der Speise und des Geschirrs verwendet wird. Das zentrale Anliegen der Zen-Philosophie ist: „Den Menschen mit einem Teil seines Selbst in Verbindung zu bringen" (Hoover 1983, S. 238), und so sein Erkenntnisvermögen zu verstärken. Der Mensch sollte die Schönheit in dem Schlichten und Einfachen finden können und sich somit auch an dem Alltäglichen erfreuen. Der höchste Ausdruck der Zen-Kultur ist die Teezeremonie, die bis heute traditionell zelebriert wird.

Chinesische Küche

Die Grundregeln der chinesischen Küche basieren auf dem Ausgewogenheits-Prinzip. Die Küche ist sehr vielfältig und kann auch aus den einfachsten Zutaten etwas zustande bringen. Es werden Gerichte mit verschiedenen Geschmacksrichtungen gekocht, die alle harmonisch zusammenpassen.

Zu den für die Küche charakteristischen Lebensmitteln gehören vor allem frisches Gemüse, Reis, Nudeln, Fleisch und Tofu. Gemüse spielt eine weit größere Rolle als Fleisch, besonders im Alltag. Es gehört zu jeder Mahlzeit, genauso wie Reis, der bis heute in vielen Regionen Chinas ein Hauptnahrungsmittel ist. Die chinesischen Nudeln werden vorwiegend aus Weizenmehl gemacht, aber auch Nudeln aus Reis-, Soja- und Mungobohnenmehl (Glasnudeln) sind weit verbreitet. Traditionell werden die Nudeln durch Ziehen erzeugt. Besonders beliebt sind die selbst gemachten.

Fleisch gehört in der chinesischen Küche vor allem zum Festessen. Meistens ist es Schweinefleisch, weil es sich gut kombinieren lässt. Die Schweine gehören jedoch einer anderen Rasse an als die europäischen und werden natürlich aufgezogen. Gerne gegessen werden auch Hühner und Enten, die zu festlichen Anlässen zubereitet werden. Auch Fisch, vor allem Flussfisch, wird oft gegessen.

Ein wichtiger Eiweißlieferant ist Tofu, das von buddhistischen Mönchen nach China gebracht wurde. Man bekommt ihn natur, eingelegt, getrocknet oder geräuchert und hat unzählige Rezepte zur Auswahl.

Alle Lebensmitteln werden frisch gekauft, frisch gekocht oder kurz gegart. Es wird wenig gewürzt, um den Geschmack nur zu unterstreichen und nicht zu überdecken.

Zu den bekanntesten Gerichten der chinesischen Küche gehören: Pekingente, Schweinefleisch süßsauer, *Wan Tans*, Frühlingsrolle und Wokgemüse. *Wan Tans* sind kleine Teigbeutel, die gedämpft oder ausgebacken werden. Die Frühlingsrollen werden traditionell zum chinesischen Neujahrsfest gegessen. Zu jeder Mahlzeit gehört auch eine Suppe, die erst zum Abschluss gegessen wird. Die Gerichte werden gleichzeitig aufgetragen und mit Stäbchen gegessen, außer den Suppen, zu denen ein Porzellanlöffel gereicht wird. Zu den typischen Garmethoden gehören Dämpfen und Pfannerühren. Gedämpft wird in Bambusdämpfern, gerührt im Wok. Die beiden Garmethoden sind sehr schonend: Alles bleibt aromatisch, zart und knackig.

Viele der Lebensmittel haben für die Chinesen eine symbolische Bedeutung. Karpfen symbolisiert Glück, Nudeln und Erdnüsse ein langes, Birnen ein süßes Leben und die Frühlingsrolle das Ende der dunklen Jahreszeit und den Frühlingsanfang. Fisch wird immer mit dem Kopf zum Schwanz serviert, weil alles seinen Anfang und Ende hat. Die traditionelle chinesische Küche kennt keine Rohkost, keine Milch und keine Milchprodukte.

Indische Küche

Den Charakter der indischen Küche bestimmen die Gewürze. Es heißt: Sie bilden mit ihrem Geschmack und Aroma ihre Seele. Als *Masalas* (Mischungen) werden sie jeden Tag aufs Neue frisch gestoßen und geröstet. Zu jedem Gericht gibt es eine andere *Masala* und es gibt hunderte von Kombinationen. Zu den bekanntesten gehört die *Garam Masala*, was „wärmende Gewürzmischung" bedeutet. Die Grundlage einer *Masala* bilden: Kreuzkümmel, Koriander, Kurkuma, Chili, Ingwer, Kardamom, Nelken, Pfeffer, Zimt und Bockshornkleesamen.

Die indische Küche ist sehr vielfältig. Zu ihren Grundnahrungsmitteln gehören Reis, Hülsenfrüchte und verschiedene Gemüse. Fleisch wird nur im Norden gegessen, vor allem Hühner- und Rindfleisch. Der Süden, wo die meisten Hindus wohnen, ist strikt vegetarisch.

Indische Mahlzeiten bestehen neben dem Reis (oder Brot) aus verschiedenen Gemüse- und Hülsenfrüchtegerichten, den sogenannten *Dals*, die täglich verspeist werden. Meistens werden Linsen oder Bohnen zubereitet, von denen es etliche Sorten gibt. Der Reis wird vor allem im Süden gegessen. Im Norden, wo das Klima nicht zum Reisanbau geeignet ist, wird stattdessen Brot gegessen. Das indische Brot ist ein Fladenbrot, das aus frisch gemahlenem Weizen-, Reis- und aus Hülsenfrüchtemehl auf verschiedene Weise gebacken wird. Zu den populärsten Brotsorten gehören *Chatai*, die für jede Mahlzeit frisch gebacken werden und die Lehmofenbrote wie *Naan*, welche an die Ofenwand geklebt und innerhalb von Minuten fertig werden.

Reis wird mit viel Soße serviert, auch zu dem Fladenbrot wird dicke Soße gereicht. Dazu kommen noch verschiedene *Relishes* und *Chutneys*. Alle Gerichte werden scharf gewürzt. Deswegen kommt jedes Mal Joghurt auf den Tisch, um das Feuer der Gerichte zu löschen. Gekocht wird in Tontöpfen mit viel Ghee (geklärtes Butter) oder Kokosöl – stundenlang und sehr schonend auf einer sehr kleinen Hitze.

Die indische Küche lebt von frischen, naturbelassenen Lebensmitteln aus der Umgebung und von der Leidenschaft, mit der das Essen zubereitet wird. Die Nahrung wird mit Respekt und Ehrerbietung behandelt. Nach der indischen Weltanschauung ist sie voll Leben, so wie alle Lebewesen. Es heißt auch „Annam Brahma" – Speise ist Gott. Gegessen wird mit den Fingern der rechten Hand und es ist eine Sitte, vor jeder Mahlzeit ein Speiseopfer darzubringen.

Afrika und die afrikanischen Küchen
In Afrika gilt jemand zu bekochen als einer der schönsten Liebesbeweise. Es wird auch behauptet, dass die Freude und die Liebe, mit denen das Essen zubereitet wurde, mindestens so wichtig sei, wie die Speise selbst.

Die afrikanische Küche lebt vor allem von Getreide und Gemüse und ist die ballaststoffreichste (faserreichste) Küche überhaupt. Das wichtigste Getreide ist die Hirse, die es in vielen verschiedenen Sorten gibt. Das

Gemüse wird jeden Tag frisch zubereitet und kommt, wie auch die anderen Lebensmittel, erntefrisch aus der näheren Umgebung. Fleisch und Fisch werden als Beikost gegessen, außer bei den Nomaden, die von Fleisch und Milchprodukten leben. Fleisch wird als Nahrungsmittel sehr geschätzt und meistens erst nach den anderen Speisen aufgegessen. Die Erwachsenen geben oft etwas von ihrer Portion den Kleinen ab, was als Zeichen der Zuneigung oder als Belohnung gesehen wird.

Das afrikanische Essen ist sehr aufwendig und wird deswegen gerne gemeinsam zubereitet, was auch den Gemeinschaftssinn stärkt. Die Küche ist genügsam und sehr naturverbunden. Die Lebensmittel werden mit Achtung und Respekt behandelt. Es wird nicht mehr genommen, als man zum Leben braucht. Ein verschwenderisches Umgehen wird als Sünde gegen die Mutter Erde angesehen. In vielen Gegenden wird auf dem Boden gegessen. Nach dem Essen bedanken sich alle bei denen, die gekocht haben.

Auch in Nordafrika, in den arabischen Ländern, wird das Essen auf dem Boden serviert. Gegessen wird mit den Fingern der rechten Hand, nur für Suppen werden Löffel benutzt. Die arabische Küche ist bekannt für ihre Üppigkeit. Die Grundlage bilden Lammfleisch, Hülsenfrüchte und Gemüse. In der Alltagsküche wird wenig Fleisch gegessen, aber umso mehr Hülsefrüchte und herzhafte Gemüsegerichte. Gekochte Bohnen sind ein tägliches Gericht: Stundenlang weich gekocht, sind sie überall zu bekommen. Gemüse und Obst kommen jeden Tag frisch auf den Tisch. Gerne werden auch Nüsse, Rosinen und Datteln gegessen. Die Datteln gehörten früher zu der Grundnahrung der Beduinen. Heute werden sie gerne für Füllungen in süßem Gebäck, wie auch für herzhafte Speisen genommen.

Sehr beliebt sind Vorspeisen, die in verschiedenen Geschmacksrichtungen zubereitet und zusammen mit der Hauptspeise aufgetragen werden. Alle Gerichte werden stark gewürzt. Zu den meist benutzten Gewürzen gehören: Pfeffer, Paprika rosenscharf, Koriander, Zimt, Nelken, Muskat, Piment, Kreuzkümmel und Kardamom. Zu den interessantesten Küchengewürzen zählen getrocknete Zitronen, die ein einmaliges Aroma besitzen. Die bekannteste Gewürzmischung ist die *Baharat*, die reichlich den Fleisch- und Fischgerichten zugegeben wird.

Zu den charakteristischen Gerichten dieser Region gehören *Couscous* mit Fleisch und Gemüse, gekochte Bohnen – in Ägypten *Foul* genannt, Fladenbrot, *Hummus* – eine Kichererbsen- und *Tahina* – eine Sesampaste, wie auch die sehr beliebten Salate mit Bulgur – *Tabouleh* und viele Lammfleischgerichte.

Südamerikanische Küchen

Die Wurzeln der südamerikanischen Küche liegen in den alten Indianerkulturen u. a. der Azteken, Inkas und Mayas. Die Grundlage der meisten Küchen bilden bis heute Mais, Bohnen und Gemüse sowie Paprikaschoten, meist sehr scharfe. Mais und Bohnen gibt es in vielen verschiedenen Sorten. Bohnen bekommt man in jeder Größe, von ganz kleinen bis zu den sehr großen Limabohnen, die bis 4 cm lang sein können. Beim Mais gibt es sogar Sorten, deren Stängel mit süßem Saft gefüllt sind, wie bei dem Zuckerrohr. Auch Gemüse gibt es in einer Fülle von Sorten, von denen viele nur regional wachsen.

Mais und Bohnen werden nicht nur zusammen gegessen (sie ergänzen sich gegenseitig), sondern auch zusammen gepflanzt. Die Menschen halten sich dabei bis heute an die alte indianische Tradition und beugen auf die Weise der Ermüdung der Erde vor, die der Mais verursacht. (Die Bohnen reichern die Erde mit Stickstoff an.)

Fleisch wird meistens als Beikost gegessen. Ein sehr geschätzter Leckerbissen ist *Cabrito* – Fleisch von jungen Ziegen, das für besondere Festtage zubereitet wird. (Es wird mariniert und geröstet.) Gegessen wird auch Fleisch von Rindern, Schweinen und Hammeln.

In den hoch gelegenen Tälern der Anden werden Kartoffeln, der peruanische Reis Quinoa und Gemüse gegessen. Die Hauptfleischquelle ist das südamerikanische Meerschweinchen, eine Spezialität der Indianer. Es wird in Fleischeintöpfen oder gegrillt gegessen.

Die traditionellen Küchen des Südamerikas sind sehr zeitaufwendig. Alles will sorgfältig geschnitten werden und braucht dann noch stundenlang, um in den Tontöpfen zu köcheln. Diese Art zu kochen verleiht den Gerichten ein besonderes Aroma.

Zu den bekanntesten Speisen Südamerikas gehören *Tortillas*, die Maisfladenbrote, die heiß zu den meisten Gerichten serviert werden. Gefüllt gehen sie als *Tacos* unter die Leute. Berühmt sind die Küchen für die scharfen Soßen: *Salsa*, die in Mexico *Moles* genannt werden, und *Guacamole* eine aromatische Soße aus Avocado. Eine indianische Erfindung ist die heute weltweit bekannte Erdnussbutter. (Schon die alten Inkas haben geröstete Erdnüsse zerstoßen und mit Wasser zu einer Paste vermischt.) Indianische Wurzeln hat auch *Chili con Carne*.

Was essen die Hundertjährigen?

Es gibt viele Völker und Völkergruppen, die ungewöhnlich viele über Hundertjährige aufweisen: das Volk der Hunza im Karakorum (Hunzatal), die Kaukasier in den Hochtälern des Kaukasus, die Bewohner der Okinawa Insel in Japan*, die Vilcabamba in Anden (Peru) sind die berühmtesten.

Was alle die Hundertjährigen gemeinsam haben ist, dass sie alle Selbstversorger sind, was bedeutet, dass sie naturbelassene Lebensmittel, die in ihrer nächsten Umgebung wachsen und keine industriell verarbeiteten Nahrungsmittel essen. Zu ihrer Grundversorgung gehört allem voran Getreide (keine hochgezüchteten, sondern alte Getreidesorten): Weizen, Buchweizen, Hirse (Hunza), ungeschälter Reis (Okinawa). Alle essen viel (naturbelassenes) Gemüse, die Menschen in Okinawa essen zudem Algen und Seegras. Auch Fleisch wird gegessen (v. a. Geflügel und Lammfleisch). Die meisten essen es (fast) nur an den Festtagen, aber manche auch ein paar mal in der Woche (Kaukasier). Auch etwas Wein wird getrunken und manche Sauermilchprodukte werden verspeist. Dazu kommt frisches Obst, bei Hunza und Kaukasiern allen voran die Aprikose, die im Winter getrocknet gegessen wird.

Es wird berichtet, dass die Hundertjährigen gesund, vital und gesellig sind. Ihre Tage bestehen aus Arbeit (Bewegung) und ausgiebigen Ruhepausen (Mittagsschlaf). Sie sind nicht verkopft und machen sich gar keine Gedanken darüber, welche Lebensmitteln „verboten" sind. Sie essen einfach, was ihnen schmeckt, dabei überessen sie sich nicht, denn sie essen nie zu viel. Sie bleiben auch im sehr hohen Alter eingebunden in ihre Familie und ihre Umgebung und genießen als Menschen mit Erfahrung viel Respekt. Nach einer alten Hunza Weisheit hat das Alter nichts mit dem Kalender zu tun, sondern bedeutet lediglich das Reifen von Körper und Geist.

---

* Aktuell leben in Japan über 67.000 Menschen im Alter von 100 oder mehr Jahren.

Was nährt die Seele

Der Körper und die Seele bilden eine Einheit. Das ist die ganzheitliche Sichtweise, die in vielen Teilen der Welt zu Hause ist. Auch in Europa galt sie als allgemein gültig bis zur kartesianischen Trennung von Geist und Körper im 17. Jahrhundert.*

Der ganzheitlichen Sichtweise nach nährt das Essen nicht nur den Körper. Auch die Seele wird genährt. Wie der Körper gewinnt sie an Stärke und Widerstandfähigkeit, wird gefestigt, belebt und beflügelt. Der Mensch bleibt ruhend in seiner Mitte, wird selbstbewusster und selbstsicherer.

Struktur und Halt

Die Seele erbaut sich an dem Gefühl von Sicherheit und Geborgenheit. Und somit gibt das Essen mit all den damit verbundenen Traditionen, Ritualen und Gewohntheiten dem Leben eine Struktur und auch einen Halt. Eine in seiner Form simple Struktur ergeben schon die täglichen Mahlzeiten. Sie strukturieren den Tag auf natürliche Weise: Der Körper meldet sich, wenn er Hunger verspürt und bekommt dann regelmäßig die ersehnten Speisen und Getränke. Dabei wird auch die Seele gestärkt. Der Mensch kommt zur Ruhe, hält inne.

Einklang mit der Natur

Essen wir im Einklang mit den Jahreszeiten, kommen wir in den natürlichen Rhythmus der Natur. Die Jahreszeiten werden dadurch hervorgehoben und im wahrsten Sinne des Wortes ausgekostet. Man merkt dadurch noch intensiver, wie im Frühling und Sommer die Energie steigt und sich mit dem Herbst verlangsamt. Im Sommer zieht es uns nach draußen: Wir essen gerne auf der Terrasse, im Garten oder machen ein Picknick und genießen die leichten Speisen und die frischen Salate. Wir werden verwöhnt mit Erdbeeren und Spargel, frischen Gurken und reifen Tomaten – alles aromatisch und farbenprächtig. Die erfrischenden Gerichte begleiten uns in den heißen, von Sonne überfluteten Tagen.

---

* Den Meisten ist dabei nicht bewusst, dass die Welt nur scheinbar getrennt ist, da die Trennung in Gegensatzpaare *nur in unserer Vorstellung* stattfindet. Die Natur kennt keine Gegensätze. Nur der Mensch zieht im Geiste eine Grenzlinie zwischen den Gegenteilen und betrachtet sie dann als real (vgl. Wilber 1984, S. 32 ff).

Der Herbst kommt voll überladen mit Wintergemüse, Obst und Pilzen und verführt uns dazu, manches für den Winter anzulegen. An den kalten Tagen bleiben wir gerne zu Hause; machen es uns gemütlich, essen wärmende, nährende Speisen und erfreuen uns behaglicher, geruhsamer Abende. Wie die winterliche Energie kehren auch wir nach innen, denken mehr nach und sammeln die Kräfte.

Essen wir mit den Jahreszeiten, leben wir im Einklang mit den Rhythmen der Natur. Wir werden zu einem Teil ihrer selbst und bekommen ein tieferes Verständnis für sie wie für uns selbst. So kommen wir auch „mit unserem tieferen Selbst in Einklang" (Moore 2001, S. 19). Das Essen mit den Jahreszeiten bringt zudem fast unbeabsichtigt noch manches in Bewegung: Auf den Tisch kommt, was gerade in der näheren Umgebung geerntet wird. Dadurch werden die Lebensmittel über kürzere Entfernung transportiert und der unmittelbare Erzeuger gefördert. Die regionalen Märkte, wo nicht nur der Bauer, sondern auch der Bäcker, Metzger und Co. direkt an den Kunden verkaufen können, bekommen mehr Abnehmer und die Vielfalt an lokalen Produkten wird unterstützt und gefördert. Damit üben wir Einfluss auf unsere Umwelt aus.

Kochen und seine Wertung
„Widme dich der Liebe und dem Kochen aus ganzem Herzen." (Dalai Lama)

Zum Essen gehört das Kochen, das in unseren Zeiten leider unentwegt an Stellenwert verliert. Es wird immer öfter als reine Essenszubereitung gesehen und als lästig empfunden. Vor allem das tagtägliche Kochen zu Hause verliert stetig an Wert.

Die Wertung einer Sache ist immer abhängig von dem Weltbild des Wertenden. In den Industrieländern genießt allein die Arbeit ein hohes Ansehen, die ein bleibendes Ergebnis hinterlässt und Profit bringt. Das Kochen für die Familie (oder für sich selbst) befindet sich nicht darunter. In den geistig ausgerichteten Weltanschauungen wird das Kochen als ein Teil des natürlichen Kreislaufs des Lebens betrachtet und erhält damit einen hohen spirituellen Wert. So gilt das Kochen in den buddhistischen Klöstern als „ein Teil der meditativen Tätigkeit" (Capra 1985, S. 255), in den christlichen als eine Dienstleistung an den Nächsten. Die Zen-Mönche betrachten es sogar als einen heilenden Vorgang.

Kochen ist etwas Elementares, Ursprüngliches. Wir kommen in Berührung mit natürlichen Lebensmitteln, deren Formen, Farben und

Düften unsere Sinne umgarnen und uns die Jahreszeiten und somit den natürlichen Rhythmus der Natur vermitteln. Mit Kochen übernehmen wir die Verantwortung für das Gedeihen unserer Nächsten, genau wie für uns selbst: Der Kochende wird dadurch zu einem Teil eines Archetypus – der/den Nährenden. Deswegen wird in vielen Kulturen Kochen als Akt der Liebe gesehen und „einer der schönsten Liebesbeweise" (Ogodi 1999, S. 213). Folglich bedanken sich alle nach dem Essen bei dem Kochenden für sein Tun.

Die Freude am Kochen kommt natürlich nur dann, wenn man es gerne macht und nicht dazu gezwungen, in eine Rolle gedrängt wird – warum auch immer. Gibt es in der Familie keinen, der ein überzeugter Koch ist, ist es deswegen am besten die Arbeit mit anderen zu teilen, sich abzuwechseln oder gemeinsam zu kochen. Beteiligt sich die ganze Familie am Kochen, wird es nie langweilig.

Im Alltag erschöpfen sich schnell die Energie, die Kreativität und die Lust, wenn man jeden Tag alleine am Herd steht. Treffen sich dagegen alle in der Küche, gibt es massenhaft Zeit für Erzählen, Zuhören, Lachen, Singen – sogar fürs Vorlesen, wenn man es mag. Gemeinsam zu kochen bindet und lehrt. Die Küche wird zu einem Ort der Gemütlichkeit und Geborgenheit – zu einem Raum der Liebe, in dem *jeder* umsorgt wird. Die Kinder erfahren dabei, was man mit eigenen Händen bewirken kann und bekommen zudem ein tieferes Gefühl für das Füreinandersorgen und die Dankbarkeit. So wird nichts als selbstverständlich hingenommen. (Nach dem Motto: Es steht mir zu und somit verlange ich es auch.) Wie von selbst entwickelt sich ein achtungsvoller Umgang miteinander – Hilfsbereitschaft und Freundlichkeit sowie Bitte und Danke gehören ganz natürlich zum Alltag.

Kochen und Zeit
„Wer aus einem Weizen einen Kuchen haben will, muss das Mahlen abwarten. "
(Shakespeare)

Kochen verlangt zwar immer etwas Zeit, lässt man aber absichtlich die Hast vor der Küchentür, findet man die nötige Ruhe. Die Hast erzeugt nur Druck und Unzufriedenheit. Sie will das Essen in Sekundenschnelle auf dem Tisch sehen und kennt keine Nachsicht und Geduld. Ändern wir unsere innere Einstellung, ist es schon viel gewonnen. Die buddhistischen Nonnen empfinden z. B. als hilfreich, umso langsamer vorzugehen, je mehr man zu tun hat. Auch das afrikanische Sprichwort: „Stück für Stück kann man sogar einen Elefanten aufessen", hilft den Druck abzuwehren und die Ruhe und die Geduld zu bewahren.

Es hilft auch für den Alltag, einfache Alltagsgerichte zu wählen, die wenige Zutaten und nicht viel Zeit verlangen. So kocht man z. B. die Kartoffeln in der Schale (gepellt wird am Tisch) und benutzt die kleinen und großen Küchenhelfer, von Gemüseschneider bis zur Spülmaschine.

Hat man (noch) nicht viel Ahnung vom Kochen, fängt man mit ein paar einfachen Rezepten an, welche man immer wieder kocht, bis sie „sitzen". Auf die Weise geht das Kochen mit der Zeit immer leichter von der Hand. – Übung macht eben den Meister.

Essen und Dankbarkeit
„Der Mund soll essen, das Herz dankend loben." (Aus Estland)

Die geistige, spirituelle Seite des Essens wird in den industriellen Ländern immer weniger wahrgenommen. In vielen Religionen und traditionellen Gesellschaften ist sie jedoch noch sehr lebendig und präsent. Zuallererst werden die Lebensmittel als Naturgaben beziehungsweise Gottesgaben gesehen und „grundsätzlich mit großem Respekt behandelt" (Ogodi 1999, S. 215). „Annam Brahma" sagen dazu die Inder – Speise ist Gott. Und weil uns die Nahrungsmittel, genauso wie er, am Leben erhalten, sollten sie mit der gleichen Ehrerbietung behandelt werden.

Was anschließend beim Essen nie vergessen wird, ist Dankbarkeit – Dankbarkeit gegenüber der Mutter Erde für ihre Freigiebigkeit, dem Bauer für seine Mühe, dem Tier, das gegessen wird, für sein Opfer und dem, der die Speisen mit Liebe zubereitet hat, für seine Arbeit. Dankbarkeit erfüllt die Herzen mit Wärme und bringt mit sich eine andere Sicht der Dinge. Es macht einem bewusst, dass wir *keinen selbstverständlichen Anspruch auf die Gaben der Natur und die Mühen der anderen* haben. So begegnet man der Natur und dem Menschen mit Achtung – lernt seine Nächsten und sich selbst mit Respekt zu behandeln.

Als Zeichen der Dankbarkeit wird vor dem Essen ein Dankgebet (Tischgebet) gesprochen, mancherorts ein Speiseopfer dargebracht. Ein Gebet hat einen Einfluss genauso auf unser Bewusstsein wie auch auf das Essen. Es richtet unsere Aufmerksamkeit auf die Gegenwart. Wir geben uns dem Moment hin und erlauben dem Körper und der Seele, zur Ruhe zu kommen, den Gefühlen, sich auf eine höhere Ebene zu begeben. Das

Essen wird dank der Kraft des Gebetes erhoben und geheiligt und ist deswegen auch heilkräftig.

Betet man nicht, so kann man die Aufmerksamkeit auf den Augenblick richten und sich auf das Essen voll Liebe und Dankbarkeit konzentrieren. Die Wirkung ist dieselbe.

Was für große Kraft hinter den Worten der Dankbarkeit steckt, zeigen die Versuche des japanischen Wasserforschers Masaru Emoto. Mit seiner Methode, die Qualität von Wassertropfen fotografisch festzuhalten, zeigt er, dass man mental und emotional die Wasserstruktur verändern kann. Dabei bringen Begriffe wie Liebe und Dankbarkeit die schönsten und facettenreichsten Sechssterne hervor (siehe auch S. 256f).

Essen und Geselligkeit
„Kein Genuss ist vorübergehend; denn der Eindruck, den er zurücklässt, ist bleibend." (Goethe)

Essen bedeutet auch Geselligkeit. Ein Festessen mit Familie und Freunden ist jedes Mal ein Labsal für die Seele, sei es als ausgedehntes Abendessen im sommerlichen Garten oder als traditionelles Familienfest, das im Kerzenlicht im Wohnzimmer stattfindet: Mit friedvoller, ausgelassener Atmosphäre, gegebenenfalls gehobener Stimmung, umgarnen sie die Seele. Sie befriedigen das Bedürfnis nach Zuwendung und Aufmerksamkeit, vermitteln Geborgenheit, geben Halt und das Gefühl gemocht, geschätzt und geliebt zu werden.

Ein Festessen wertet das Essen auf, genauso wie das festliche Essen das Fest hervorhebt. Die Speisen bescheren nicht nur einen kulinarischen Genuss. Deren Duft und Geschmack rufen in uns Erinnerungen* wach: Die Stimmungen und Emotionen vergangener Feste werden heraufbeschworen und vertiefen noch die herrschende Hochstimmung. Diese Kontinuität stärkt unsere Seele und somit unser Selbstbewusstsein.

---

* Es ist das sogenannte Proust-Phenomen: Ein Geschmack, ein Duft weckt Erinnerungen an längst vergangene Tage. (Marcel Proust ist ein französischer Schriftsteller und Autor von dem Roman „Auf der Suche nach der verlorenen Zeit".)

Auf der Suche nach Sicherheit und Souveränität

„Jeder Gedanke ist eine winzige Suggestion. " (Roberts)

Tausende von Jahren hat der Mensch im Urvertrauen an die Natur und das altbewährte Wissen überlebt und sich weiter entwickelt. Er erfreute sich seines Essens, das schmecken, sättigen und neue Kraft geben sollte. Das Essen wurde *erlebt* und nicht analysiert.

Heute wird das Essen in gesund und ungesund eingestuft und damit bereitwillig die Angst geschürt. Gleichzeitig werden starre Regeln, ständige Kontrolle* und das gleiche Ernährungsmuster für alle angeordnet – als könnten Ernährungsempfehlungen allgemein gültig sein. (Dabei beanspruchen die verschiedensten Diäten die alleinige Wahrheit für sich.)

Wer sich nicht verführen lassen will, hat keine andere Wahl als selbst nach eigenen Antworten zu suchen, welche seiner Weltanschauung, seinem Lebensstil und seiner Konstitution entsprechen – und sich neue Sicherheit aufzubauen, die ihn *souverän* über sein Essen entscheiden lässt.

Die Sicherheit bedarf jedoch eines Maßstabs (aus gesicherten Wahrheiten), an dem man sich orientieren kann. So schauen sich viele um, denken nach, greifen auf ihren gesunden Menschenverstand zurück, – um die für sich nötigen Antworten herauszufinden. Sie besinnen sich auf die Natur und fangen an, den Menschen aus ganzheitlicher Sicht neu zu entdecken. Es geschieht genauso aus einer rein ökologischen Betrachtungsweise heraus, wie aus dem tief verstandenen Wunsch nach mehr Lebensqualität und der Umkehr von reinem Profitdenken. Auch die geistig ausgerichtete Lebensauffassung wie die fernöstliche, aber auch die europäische Philosophie (Gaia-Hypothese**) sowie die Sichtweise der Naturvölker trägt viel dazu bei.

So werden langsam die großen Zusammenhänge zwischen dem Menschen, seiner Umgebung und dem, was er sich einverleibt – im wörtlichen wie im übertragenen Sinne – entdeckt. Es entstehen neue Trends, die das Natürliche, Regionale und Traditionelle bevorzugen und ausbauen oder auch neu entdecken und wiederbeleben wollen. Es ist eine große, alternative Bewegung, die an der Basis passiert und immer mehr

---

* Was sich zu einer Essstörung Orthorexie auswachsen, einer „ungesunden Fixierung auf gesundes Essen" (Pollan 2016, S. 115).
** Die Gaia-Hypothese betrachtet die Erde als einen Organismus.

Einfluss auf die Umwelt nimmt. Die neuen Prioritäten richten sich gegen das Unnatürliche wie Gentechnik und Zusatzstoffe genauso wie gegen Hast und Eile, die übermäßigen Stress erzeugen.*

Viele entdecken wieder das längst Vergessene: die Weisheit des Körpers und seine Einmaligkeit genauso wie die Kraft der inneren Bilder und die Bedürfnisse der Seele:

• Der Körper weiß immer noch, was er braucht. Er reguliert die „Nachfrage" und kann sich „in all seiner Weisheit" (vgl. Roberts 1974, S. 277, 374) aus dem „Angebot" das holen, was er braucht. Das Essen und Trinken sind seine Grundbedürfnisse und Hunger und Durst seine Antreiber. Die Kunst liegt darin, die Rechte des Körpers zu berücksichtigen und ihn *nicht über die Maßen* zu strapazieren. Was vor allem bedeutet, das Extreme zu meiden.

• Jeder Mensch besitzt seine ihm eigene Konstitution. Die strengen Regeln einer Ernährungsrichtung müssen nicht unbedingt für jeden passend sein. Sollten die Gründe auch so ethisch erhaben sein (z. B. Vegetarismus). – Es gibt immer eine andere Sichtweise, die genauso erhaben und respektvoll der Natur gegenübertreten kann (wie z. B. die tief in den Kreislauf des Lebens eingebundenen Aborigines oder Buschmänner, die das Tier um Erlaubnis bitten und sich bei ihm für sein Opfer bedanken).**

• Die Suggestion hat viel Kraft. Es heißt auch: Der Glaube versetzt Berge. Folglich kann sich jede übertriebene Kritik (negative Suggestion), die schlechtes Gewissen und Angst erzeugt, in unserem Kopf festsetzen und den Körper beeinflussen. Die Überzeugung, dass uns etwas schadet, kann stärker wirken als das reale Lebensmittel selbst. So ist es z. B. den Menschen im 19. Jahrhundert in London passiert, die sich „prompt" mit Tomatenvergiftung ins Krankenhaus einliefern ließen, nachdem Ärzte das Gemüse (ganz normale rote Tomaten) als giftig eingestuft haben.***

---

* So wie die Slow Food Bewegung, eine aus Italien kommende Esskultur, die 1986 entstanden ist und für das Frische und Regionale steht, der Verein zur Verzögerung der Zeit sowie die weltweiten Bewegungen wie The Work That Reconnects, Green Earth Foundatio u. v. a. m.
** Siehe auch S. 85
*** Vgl. Artikel: „Wundermittel im Kopf" in: Spiegel 26/2007 oder unter www.spiegel.de/Spiegel/print/d-52032649.html

• Der Mensch ist eine Einheit von Körper und Seele und somit ist es wichtig, dass auch sie genährt wird. Dazu tragen die Geselligkeit – familiäre Feste und gemütliche Abende – genauso bei, wie das Gefühl umsorgt zu werden und die Dankbarkeit. Die Seele erfreut sich am *Erleben*. Das ständige Analysieren macht sie mürbe.

Bekömmliches Essen

„Was für den Schmied gut ist, zerreißt den Schneider." (Aus China)

Es gibt kein einheitliches Rezept für gesundes, bekömmliches Essen, denn jeder Mensch ist anders und lebt woanders, ist somit anderen klimatischen Einflüssen ausgesetzt. Man kann sich an den traditionellen Küchen orientieren, die bestens an das regionale Angebot und die klimatischen Unterschiede angepasst sind oder den allgemeinen Empfehlungen der alten ganzheitlichen Ernährungsweisen folgen:

• Frische Lebensmittel (frisch zubereitet) bevorzugen
• Entsprechend der Konstitution, der Lebensphase und der Jahreszeit essen
• Dem Körper das geben, was er gerade braucht
 Es ist allgemein bekannt, dass kleine Kinder ein natürliches Gespür (da noch unbeeinflusst) für die Bedürfnisse ihres Körpers haben und wissen, welche Lebensmittel ihnen gerade gut tun. Man nennt es „somatische Intelligenz", die leider bei vielen Erwachsenen verloren gegangen ist.
• Auf den Körper und nicht auf den Kopf hören, also kein ideologisches, dogmatisches* Denken (kein ausgedachtes Ernährungskonzept) befolgen
• Maßvoll essen – nicht zu viel und nicht zu wenig und am besten erst, wenn man Hunger verspürt
• Achtsam und genussvoll essen
• Sich beim Essen Zeit lassen – entspannt, dankbar und gesellig
• Im Winter warm, nährend und herzhaft, im Sommer dagegen leicht und kühl essen

---

* Der Verzicht auf manche Lebensmittel kann sich laut Psychologen sogar „zu einer Art Ersatzreligion auswachsen" (vgl. Paulus 2016, S. 53-57)

Unsere Lebensmittel

„ Essen ist ein Bedürfnis, Genießen eine Kunst. " (François de la Rochefoucauld)

Lebensmittel tierischer Herkunft

Die Tiere begleiten den Menschen seit Urzeiten. Schon bevor er sie zu domestizierten lernte, halfen sie ihm zu überleben. Später sicherten Kühe, Schweine, Ziegen und Schafe sowie Hühner, Enten und Gänse seine Ernährung. Die Haustiere ernährten alle: Reiche wie Armen. Schon eine Kuh in der Familie reichte, um das Überleben von Erwachsenen und Kindern zu sichern; und wenn es für eine Kuh nicht reichte, da tat es auch eine Ziege, die genügsam wie sie ist, sich sogar in einer mageren Gegend durchbringen konnte.

Die Haustiere versorgten den Menschen mit Milch, Butter, Quark, und Käse und von Zeit zu Zeit auch mit Fleisch, dementsprechend waren sie auch hoch angesehen: Sie trugen oft ihre eigenen Namen und wurden nach Kräften versorgt und umsorgt. Wurde ein Tier geschlachtet, wurde von ihm nichts achtlos weggeworfen. Dazu waren sie zu wertvoll. Der Mensch verwertete alles „vom Kopf bis zum Schwanz".

Fleisch als Lebensmittel

Seit grauer Vorzeit war es gerade das Fleisch der wilden Tiere, das dem Menschen das Überleben ermöglichte, vor allem in den nördlichen Regionen. Aber auch in den gemäßigten und in den heißen Gebieten war das Fleisch der gejagten (später auch gezüchteten) Tiere wegen seiner Nährdichte überlebenswichtig.

Welches Fleisch wird weltweit gegessen?

Welches Fleisch gegessen wird, ist heute in erster Linie eine Frage der Gewöhnung und Tradition, früher war es die Umgebung, denn das vorherrschende Klima bestimmte, welche Tiere in der Umgebung lebten oder gezüchtet werden konnten.

In der westlichen Welt wird vor allem Fleisch von Säugetieren und Federvieh gegessen: Rindfleisch, Schweinefleisch, Lammfleisch, Ziegenfleisch und Kaninchenfleisch sowie Fleisch von Hühnern, Perlhühnern, Puten, Enten und Gänsen. Viel seltener verzehrt wird Pferdefleisch (Eselsfleisch nur regional in Südeuropa, vor allem Italien und Korsika). Auch Tauben und Strauße gelten als Fleischlieferanten und leider immer noch die kleinen Singvögel in Ländern rund ums Mittelmeer*. In den nördlichen Regionen werden auch Rentiere** (in Nordamerika Karibu genannt) gegessen.

Sehr geschätzt wird Wildbret – Fleisch von wild lebenden Tieren, die gejagt werden. Dazu gehören in Europa: Reh, Hirsch, Wildschwein, Hase und das Wildfedervieh – wilde Gänse und Enten, Wachteln, Fasane, Rebhühner, Haselhühner, Moorhühner, Schnepfen und Wildtauben (in USA der wilde Truthahn). Früher wurden in Europa auch Pfaue und Schwäne gegessen. Sie galten als eine Delikatesse und waren nur für adelige Gaumen bestimmt.

Weltweit werden auch andere Fleischarten gegessen. Schon in Europa gibt es Ungewöhnliches wie Frösche und Schnecken in Frankreich und wie bereits oben erwähnt immer noch die Singvögel. Früher wurden auch Schildkröten (Sumpfschildkröten) gegessen (in Deutschland und Österreich). Heute wird Straußenfleisch importiert und mittlerweile auch gezüchtet. In Australien wird immer noch gerne Kängurufleisch gegessen. In Afrika ist es Kamelfleisch (von den zweihöckrigen Kamelen), das zu besonderen Anlässen zubereitet wird. Auch wilde Tiere finden in den Topf – vor allem die Antilopen (beliebt als *Biltong* – getrocknetes Fleisch) und oft genug auch die Affen. Von den alten Andenkulturen kommt die traditionelle Meerschweinchenzucht (Peru). Es sind die *Cuy*, eine Zuchtsorte, die mit 4 Monaten schon 4 kg wiegt. Die indigenen Völker der Arktis aßen immer schon das rohe Fleisch der Robben, Walrosse, Weiß- und Narwale, auch Karibus, Elche und Meeresvögel standen auf ihrem Speiseplan.

Der unterschiedliche Umgang mit Fleisch – Drei Strömungen

In der westlichen Welt haben sich im Laufe der Geschichte drei Entwicklungstendenzen herausgebildet: Das Fleisch wird entweder als Hauptnahrungsmittel betrachtet, nur als Zukost gesehen oder man übt sich gänzlich im Verzicht.

---

* Mehr darüber unter: www.nabu.de/news/2015/08/19375.html
** In Europa werden Rentiere (die einzige domestizierte Hirschart) von den Rentiernomaden gehalten: den Samen in Finnland, den Nenzen, Eweken und Jakuten in der sibirischen Tundra.

Die Befürworter der *fleischreichen Ernährung* können auf eine lange Geschichte des Fleischessens zurückblicken, denn die fängt schon in grauer Vorzeit an. In den kälteren Regionen konnte der Mensch nur dort überleben, wo es Tiere gab*. Die Höhlenbilder zeigen, wie er damals sogar das Mammut jagte. Der Mensch der Frühzeit war bis ca. 8000 v. Chr. Jäger und Sammler und noch lange Zeit danach war für viele Völker das Fleisch überlebenswichtig. Die germanischen, keltischen wie slawischen Völker haben noch Jahrhunderte lang ihre natürliche Umwelt genutzt um zu jagen, aber auch um die wildlebenden Tiere in Wäldern zu züchten (Pferde, Rinder und vor allem Schweine, die sich von Eicheln und Bucheckern ernährt haben). Im Spätmittelalter kam in Nord- und Mitteleuropa das Züchten in Ställen dazu.

Obwohl der Ackerbau seit dem Frühmittelalter immer mehr an Bedeutung gewann, hielten die Menschen des Mittelalters Fleisch für das beste Lebensmittel, das als einziges dem Körper Kraft und Stärke geben kann. Es wurde gerne und viel davon gegessen, besonders bei Hoffesten und größeren Tafelrunden bei den damaligen Herrschern und Rittern. Bei der breiten Masse sah es natürlich nicht so üppig aus, was sich auch in den traditionellen Küchen bis heute spiegelt, die voll von Rezepten sind, die mit wenig oder gar keinem Fleisch auskommen.

Als das Jagen seit dem 10.-11. Jahrhundert zum Privileg der Könige und des Adels wurde und den niederen Ständen bei Verletzung des Verbots drastische Strafen drohten (Verstümmelung und sogar die Todesstrafe), begann der Fleischkonsum langsam ein Vorrecht der Reichen und ein Symbol der Macht zu werden. In folgenden Jahrhunderten blieb das Fleisch als Nahrungsmittel weiterhin sehr begehrt, obwohl nicht jedem leicht zugänglich. Es hing vom Wohlstand ab, wie viel Fleisch die Menschen aßen. Das führte dazu, dass Fleisch immer mehr als Status- und Wohlstandssymbol empfunden wurde. Auch heute noch sehen viele darin, dass sie sich viel Fleisch leisten können, die Bestätigung ihres Wohlstands.

Zu den Befürwortern der fleischreichen Ernährung gehört heutzutage auch eine Ernährungsweise, die man *Paleo-Diät* nennt. Die sogenannte *Steinzeiternährung* basiert auf der Überzeugung, dass der menschliche

---

* In den nördlichen Regionen gibt es auch heute noch Völker, die sich vorwiegend vom Fleisch ernähren. Allen voran die nördlichen Völker der Arktis: die Inuits sowie die Rentiernomaden in der russischen Tundra.

Stoffwechsel am besten an Fleisch (Wild oder Bio-Qualität) und Gemüse angepasst ist, da der Mensch sich davon die längste Zeit ernährt hat.* Sie betrachtet solche Ernährung als artgerecht. Die *Paleo-Diät* verzichtet auf Getreide, Hülsenfrüchte und Milcherzeugnisse sowie auf alles, was die Nahrungsindustrie bietet: Zucker, Mehl, stark verarbeitete pflanzliche Fette, künstliche Zusatzstoffe usw.

Das Fleisch nur als *Zukost* zu betrachten, hat seine Wurzeln noch im Altertum. Bei den alten Griechen spielte das Fleisch eine untergeordnete Rolle, denn wegen der gebirgigen Landschaft waren es ohnehin meistens die Schafe und Ziegen, deren Fleisch von Zeit zu Zeit gegessen wurde. Für die wichtigste Nahrungsquelle hielten die Griechen die Früchte der Erde: Getreide, Weintrauben und Olivenöl. Auch für die Römer stand an erster Stelle das Brot, das sie für das allerbeste Nahrungsmittel gehalten haben, obwohl sie gerne auch Schweinefleisch gegessen haben. Bei der breiten Bevölkerung stand jedoch vor allem Getreidebrei und Gemüse sowie Wein und Olivenöl auf dem Speisezettel (vgl. Peter 2006, S. 21, Buchholz 1819, S. 17). Diese Ernährungsweise mit wenig Fleisch, viel Gemüse, Getreide und Olivenöl wird bis heute in den südeuropäischen Ländern praktiziert und als *mediterrane Kost* bezeichnet.

Auch der *Verzicht auf Fleisch* hat eine lange Geschichte hinter sich. Die Gründe für dessen Ablehnung waren früher vor allem ethisch-religiöser Natur. In den alten Weltreligionen Hinduismus** und Buddhismus*** verbietet der Glaube an Reinkarnation, wie auch die Barmherzigkeit und die Nächstenliebe allen Geschöpfen gegenüber, die Tiere zu töten und zu essen. Im Christentum gibt es nur einen zeitbegrenzten Verzicht auf Fleischgenuss – die Fastentage. Viel enthaltsamer ist die Askese, eine Lebensweise, die neben anderen Entbehrungen, auch gänzlich auf das Fleisch verzichtet.

---

* Argument der Befürworter der Steinzeiternährung: Die Menschen leben seit 2,5 Millionen Jahren auf der Erde, mit dem Anbauen der Getreide haben sie erst vor 10.000 Jahren begonnen. Die Paleo-Diät hat ihren Ursprung in den USA der 70er Jahre.
** Die Yogis und die Vaishnavas (die Vishnu Verehrer) sind strikte Vegetarier.
*** Im Buddhismus dürfen Nonnen und Mönche unter bestimmten Bedingungen Fleisch essen, z. B. die Bettelmönche, die Fleisch als Almosen kriegen (auch Buddha soll gelegentlich Fleisch gegessen haben). Strickt abgelehnt wird das Fleischessen bei Mahâyâna-Buddhismus, im Tibet aber (wo Mahâyâna-Buddhismus praktiziert wird, wird Fleisch gegessen. Vgl. www.tibet.de/zeitschrift/archiv/tibet-buddhismus-84-vegetarismus/

Erst seit dem 19. Jahrhundert werden Menschen, die das Essen von Fleisch ablehnen und nur Produkte von lebenden Tieren zulassen, Vegetarier genannt. Es gibt die Lacto-Ovo-Vegetarier, die auf Fleisch verzichten, dafür aber Eier und Milchprodukte essen, Lacto-Vegetarier, die keine Eier und die Ovo-Vegetarier, die keine Milchprodukte verzehren. Vegetarier, die zwar kein Fleisch, aber dafür Fische und Meerestiere essen, werden Pesco-Vegetarier genannt. Die strengsten sind die Veganer, die alle tierischen Produkte ablehnen (auch Honig, Bienenwachs, Wolle, Daunen, Leder und Seide). Darüber hinaus gibt es auch die Flexitarier, die flexiblen Vegetarier, die Fleisch selten und nur aus artgerechter Haltung essen.

Das Pro und Kontra

Bei den Überlegungen pro und kontra Fleischessen gehört die Einstellung den Tieren gegenüber zu den grundsätzlichen und ist von der Weltanschauung des Einzelnen abhängig. Von vielen Menschen werden auch heutzutage Tiere zu Fleisch umdefiniert und als Lebewesen nicht wahrgenommen. Das Sensibilisieren beginnt mit einer anderen Lebenseinstellung, in dem man die Tiere nicht als selbstverständlich nimmt und Achtung von dem Leben und seinen Gaben hat. Hier steht dem religiösen Urgebot des Nichttötens, der hinduistischen wie buddhistischen *Ahimsa**, die Einstellung der Naturvölker** gegenüber, die zwar die Tiere töten und essen, sie aber als Wesen respektieren und achten (siehe auch S. 76). Getötet wird nur aus Notwendigkeit und nur soviel gerade gebraucht wird. Und weil die Naturvölker in dem Bewusstsein des Einsseins aller lebenden Formen leben, wird das Wesen des Tieres zuerst um Erlaubnis gebeten, danach bedankt man sich für sein Opfer.

---

* *Ahimsa* ist das Prinzip der Gewaltlosigkeit und des Nichtverletzens, das in den drei großen Religionen: dem Hinduismus, dem Buddhismus und dem Jainismus verankert ist. Ahimsa empfiehlt einen Gewaltfreien Umgang mit Menschen und allen Lebewesen. Es beinhaltet auch das Nichtverletzen von Gefühlen des anderen durch grobe Worte, Ton und Gestik (die Himsa). Ahimsa wurde im Laufe der Zeit unterschiedlich ausgelegt. Am strengsten erfasst wird sie bis heute in Jainismus, dessen asketische Einsiedler sich nur *frutarisch* ernähren: was bedeutet, dass sie nur sehr reife Früchte, Samen und Nüsse essen, die von der Mutterpflanze ohne „Gewalt" Anwendung gesammelt werden können.
** Die für die meisten Menschen ungewöhnlich tiefgehende Beziehung eines sehr alten Stammes zur Natur hat die amerikanische Autorin Marlo Morgan sehr anschaulich in ihrem Buch „Traumfänger" beschrieben.

Heutzutage kommen auch andere Beweggründe dazu. Es sind die ethischen, ökologischen und sozioökonomischen Probleme der Massentierhaltung, die viele Menschen Vegetarier werden lassen. Andere entscheiden sich deswegen bewusst für viel weniger Fleisch, dafür aber aus artgerechter Haltung, um die Biobauern und die artgerechte Haltung der Tiere zu unterstützen.

Die Vorteile und Nachteile vom Fleisch als Lebensmittel

Vorteile
- Fleisch ist ein sehr guter Nährstofflieferant. Es liefert ein wertvolles Eiweiß, das *alle unentbehrlichen Aminosäuren* enthält und von hoher biologischer Wertigkeit ist, was bedeutet, dass der Körper es sehr gut verstoffwechseln kann.
- Es liefert auch reichlich das für den menschlichen Körper besonders gut resorbierbare Eisen* sowie Zink und Selen. (Da die Böden in Deutschland selenarm sind und die Pflanzen das Mineral nicht liefern können, wird Fleisch zu einem wichtigen Selenversorger.)
- Fleisch fungiert zudem in gemischter Kost als „Resorptionsvermittler", es verbessert die Resorption von Nährstoffen v. a. Eisen und Zink aus Pflanzen (Phytat in Pflanzen verschlechtert die Aufnahme).
- Fleisch enthält auch alle B-Vitamine unter anderen die fast nur** in tierischen Lebensmitteln vorkommendes Vitamin B12 sowie die Vitamin A, Folsäure, Niacin und Pantothensäure.
- Die gesättigten Fette sind erst im Übermaß nicht gesundheitsfördernd.
- Fleisch wirkt wärmend, wird deswegen gerne im Herbst und Winter gegessen.

Die Kühe, Ziegen und Schafe sind keine Nahrungskonkurrenten für den Menschen, *so lange sie artgerecht ernährt werden*. Gräser wachsen auch auf Flächen, wo man kein Getreide mehr kultivieren kann. Die Tiere auf der Weide sind zudem ein Teil eines natürlichen Kreislaufs: Ihre Hinterlassenschaften locken viele Insekten, die wiederum andere Tiere locken.

---

* Je dunkler das Fleisch, desto eisenhaltiger ist es.
** Vit B12 kommt in pflanzlichen Lebensmitteln fast nur dann vor, wenn sie zuvor fermentiert wurden, weil es durch Milchsäurebakterien gebildet wird.

Nachteile

- Fleisch enthält keine Ballaststoffe, normalerweise kein Vitamin C (außer Weidenfleisch), kein Kalzium und nur Spuren von Kohlenhydraten, bei einer Mischkost wird es wunderbar mit Pflanzen und Körnern ergänzt.
- Fleisch kann Stoffe enthalten, die eigentlich darin nichts zu suchen haben. Umgehen kann man es, indem man Qualität statt Quantität wählt. Der Positive Effekt ist, dass man dadurch die *artgerechte* Tierzucht unterstützt.
- Fleisch enthält Purine*, die leider nicht jeder Mensch gleich gut verstoffwechseln kann. Purine sind wichtige Bausteine, die der Körper für den Aufbau neuer Zellen braucht. Sie werden sowohl vom Körper selbst gebildet wie auch von den Lebensmitteln aufgenommen. Bei Abbau der Purine entsteht im Körper Harnsäure, die nicht bei allen Menschen vollständig ausgeschieden werden kann. Bleibt „genug" davon übrig, kristallisiert die Harnsäure, was zu schmerzhaften Ablagerungen führen kann. Auch wenn man auf Fleisch gänzlich verzichtet, bedeutet es nicht, dass man keine Purine mit dem Essen aufnimmt, denn sie sind in verschiedenen Mengen auch in pflanzlicher Kost enthalten. Nur Milch, Joghurt, Quark und Butter enthalten keine Purine.

Weniger ist mehr

Wie in allen Bereichen des Lebens gilt auch bei Fleischkonsum das Maß zu halten. „Das bekömmliche Minimum" (Athinos)** kann verschieden ausfallen, denn jeder Mensch ist anders und folglich auch sein Stoffwechsel. Deswegen ist es immer empfehlenswert, auf den Körper zu hören und sich der eigenen Konstitution entsprechend zu ernähren.

---

* Besonders viel Purine enthalten die Innereien (bis über 200 mg/100 g) und die Schwarte, am weinigsten die Rinderbrust (38 mg/100 g). Beim Geflügel sitzen die meisten Purine in der Haut, das Muskelfleisch enthält weniger davon (Putenschnitzel 50 mg/100 g, Ente 58/100 g). Purine enthalten auch andere Lebensmittel: Fisch (am meisten die Sprotten 335 mg/100 g, am wenigstens Kabeljau und Scholle etwa 40-45 mg/100 g), Hülsenfrüchte (Sojabohne 80 mg/100 g, genauso viel wie die Hammellende), Hefe, Pilze (am wenigstens die Pfifferlinge 7 mg/100 g), Buchweizen (65 mg/100 g), Sonnenblumenkerne (62 mg/100 g), Spargel, Blumenkohl und Bier. Keine Purinen enthalten nur Milch, Joghurt und Quark (vgl. www.purintabelle.de, sowie www.purinrechner.de).
** Athinos ein griechischer Arzt aus 6. Jh., zit. nach Montanari 1993, S. 25.

Fleisch in kleinen Mengen ist sehr nahrhaft und wirkt kräftigend, wärmend und erdend. Im Übermaß kann seine Wirkung ins Gegenteil schlagen, denn viel Fleisch bedeutet oft mehr Eiweiß, als der Körper braucht und kann somit eine Belastung für den Stoffwechsel werden. Auch die alten fernöstlichen Medizinlehren, die tausendjährige Erfahrungen gesammelt haben, empfehlen Fleisch maßvoll zu essen. Aus ihrer Sicht wirkt Fleisch „tonisierend auf *Qui* (Lebensenergie) als auch auf das Blut" (Flaws 1998, S. 112), es stärkt Milz, Magen und Nieren und baut den Körper auf. In der indischen Ayurveda wird Fleisch denen empfohlen, die eine kalte Konstitution haben (Vata, Kapha), allerdings soll auch für die feurigen Pitta-Menschen etwas Fleisch von Vorteil sein, da es erdend wirkt. Das Fleisch sollte immer mit Getreide und Gemüse zusammen gegessen werden, die für die nötige Balance sorgen. Die Traditionelle Chinesische Medizin rät Fleisch vor allem in Suppen* oder in Brühe zu essen, denn die selbst gemachten Fleischbrühen eignen sich besonders gut, um die Lebensenergie zu stärken. In China bekommen die Wöchnerinnen eine starke Hühnerbrühe serviert, welche die während der Geburt verlorene Energie ausgleichen soll. Das Fleisch sollte immer von guter Qualität sein.

Insekten als eine Alternative zum Fleisch und eine gute Eiweißquelle

Insekten stehen in Afrika, Australien, Asien und Südamerika seit langem auf dem Speiseplan. Verspeist (und das mit Genuss) werden: Heuschrecken, Grillen, Termiten und Zikaden – meistens roh, aber auch gegrillt oder frittiert. Besonders beliebt sind die prallen und fetten Raupen und Larven, welche genauso gerne roh wie gekocht gegessen werden. In Afrika sind es die dicken Palmkäferlarven, in Australien Holzlarven, in Japan die Wespenlarven (*hachi-no-ko*), in Mexiko Agavenraupen und die sehr teuren Ameisenlarven (*Escamoles* – mexikanischer Kaviar), welche gekocht zusammen mit Tortillas als Vorspeise serviert werden. Auch in Europa wurden früher Insekten gegessen. – Die alten Griechen und Römer aßen gerne die Larven von Bienen und Zikaden. In Deutschland und

---

* Heutzutage kehrt man mit dem neuen Souping-Trend zurück zu den in vielen traditionellen Küchen bekannten Fleischbrühen. Man genießt sie als ein heißes Getränk und verspricht sich von deren Reichtum an Kollagen, Mineralien und Spurenelementen eine gesundheitsfördernde Wirkung (vgl. Canova 2003, Resnick 2016).

Frankreich wurde bis Mitte des 19. Jahrhunderts der Maikäfer gegessen, kandiert oder in Suppe (Maikäfersuppe).

Seit langem gibt es Expertenstimmen, die Insekten für die beste Nahrungsquelle der Zukunft halten, da sie sehr nahrhaft, schnell nachwachsend, kostengünstig und umweltfreundlich sind. Insekten* sind sehr eiweißhaltig und reich an essenziellen Aminosäuren, Mineralien (Termiten beinhalten doppelt so viel Eisen wie Rindfleisch) und Vitaminen (enthalten unter anderem auch das Vit. B12)**. Sie beinhalten auch viele Ballaststoffe, die bekanntlich dem Fleisch fehlen. Ob sich Europäer für Insekten irgendwann erwärmen können, ist jedoch fraglich.

Fleisch in der Küche

Fleisch gehört heutzutage für viele zur Alltagsküche und wird gerne jeden Tag gegessen. In den meisten traditionellen Küchen Europas gehört es bis heute zu den Grundnahrungsmitteln, wurde jedoch in erster Linie an Sonn- und Festtagen zubereitet und kredenzt. In der Alltagsküche dominierten andere Lebensmitteln, deren Fleisch meistens nur als Zukost (Geschmackverstärker) dazugegeben wurde, was vor allem an seiner Erreichbarkeit lag.

In der Küche wird zwischen Rotfleisch und Weißfleisch unterschieden. Zu Rotfleisch zählt man: Rindfleisch, Schweinefleisch, Kalbfleisch, Pferdefleisch u. a., zu Weißfleisch das Geflügelfleisch. Das Fleisch von wild lebenden Tieren wird als Wild (Wildbret) bezeichnet.

Rindfleisch
Rindfleisch hat eine kräftige rote Farbe und feste Konsistenz. Es wird vor dem Essen abgehangen (4-8 Tage), um es zarter und aromatischer zu machen. Das Fleisch schmeckt kräftig und wird gerne gebraten, geschmort und gekocht. Das Braten und Grillen von Rindfleisch kommt aus England. Die ersten Roastbeefs wurden dort schon im Mittelalter

---

* Vgl. www.insekten-essen.info/oekologische-und-oekonomische-vorteile-gegenueber-dem-fleischkonsum/ (von 09.06.2017)
** Die englischen Forscher entdeckten, warum die strikt vegetarisch (vegan) lebenden Hindus, in England nach einiger Zeit kränklich werden. Es lag nämlich an dem Vitamin B12-Mangel: In England werden Obst und Gemüse gründlich gespült, in Indien dagegen bleiben an den Gemüsen und Obst Bakterien und Rückstände von Insekten hängen, was für die Versorgung mit Vit. B12 ausreichend war (vgl. Spiegel 13/1996, S. 34).

gebraten. Mit den englischen Truppen kam der Brauch nach Frankreich, wo bis heute sehr gerne Rindfleisch gegessen wird.

Rinder werden in Ställen und auf der Weide gezüchtet. Für reine Weidehaltung sind nicht nur Argentinien, sondern auch Irland, England und Afrika bekannt. Eine einzigartige Zuchtmethode wird in Japan betrieben – die Kobumethode. Die Tiere bekommen nur Naturkraftfutter: Getreide (ohne Mais), Rüben, Kartoffeln und Bier. Zudem werden sie täglich massiert, um noch besseres Fleisch zu liefern. Kobu-Rinderfleisch ist das teuerste Fleisch, das es gibt, schmeckt aber auch einmalig.

Rindfleisch ist reich an Eiweiß (bis 22 Prozent) und enthält viele Vitamine und Mineralien, allen voran Eisen und Zink. Die tibetische und die traditionelle chinesische Ernährungslehre klassifizieren Rindfleisch als süß und kühl. Die heilige Hildegard sah es ähnlich und empfahl dem „kalten Menschen", das Fleisch nicht zu essen.

Kalbfleisch
Kalbfleisch ist zartrosa und mager. Es schmeckt am besten geschmort, mit Gemüse oder Sahne. Das Fleisch ist sehr delikat und wird gerne Kindern und Genesenden gegeben. Aus der Hildegardküche kommt die Kalbfuß-knochenbrühe, die sich zur Stärkung der Knochen „hervorragend bewährt" hat (vgl. Strehlow 2003, S. 337).

Schweinefleisch
Das Fleisch der Schweine wird weltweit am häufigsten gegessen. Seit mehreren Jahrtausenden in Europa und noch länger in Asien (heute v. a. China, Vietnam). Amerika kannte keine Schweine, bis die Europäer sie eingeführt haben. Im Judentum und Islam gilt Schweinefleisch als unrein.

Schweinefleisch ist hell, feinfaserig, weich und saftig. Es kann auf sehr viele verschiedene Weisen zubereitet werden: gekocht, gebraten, geschmort, mariniert und gegrillt oder gepökelt, getrocknet und geräuchert als Schinken und Würste. Das Fleisch ist eiweißreich und enthält viele Vitamine (vor allem die B-Vitamine) und Mineralien wie Eisen und Zink. Energetisch gesehen ist Schweinefleisch neutral bis kühl. Schweine wurden bis hin ins Mittelalter in Wäldern gezüchtet, wo sie vor allem von den Eicheln gelebt haben. Auch heute werden ausgesuchte Schweinerassen (wie die schwarzen Schweine in Südeuropa) gerne mit Eicheln und Kastanien (Bucheckern auf Korsika) gefüttert, weil sie dann ein besonders gut schmeckendes Fleisch liefern.

Bei der Schweinezucht steht der Massenhaltung der artgerechten Haltung gegenüber, welche die natürlichen Bedürfnisse der Schweine befriedigt. Schweine sind Weidetiere, sie suhlen und graben für ihr Leben gern.

Lammfleisch

Schafe gehören zu den ältesten Haustieren. Gehalten werden sie in sehr vielen Ländern der Welt (u. a. Neuseeland, Orient, Nordafrika). In Europa sind es vor allem Irland, England und alle südeuropäischen Länder. In sonstigen Ländern ist die Schafhaltung auf die Bergregionen begrenzt. In Deutschland und Frankreich kommen noch die Küsten mit ihren Salzwiesen dazu. Dabei liefern Schafe nicht nur Wolle und Fleisch, sondern leisten auch wichtige Landschaftspflege (z. B. Lüneburger Heide) und weil sie dabei Pflanzensamen herumtransportieren, tragen sie auch viel zur Biodiversität (Artenvielfalt) bei.

Lammfleisch ist das Fleisch von jüngeren Schafen (6-12 Monate), das Fleisch von älteren Tieren nennt man Hammelfleisch. Lammfleisch kann geschmort, gekocht, gebraten und gegrillt werden. In vielen Küchen wird das Fleisch zuerst mariniert, dafür verwendet man gerne Gewürze: Thymian, Knoblauch, Oregano, Majoran und Salbei, in England auch Minze. Lammfleisch ist von hoher Qualität, denn Schafe, genauso wie Ziegen und Pferde, eignen sich nicht für Massentierhaltung. Sie werden überwiegend (von Frühling bis Dezember) auf den Weiden gehalten und artgerecht ernährt.

Lammfleisch enthält hochwertiges Eiweiß, wertvolle Vitamine (vor allem B-Gruppe) und Mineralien. Es ist energetisch heiß und wird von der Tibetischen Medizin wie der Traditionellen Chinesischen Medizin bei Kraftlosigkeit empfohlen. Die heilige Hildegard empfahl Lammfleisch auch bei Bindegewebeschwäche (vgl. Strelow 2003, S. 84). Nach Dr. Strehlow wurde früher Schafslunge unter anderem bei Asthma und Bronchialhusten (als saure Lunge) „erfolgreich eingesetzt" (ebd.).

Ziegenfleisch

Ziegenfleisch wird weltweit (Indien, Nordafrika) oft, in Europa eher selten gegessen. Eine Ausnahme ist Südeuropa, wo Ziegenfleisch immer noch ein fester Bestsandteil der traditionellen Küchen ist und gerne nach althergebrachten Rezepten zubereitet wird. Da das Fleisch besonders aromatisch schmeckt, gilt es in manchen Ländern als besondere Delikatesse (u. a. Portugal, Griechenland).

Ziegenfleisch ist von hoher Qualität, weil die Tiere ganzjährig auf der Weide gehalten werden und sich artgerecht ernähren. Das Fleisch ist eiweißreich und mager. Seine wertvollen Fettsäuren können leicht assimiliert werden. Die Tibetische Medizin empfiehlt das Fleisch bei Gallenbeschwerden. Nach der heiligen Hildegard stärkt es den Magen und festigt das Bindegewebe.

Die Ziege ist ein sehr genügsames Tier, das Hunger und Durst gut erträgt und sogar in mageren Zeiten immer, was zu fressen findet. Deswegen wurde sie früher in Europa gerne von armen Familien gehalten und folglich scherzhaft die „Kuh des kleinen Mannes" genannt.

Pferdefleisch

Obwohl Pferdefleisch zu den ältesten Lebensmitteln der Menschen. gehört und in historischer Vergangenheit sich etliche Völker davon ernährt haben: Mongolen, Hunnen und Indianer genauso wie die Kelten und Germanen, gilt es heute für viele Menschen als nicht essbar. Es kommt daher, weil das Essen von Pferdefleisch in Europa tabuisiert wurde: Es war ein Verbot von Papst Gregor III., der 732 n. Chr., das Pferdefleisch zu essen, weil die Tiere damals für die Verteidigung der christlichen Gebiete unverzichtbar waren. Das Verbot blieb Jahrhunderte in Kraft und wurde erst im 19. Jahrhundert aufgehoben. Bis heute wird das Essen von Pferdefleisch von Land zu Land unterschiedlich betrachtet: In England und USA immer noch tabuisiert, in Deutschland gemieden, in Frankreich und Belgien fast wie andere Fleischsorten betrachtet, in Island und Japan sogar als eine Spezialität angesehen. In Europa wird das Fleisch nur in Pferdemetzgereien verkauft.

Pferdefleisch ist zart und mager und schmeckt etwas milder als Rindfleisch, lässt sich aber genauso zubereiten. Es ist reich an Eiweiß und ungesättigten Fettsäuren und liefert wie andere Fleischsorten viele Vitamine und Mineralien, vor allem Eisen, Zink und Vitamin B12. Pferdefleisch wird allgemein als herz- und gefäßfreundlich empfohlen. Die Tibetische Medizin hält es für wohltuend für die Nieren und heilend bei sogenannten Luftkrankheiten (u. a. Atemwege und Muskeln betreffend).

Wasserbüffelfleisch

Die ursprünglich aus Asien kommenden Wasserbüffel werden mittlerweile in vielen Ländern gezüchtet, in erster Linie ihrer schmackhaften Milch wegen, aus der man die begehrte Büffelmozzarella herstellt. Die Büffel werden artgerecht auf den Weiden gehalten und ihr Fleisch gilt als nahrhaft und bekömmlich, da es reich an Eiweiß und Eisen ist, wenig Fett und Cholesterin enthält und zarter, saftiger und kalorienärmer ist als Rindfleisch.

Geflügel

Als Geflügel bezeichnet man Vogelarten, die als Nutztiere gezüchtet werden: Hühner, Enten, Gänse, Puten sowie Perlhühner und Tauben sowie das sogenannte Federwild: wilde Enten und Gänse, Fasanen, Wachteln und Rebhühner, die in freier Wildbahn leben und gejagt werden. Ferner gehört auch der Strauß dazu, der verstärkt importiert (oder gezüchtet) wird und bereits der heiligen Hildegard bekannt war.

Hausgeflügel wurde schon vor mehr als 5000 Jahren gehalten. Die alten Ägypter kannten sogar das Geheimnis der künstlichen Brütung. Gezüchtet wurde das Geflügel immer schon gerne, denn es spendierte den Menschen nicht nur Eier und Fleisch, sondern auch Daunen und Federn (auch zum Schreiben). Ein paar Hühner, Enten und Gänse konnten sich auch die ganz Armen leisten, da das Geflügel die Fähigkeit hat, sich auch in Zeiten der Knappheit erfolgreich durchzupicken.

Geflügelfleisch war früher sehr begehrt und wurde gerne sogar an den königlichen Tafeln kredenzt. Heute wird es gerne gegessen, weil es leicht verdaulich ist. Für manche ist es auch wichtig, dass es nicht derselben biologischen Ordnung, wie der Mensch (höhere Säugetiere) angehört.

Geflügel wird in Mager- und Fettgeflügel unterschieden. Fettarm sind: Huhn, Pute, Perlhuhn, Taube und Wildgeflügel; fettreich dagegen Ente und Gans. Es empfiehlt sich von selbst, artgerecht gezüchtetes Geflügel zu bevorzugen.

Hühnerfleisch

Hühnerfleisch gehört zu dem meist verzehrten Geflügelfleisch. Es ist ein mageres, weißes Fleisch, das von allen gegessen werden kann: Gesunden wie Genesenden, Erwachsenen und Kindern. Es ist reich an hochwertigem Eiweiß, Vitaminen (v. a. B-Gruppe) und Mineralien (u. a. Eisen, Kalium und Zink). Das Fleisch ist leicht verdaulich und somit kann das Eiweiß leicht umgewandelt werden.

Hühnerfleisch stärkt das Immunsystem und liefert schnell Energie. Die Volksmedizin empfiehlt die Hühnerbrühe bei Erkältung und Husten, da sie auch schleimlösend wirkt. In China kocht man die Hühnersuppe aus ganzem Huhn (mit Herz, Magen, Leber, Kopf und Füssen) für die Wöchnerinnen, um die während der Geburt verlorene Energie schnell auszugleichen. In der Traditionellen Chinesischen Medizin wird Hühnerfleisch als heiß, süß und herb bezeichnet und als nierenfreundlich empfohlen. Der Tibetischen Medizin nach hat es die Kraft, das Sperma zu vermehren.

Putenfleisch

Putenfleisch ist etwas trockener und faseriger als Hühnerfleisch. Es enthält viel Vitamin E und ist reich an Niacin (Vit. B3), Folsäure und Zink. Das Fleisch lässt sich schmoren, kochen, braten und backen. Angeboten werden ganze Vögel (3-10 kg schwer) oder ausgewählte Fleischstücke, vor allem Brust und Keule. Zu Putenfleisch passen sehr gut Olivenöl und mediterrane Gewürze wie Rosmarin, Thymian und Knoblauch. Ein Putenbraten gehört traditionell zum Erntedankfest in den USA, wo noch die wilden Truthähne in freier Bahn leben.

Perlhuhnfleisch

Das Perlhuhnfleisch wird von vielen als Edelfleisch betrachtet und gerne zu festlichen Anlässen zubereitet, besonders in Frankreich. Das Fleisch ist zart, mager und delikat (mit einem Hauch von Wildgeschmack). Es ist reich an hochwertigem Eiweiß und Mineralien (Kalium und Eisen) und sollte für gute Nerven und stramme Muskeln sorgen. Angeboten werden junge Perlhühner mit einem Gewicht von 1-2 Kilo. Das Perlhuhn kommt ursprünglich aus Afrika, wo es auch heute in den Savannen und Wäldern lebt. Der Vogel sieht ungewöhnlich aus, ist zudem laut und „unternehmungslustig" und somit nicht einfach zu züchten. Wie der Truthahn entwickelt das Perlhuhn besonders viel Brustfleisch.

Straußenfleisch

Fettarm ist auch das Straußenfleisch. Es ähnelt etwas dem Rindfleisch, wird aber wie Putenfleisch zubereitet. Das Fleisch wird entweder importiert oder kommt aus der hiesigen Straußenzucht. Interessant ist, dass das Fleisch schon im frühen Mittelalter in Europa bekannt war. Die heilige Hildegard beschrieb es als „voll Wärme und Stärke" und empfahl es als Diätmittel bei Epilepsie: „Wenn ein Mensch die »fallende Sucht« hat, der esse oft Fleisch vom Vogel Strauß und es bringt ihm (...) die Gesundheit wieder" (Strehlow 2003, S. 83).

Gänsefleisch

Nach der hl. Hildegard ist ein Gänsebraten „nur für gesunde zu verkraften" (Strehlow 2003, S. 83). Denn die Gans hat das fetteste Fleisch unter dem Geflügel (im Durchschnitt 30 Prozent). Ratsam ist es deswegen, die Haut vor dem Braten zu stechen, um das Fett abfließen zu lassen.

Das Fleisch der Gänse ist sehr reich an Mineralien wie Eisen, Kalium, Magnesium und Kupfer. Traditionell wird ein Gänsebraten im November als Martingans und im Dezember als Weihnachtsgans gegessen. Angeboten werden junge Gänse bis zu einem Alter von 12 Monaten.

Entenfleisch

Die Hausente wurde schon von 1000 Jahren in China gezüchtet. Ihr Fleisch ist zart und reich an Vitamin E sowie Mineralien wie Eisen, Zink und Kupfer. Enten werden gerne mit Äpfeln gefüllt gebraten. Sie schmecken dann aromatisch und sehr saftig.

Tauben

Das Fleisch von Tauben (auch Wildtauben) wird heutzutage eigentlich nur noch in Südeuropa gegessen, anders als früher, als es eine zusätzliche Fleischquelle für arme Familien war, vor allem auf dem Lande.

Wildbret

Als Wildbret bezeichnet man alle in freier Wildbahn lebende Tiere, die gejagt werden. Es wird unterschieden zwischen Haarwild und Federwild. Zu Haarwild zählt man alle Fell tragenden Tiere, zu Federwild die wilden Vögel: Flugenten, Wildgänse, Wachten und Fasane. Das Haarwild wird zusätzlich in Hochwild (alle Hirscharten, Reh und Wildschwein) und Niederwild (Feldhase, Kaninchen) unterteilt. Viele der Wildtiere werden heutzutage in Wildgehegen oder Volieren gezüchtet, um die Bestände nicht zu erschöpfen. So wie die Wachtel, die nicht mehr gejagt werden darf, da sie sehr selten geworden ist.

Wildfleisch wird sehr geschätzt wegen seines Geschmacks. Es gilt als festlich und luxuriös und wird meistens besonderen Anlässen vorbehalten. Weil das Fleisch fester und zäher ist als das Fleisch domestizierter Tiere, wird es abgehängt. Kühl und luftig aufgehängt, entwickeln das Fleisch den charakteristischen Wildgeschmack. Wie lange das Fleisch abgehängt wird, hängt von der Art des Tieres ab. Um das Fleisch noch mürber und aromatischer zu bekommen, legt man es gerne in eine Marinade zu der Essig, Zitrone, Wein (meistens Rotwein) Öl, Gewürze und Kräuter gehören. Manchmal wird auch Buttermilch verwendet, um einen zu strengen Geschmack zu mildern. Wildfleisch wird gerne nach althergebrachten Rezepten zubereitet: mit Früchten (Äpfel, Birnen, Moosbeeren, Johannisbeeren, Aprikosen, Pflaumen), Sahne und Wein. Das Fleisch profitiert von dem süß-säuerlichen Geschmack der Früchte, die Wildsoßen von Sahne und Wein, die sie gehaltvoller und sämiger machen. Wildfleisch wird meistens gebraten oder geschmort. Da es überwiegend fettarm ist, wird es häufig vor dem Braten mit Speckstreifen gespickt oder umgewickelt (bardiert), um es vor dem Austrocknen zu schützen.

Das Wildfleisch ist kalorien- und fettarm und liefert mehr Eiweiß, Mineralien (vor allem Eisen, Kalium) und Vitamine der Gruppe-B als das Fleisch domestizierter Tiere. In der Hildegard-Heilkunde gilt das Fleisch von Reh, Hirsch und Wildschwein als „universales Diätfleisch" (Strehlow 2003, S. 84). Die Äbtissin empfahl es bei vielen verschiedenen Beschwerden. Als besonders geeignet soll das Fleisch von Wildschweinen sein, die in Edelkastanienwäldern gezüchtet werden (heute noch auf Korsika). In der Tibetischen Medizin wird Wildfleisch bei manchen Arten von Fieber empfohlen.

Besonders beliebt ist das *Rehfleisch*, da es feinfaserig und sehr aromatisch ist. Das *Hirschfleisch* schmeckt etwas kräftiger. Bei *Wildschweinen* wird das Fleisch der jungen Tiere bevorzugt, da es zart und saftig ist. Das *Hasenfleisch* ist genauso dunkelrot wie das andere Wildbret, das von Wildkaninchen dagegen hellrosa. Auch der Geschmack ist unterschiedlich. Das Wildkaninchen schmeckt mild, der Hase hat einen kräftigen, für ihn charakteristischen Wildgeschmack. Als besonders hochwertige Teilstücke bei dem Haarwild betrachtet man den Rücken und die Keule, die gerne ganz gebraten werden.

Für das edelste Federwild wird der *Fasan* gehalten. Sehr begehrenswert machte ihn früher nicht nur das aromatische Fleisch, sondern auch sein farbprächtiges Gefieder (Hahn), mit dem er gerne kredenzt wurde. Schon zu Zeiten Karls des Großen wurden Fasane in den Meierhöfen gehalten. Mit der Zeit entwickelte sich die Vorliebe für Fasanenfleisch so weit, dass jeder Hof eine Fasanerie hatte.

Sehr geschätzt werden auch *Wachteln, Rebhuhn, Wildente, Wildgans, Auerhahn, Schnepfe, Moorhuhn* (Nordeuropa) und *Haselhuhn*, in den USA auch der *wilde Truthahn*. Auch die *Wildtauben* (Ringeltaube und Holztaube) werden in manchen Ländern gerne gegessen. Das Fleisch der Wildvögel ist generell dunkler, fettarmer und viel kräftiger und aromatischer im Geschmack als das Geflügelfleisch. Neben dem Fasan werden auch das Moorhuhn und Haselhuhn als besonders schmackhaft empfunden.

Fische und Meeresfrüchte

Fisch wird seit Anbeginn der Menschheit gegessen. In vielen Küstenregionen dient er bis heute als Hauptnahrungsmittel und ist in Teilen der Welt einer der wichtigster Eiweißlieferanten. Gefangen wurde der Fisch zuerst mit Speeren und Harpunen (etwa 10 000 v. Chr.), später mit Netzen (etwa 7500 v. Chr.) und Angelhaken. Die ersten Netze waren schon 7500 v. Chr. im Gebrauch, in Nordeuropa aus Pflanzenfaser, im alten Ägypten aus Kamelhaar und in Persien sogar aus Seide. Zu den uralten Methoden des Fischfangs gehört auch der Kormoranfischfang, der in China bis heute traditionell betrieben wird.

Den alten Techniken der traditionellen Fischerei mit ihren Stellnetzen und Reusen sind heute die neuen weit voraus: Mit Kuttern, Trawlern und Loggern sowie den Schlang- und Schleppnetzen (Treibnetzen), die hinter den Fangschiffen mit hoher Geschwindigkeit hergeschleppt werden, und keinem Fisch die Chance geben zu entkommen, können sie bis 400 Tonnen Fische auffangen, die auf der Stelle in Lagerräumen mit Eis auf null Grad gekühlt, tief gefroren oder sofort weiterverarbeitet werden. Die hocheffiziente Technik führt allerdings zur Überfischung der Meere, deren Schleppnetze zerstören den Meeresboden und somit auch Lebensräume vieler Meeresbewohner.*

---

* Mehr darüber in: „Fangmethoden" unter:
www.planet-wissen.de/natur/meer/ueberfischung_der_meere/ (Stand 25.06.2017)

Neben der Hochseefischerei, bei der die Fischer monatelang weltweit fischen, wird auch an der Küste entlang traditionell nach den Fischen gefangen. Die edelsten der Fische werden oft mit Leinen mit beköderten Angelhaken gefangen und dann für gutes Geld auf den morgendlichen Fischmärkten angeboten. Zu den meist gefangenen Meeresfischen gehören: Hering, Kabeljau, Seelachs, Scholle und Seezunge.

Meeresfische wurden früher nur in den Küstenregionen gegessen, erst mit der Zeit kam es, dass sie weiter ins Landesinnere transportiert wurden: zuerst getrocknet wie im alten Ägypten, dann gesalzen wie die Thunfische im antiken Griechenland und der Hering in Europa. Heutzutage kommen sie in einem Mantel aus Eis oder tief gefroren in den Handel, von dem Konservenfisch u. a. abgesehen.

Süßwasserfische hatten nie lange Wege zu bewältigen. In den nahe gelegenen Flüssen und Seen gefangen, landeten sie kurz danach auf dem Tisch. Die Süßwasserfische wurden gerne und oft gegessen, vor allem an den Fastentagen. Im mittelalterlichen Europa war Fisch eine beliebte Fastenspeise, denn die Zahl der Fastentage war damals groß: 140-160 Tage im Jahr. Schon in jener Zeit entstanden die ersten Fischteiche, um der Überfischung der Flüsse und Seen entgegen zu steuern.

Die Fischzucht hat eine lange Tradition, schon dem römischen Schlemmer und Genießer Lukullus wurde nachgesagt, dass er in seinen Teichen die Fischzucht betrieben habe, um an besonders edlen Fischen Freude zu haben. (Auch in China wurden Fische schon vor Jahrtausenden gezüchtet.) Mit der Zeit hat sich die Fischzucht zu einem wichtigen wirtschaftlichen Zweig entwickelt und gewinnt heutzutage zunehmend an Bedeutung wegen der Überfischung der Meere. Gezüchtet wird in Teichwirtschaft (in fließenden und stehenden Gewässern) und im Meer – in sogenannten Aquakulturen, die jedoch wegen der Verschmutzung der Umwelt immer mehr zu einer Belastung für die Natur werden. Langsam entwickelt sich aber eine nachhaltige Fischzucht, die schonend mit der Umwelt und den Fischen umgeht (sie werden mit reinem Fischmehl gefüttert). Um sicher zu sein, dass der Fisch aus nachhaltiger Fischzucht kommt, kann man sich beim Kauf von Fischen aus Aquakultur* an den Siegeln orientieren. Zurzeit sind es die Siegel von *Bioland*, *Naturland* und *ASC-Siegel* (*Aquaculture Stewardship Council*), die das garantieren. Oder

---

* Vgl. „ Aquakultur – Sargnagel statt Rettungsanker" unter:
www.planet-wissen.de/natur/meer/ueberfischung_der_meere/ (Stand 25.06.2017)

man bezieht den Fisch bei kleinen nachhaltigen Fischzucht-Betrieben. Ein *MSC-Siegel* (*Marine Stewardship Council*) garantiert eine nachhaltige Fischerei.

Will man Fisch essen, ist das Angebot schier unendlich. Zur Auswahl stehen See- und Süßwasserfische: wild, gezüchtet, fett und mager. Bei den Seefischen hat man zusätzlich die Auswahl zwischen Rundfischen und Plattfischen (Scholle). Bei den Rundfischen kann man auch zwischen den Küstenfischen und Hochseefischen wählen. Fisch wird auch von manchen Vegetariern gegessen.

Zubereiten kann man den Fisch auf vielerlei Weise. Zu den beliebtesten Garmethoden gehört das Braten und Kochen. Sonst kann er auch pochiert, gedämpft, gebacken und gegrillt werden. In Japan und Italien wird der Fisch auch roh gegessen (*Suhsi*, *Carpaccio*). Zu den bekanntesten Fischgerichten gehören die verschiedenen Fischsuppen und Fischsoßen sowie *Sushi* und *Paella*. Seltener werden solche Gerichte zubereitet wie Sülze, Fischroulade, Fischterrine, Fischsoufflé, *Tempura* (Fisch wird von dem Braten durch einen Teig gezogen), gefüllter Fisch und Fischklößchen. In letzter Zeit werden Fische gerne als *Carpaccio* gegessen, das aus rohem Fisch (z. B. Thunfisch, Seeteufel) hauchdünn geschnitten wird. Aus rohem Fisch wird auch *Sushi* zubereitet, das von den Japanern weltweit in zahlreichen Sushi-Bars angeboten wird. Bis heute wird sehr gerne Fischsuppe gegessen, die schon in der Antike bekannt war und früher von den Fischern direkt nach einem Fischfang gekocht wurde. In den traditionellen Küchen wurde sie einfach von den Fischern übernommen. Besonders gerne werden die Fischsuppen in Griechenland (*Kakaviá*), Russland (*Ucha*), Norwegen (*Fiskegrateng*) und Frankreich (*Marmite*, *Bouillabaisse*) zubereitet. Die Fischsoßen werden in den ostasiatischen Küchen aus fermentierten Fischen hergestellt. Sie dienen als Würzsoßen und sind sehr beliebt. Die bekanntesten sind die *Nuoc Mam*, die in der traditionellen vietnamesischen und thailändischen Küche jeden Tag benutzt werden.

Das Fermentieren der Fische hat auch in Europa eine lange Tradition. Schon die Römer kannten sich damit aus und bereiteten aus verschiedenen Fischen, die in Salzlake eingelegt in der Sonne monatelang gären konnten, *Garum*, eine bersteinfarbene Soße, die gerne mit Gewürzen, Essig, Wein sowie Pfeffer verfeinert wurde und in der antiken römischen Küche als Standardgewürz galt. Heute werden Fische nur noch in Nordeuropa fermentiert: In Schweden der Ostseehering (*Strömling*), der im Frühling gefangen und in Salzlake eingelegt ein paar Monate lang gärt, bis er als *Surströmming* ab dem 3. Donnerstag im August gegessen wird. Seine norwegische Variante heißt *Rakfisk* und wird viel kürzer fermentiert. In Island wird traditionell am 3. Dezember *Kæst skata* gegessen, ein monatelang fermentierter Gammelrochen. Sehr gerne wird auch *kæstur hákarl*, der fermentierte Eishai gegessen, der wie der Rochen durchdringend nach Ammoniak riecht (beide Fische haben keine Nieren). Eine andere Art den Fisch haltbar zu machen, ist ihn zu dörren. Der Fisch (v. a. Kabeljau, Seelachs und Schellfisch) wird ausgenommen, geköpft und auf riesigen Gestellen aufgehängt in der eisigen Luft getrocknet (in Italien z. B. wird der Stockfisch von Lofoten begehrt*). Man nenn den Fisch dann *Stockfisch* oder, wenn er gesalzen worden ist *Klippfisch*. Früher Arme-Leute-Essen wird er in Europa bis heute sehr gerne gegessen, in erster Linie in Norwegen (*tørrfisk*, gesalzene Variante *klippfisk*), Island (*havöfiskur*), in Spanien und Portugal (*Bacalhau/Bacalau*). Der Stockfisch wird gerne roh wie gewässert zubereitet gegessen. Bevor man ihn weiter verarbeitet, muss er jedoch vorher 3-4 Tage im Wasser aufquellen.

Fisch ist ein wertvolles Lebensmittel. Sein delikat schmeckendes Fleisch ist leicht verdaulich, kalorienarm (der Magerfisch), cholesterinarm und nährstoffreich. Er liefert hochwertiges Eiweiß, reichlich Vitamine A und D (der Fettfisch) und der B-Gruppe (B1, B2, Niacin, B5, B6, Biotin und B12), viele Mineralien (Natrium, Kalium, Phosphor, Magnesium, Zink, Selen und Kupfer) und Jod (Schellfisch, Seelachs, Scholle, Kabeljau und Rotbarsch enthalten das meiste davon). Als Fettfisch (Hering, Lachs, Makrele und Thunfisch) bietet er zudem Omega-3-Fettsäuren, die eine wohltuende Wirkung auf das Herz haben. Die ganze Heringsfamilie liefert außerdem viel Eisen und Sardinen sind bekannt als eine ausgezeichnete Kalziumquelle – mit Gräten gegessen.

In der Tibetischen Medizin wird Fisch als süß und ölig bezeichnet und als wohltuend für die Verdauung und den Stoffwechsel empfohlen. Der Fisch soll helfen, die Stabilität des Körpers zu bewahren und darüber hinaus gut für die Augen sein. Auch die Traditionelle Chinesische Medizin empfiehlt den Fisch als vorteilhaft für den Körper, da er leicht verdaulich und gut für Nieren und Milz ist. Bei Qui Mangel werden Forelle und Karpfen empfohlen. Der Ayurveda bezeichnet den Fisch nicht

---

* Mehr darüber in: „Die Italiener und ihr Stockfisch. Ende der Trockenzeit" von Susanne Frömel unter: www.spiegel.de/reise/europa/

nur als stärkend und muskelbildend, sondern auch als aphrodisisch. Nach der alten Weisheitslehre sollte man nie einen Fisch mit Milcheiweiß zusammenkombinieren, da beide eine entgegengesetzte Energie erzeugen.

Meeresfische

Zu den bekanntesten Meeresfischen gehören die Rundfische: Hering, Sardine, Anchovis, Sprotte, Rotbarsch, Thunfisch, Goldbrasse, Seeteufel, Kabeljau, Schellfisch, Seehecht und die Plattfische: Steinbutt, Heilbutt, Scholle, Seezunge und die Flunder.

Hering, Sardellen, Sardinen und Sprotten, gehören derselben Familie an und leben in großen Schwärmen. *Hering* zählt mit seinen 18 Prozent Fett zu den Fettfischen und ist reich an Vitamin D und B12. Er gehört zu den bekanntesten und auch meist verzehrten Fischen (Fastenhering). Eingesalzen stand er früher in großen Holzbottichen in jedem noch so kleinen Lebensmittelgeschäft. Der Salzhering wird auch heute gerne gekauft. Man unterscheidet den noch nicht geschlechtsreifen fetten Matjeshering, der im Frühsommer gefangen wird. Den voll ausgewachsenen Vollhering, der Milch oder Rogen enthält (Fangzeit Hochsommer) und den Leerhering (Ihlen), der schon abgelaicht hatte und magerer als die anderen ist (Fangzeit Herbst). Die Heringe, welche in Essig eingelegt werden, nennt man Bismarckheringe. Werden sie aufgerollt, gehen sie als Rollmöpse über den Ladentisch. Die frischen Heringe werden als grüne Heringe bezeichnet und vor allem für Suppen verwendet. Bücklinge nennt man die zart schmeckenden heiß geräucherten Heringe.

Sardellen sind kleiner und fettreicher als Hering. Angeboten werden sie frisch oder in Dosen als Anchovis. In vielen traditionellen Küchen werden sie gerne Füllungen zugegeben, schmecken aber auch gebraten sehr gut. Die Fische bieten reichlich Omega 3-Fettsäuren und viele Vitamine u. a. Vitamin D, Niacin und Biotin sowie Mineralien wie Kalzium und Jod. Die fettreichen *Sardinen* sind noch kleiner als Sardellen und sehr nährstoffreich. Sie enthalten vor allem Vitamin D, B1, Biotin, B6, Niacin sowie Kalzium, Zink und Jod. Sie sind auch reich an Omega-3-Fettsäuren. Die kleinen Fische sind vor allem geräuchert oder als Ölsardinen zu bekommen. Frisch gekauft, können sie gegrillt und gebraten werden. *Sprotten* sind die kleinsten aus der Heringsfamilie. Sie sind fettreich und bieten viel Vitamin D und Mineralien wie Kalium, Eisen, Zink und Jod. Zu bekommen sind sie vor allem als Dosenfisch in Öl und geräuchert als „Kieler Sprotten".

Makrelen werden als ganze Fische angeboten. Sie haben ein schmackhaftes, feines Fleisch, das sehr fett und deswegen etwas schwer verdaulich ist. Makrelen werden gerne geräuchert.

Thunfische sind Raubfische, die sich von anderen, kleineren Fischen wie Sardinen, jungen Heringen und Makrelen ernähren. Der größte unter ihnen ist der Rote Thunfisch, der bis 4,5 Meter lang und 600 Kilo schwer sein kann. Sein streng schmeckendes Fleisch wird vor allem zu Konserven verarbeitet. Zu den kleineren Thunfischen gehören u. a. der Weiße Thunfisch und der Bonito. Beide haben ein helleres und wohlschmeckendes Fleisch. In Japan wird Thunfisch roh als *Sashimi*, in Italien als *Carpaccio* gegessen. Sonst wird er auch gerne gebacken, pochiert oder gegrillt. Das Fleisch der Thunfische ist fett, eiweißreich und liefert reichlich Omega-3-Fettsäuren.

Rotbarsch ist von leuchtend roter Farbe. Sein festes Fleisch ist jedoch schön weiß und sehr schmackhaft. Rotbarsch gehört zu den fetten Fischen und ist reich an Jod, Vitamin D und B12. Der Fisch ist meistens als Filet zu bekommen, das sich gut braten, dünsten und pochieren lässt.

Seeteufel trägt nicht umsonst seinen Namen, da er den Anschein erweckt, nur aus Kopf und spitzen Zähnen zu bestehen. Der großmäulige Fisch wirkt etwas abschreckend, aber sein weißes Fleisch (es wird nur das Schwanzstück gegessen) schmeckt ausgezeichnet. Das Fleisch des Seeteufels ist reich an Folsäure und Vitamin B12.

Kabeljau, Schellfisch und Seehecht sind eng verwandte Hochseefische, die zu den meist verkauften Fischen, nach dem Hering, gehören. Alle drei haben mageres, zartes und schmackhaftes Fleisch und werden vor allem als Filet angeboten. Aus dem Kabeljau wird auch *Stockfisch* (luftgetrockneter Fisch) hergestellt. Seine Leber liefert den *Tran.**

---

* *Tran* wurde früher Kindern vorbeugend gegen Rachitis (zu wenig Vitamin D) und zur Immunstärkung gegeben (siehe S. 38f).

Bei *Meerbrassen* gilt als der wohlschmeckendste der Goldbrasse. Der Fisch enthält ein festes mageres Fleisch ohne viele Gräten und eignet sich deswegen gut zum Grillen.

Die *Plattfische* sehen recht ungewöhnlich aus – mit beiden Augen auf der rechten Körperseite und meistens zweifarbig: die obere Seite braun (außer Rotzunge), die untere fast weiß. Die meisten der Plattfische sind sehr begehrt und werden als Edelfische angesehen (Heilbutt, Seezunge, Steinbutt). Der Steinbutt wurde schon von den Römern sehr geschätzt und gerne auf der Festtafel serviert. All die Fische haben ein festes, saftiges und sehr wohlschmeckendes Fleisch. Man bekommt sie ganz und als Filet, außer dem Heilbutt, der nur als Filet erhältlich ist. Es liegt daran, dass er schon mal 4 Meter lang und 400 Kilo schwer sein kann. Am besten schmecken die Plattfische goldbraun gebraten. Das Fleisch bleibt dann zart, saftig und aromatisch und das Fett der Fische unterstreicht den feinen Geschmack.

Süßwasserfische

Zu den bekanntesten Süßwasserfischen gehören: Karpfen, Schleie, Forelle, Zander, Wels, Hecht, Aal, Lachs und Stör.

Karpfen ist einer der beliebtesten Fische und wird traditionell zu Weihnachten und Silvester gekauft. Eine einzige Schuppe von einem Silvesterkarpfen in einem Portemonnaie versteckt, soll das ganze Jahr für genügend Geld sorgen. Die Karpfensaison fängt schon im September an und dauert bis April. Gekauft wird meistens der gezüchtete Spiegelkarpfen mit wenigen großen Schuppen und weichem, fein schmeckendem Fleisch. Diese Zuchtform stammt von dem Schuppenkarpfen (mit vielen kleinen Schuppen) und dem schuppenfreien Lederkarpfen. Das Karpfenfleisch ist fettreich (4,8 Prozent) und bietet viel Vitamin D und B12. Am besten schmecken Karpfen zwischen 1-2 Kilo. Wilde Karpfen leben in Teichen und Seen und können bis 15 Kilo schwer werden. Verwandt mit den Karpfen ist die *Schleie*. Ihr Fleisch schmeckt zart und aromatisch, das Schuppen ist aber mühevoll, da die kleinen, tief sitzenden Schuppen von einer Schleimschicht überzogen sind.

Forellen wurden schon im Mittelalter gerne gegessen, vor allem in den Klöstern. Die Fische bevorzugen saubere Gewässer, besonders die

Bachforelle. Wegen ihrer Empfindlichkeit gegenüber der Umweltverschmutzung gehören die wild lebenden Forellen zu den gefährdeten Fischen. Sie werden deswegen nicht nur als Speisefisch, sondern auch für Fischbesatz für freie Gewässer gezüchtet. Die meist gezüchtete Art ist die *Regenbogenforelle*, die gerne in kleinen Betrieben gezüchtet wird. Es gibt auch die im Meer lebende *Seeforelle*, die in die Flüsse zieht, um zu laichen. Sie hat ein viel fetteres Fleisch als die Regenbogenforelle (etwa 18 Prozent) und wird, wenn sie schwerer ist als 1,5 Kilo, als *Lachsforelle* verkauft.

Lachs gehört zu den Edelfischen. Schon die Römer haben ihn wegen seinen Geschmacks, zu schätzen gewusst. Lachs ist ein Wanderfisch: Er lebt im Meer, kommt jedoch zum Laichen in die Flüsse. Ein einjähriger Lachs wird Jakobslachs genannt, ein 2-5-jähriger Salm. Dem pazifischen Lachs *(Oncorynchus)* wird der atlantische *(Salmo salar)* vorgezogen, weil er noch besser und intensiver schmeckt. *Salmo salar* kann bis 1,5 Meter lang und 36 Kilo schwer werden.

Lachs gehört zu den Fettfischen – mit einem Fettgehalt von etwa 14 Prozent bei frischen und leicht über 19 Prozent bei geräucherten Fischen. Lachs wird gerne als Räucherlachs oder sogenannter *Graved Lachs* gegessen – gepökelt mit Salz, Zucker, Pfeffer und Dill. Geräuchert wird er im kalten Rauch aus Buchenholz und zwar drei Tage lang. Der frische Lachs wird gerne pochiert oder gebraten.

Der meist gekaufte Lachs (90 Prozent) kommt aus sogenannten Aquakulturen*, groß angelegten Fischzüchtungen in Nordeuropa. Der Wildlachs braucht saubere Gewässer, deswegen sind seine Bestände bedroht, außer in Alaska.

Auch *Stör* ist ein Wanderfisch, der zum Laichen in die Süßwassergewässer kommt. Sehr geschätzt wird er in erster Linie wegen des Kaviars, dem Rogen der weiblichen Störe. Kaviar gehört seit Hunderten von Jahren zu den sehr begehrten und somit auch sehr teuren Lebensmitteln. Je größer er ist, desto teurer und gefragter wird er. Der beste und grobkörnigste ist der *Beluga Kaviar*. Der mittelgroße wird *Ossietra* und der kleinste *Serruga Kaviar* genannt. Seit 2014 wird Kaviar

---

* Siehe S. 104

gewonnen, ohne die Störe zu töten. Kaviar an sich ist reich an Eiweiß und Fett und enthält die Vitaminen D, E, und B12. Neben dem Echten Kaviar gibt es auch den *Lachsrogen*, den *Forellenkaviar* und den *Deutschen Kaviar* – den Rogen der Seehasen.

Aal hat ein sehr fettes Fleisch (bis zu 30 Prozent) und wird als geräuchert, gebraten und in Gelee als eine Delikatesse betrachtet. Im Moment jedoch ist sein Bestand bedroht, was an Überfischung, Glasaalfischerei*, Verbauung der Flüsse und Verschmutzung seines natürlichen Lebensraumes liegt. Der Aal erinnert mit seinem lang gestrecktem Körper an eine Schlange und kann bis zu 50 Jahre alt werden, sollte er keine Möglichkeit haben zu laichen. (Denn dann bildet sich deren Verdauungstrakt zu Gunsten der Geschlechtsorgane vollkommen zurück und die Fische sterben.) Zum Laichen kommt der Fisch in den Atlantik. Die Fische sind teilweise stark belastet.**

Zu den geschätzten Süßwasserfischen gehören auch *Zander, Hecht und Wels*. Das weiße Fleisch von Zander und Hecht ist sehr mager, saftig und wohlschmeckend. Der Wels hat ein leicht fettes Fleisch, das von vielen als eine Köstlichkeit betrachtet wird. Er ist leicht zu erkennen, da sein breiter Kopf von Bartfäden geschmückt wird – zwei langen und vier kurzen.

Die Frische der Fische erkennen
Einen frischen Fisch erkennt man an klaren *prallen Augen, rosaroten Kiemen* und *festsitzenden Schuppen*, die bei den Süßwasserfischen zusätzlich mit einer dünnen Schleimschicht überzogen sind sowie an einem *festen*, perlmuttartig schimmernden *Fleisch*, weiß oder leicht rosa – je nach Sorte (Thunfisch und Makrele haben eine dunklere Farbe). Die meisten Fische bekommt man heutzutage frisch, fangfrisch oder gefroren, aber auch geräuchert, in Essig eingelegt, gesalzen (Hering) und in der Dose sowie (wenn man bestellt) getrocknet.

---

* Die Aale schlüpfen in Sargassomeer im Golf von Mexico und kommen dann als kleine Glasaale nach Europa, unterwegs werden sie abgefischt, um sie gezielt anzusiedeln, aber auch, um sie mit großem Gewinn zu verkaufen.
** Vgl. www.fischschutz.de/aal/59-aktuelle-gefardung-des-aals

Meeresfrüchte

Als Meeresfrüchte bezeichnet man alle essbaren Meeres- und Süßwassertiere. Oft wird auch die italienische Form *frutti di mare* oder die französische *fruits de mer* benutzt. Genauso wie der Fisch dienten dem Menschen auch die anderen Meeresbewohner seit Urzeiten als Nahrung. Manche von ihnen wurden bereits in der Antike als besonders edel empfunden. Dazu gehören vor allem Languste (Hummer) und Austern, die auch heutzutage als ein lukullischer Genuss gelten.

In Europa waren die Meerestiere immer schon ein Bestandteil der traditionellen mediterranen Küchen, in erster Linie der italienischen, französischen und der spanischen. Auf den Tisch kommen dann Speisen wie spanische *Paella*, italienische *Gamberoni al olio* (Riesengarnelen in Öl) oder *Aragosta a la brace* (Languste gegrillt) sowie die berühmte französische Meeresfrüchteplatte *Le plateau de fruits de mer*, die mindestens sechs verschiedene Sorten Muscheln und Schalentiere enthält. Meeresfrüchte kommen in verschiedensten Arten vor, die sich sehr voneinander unterscheiden: *Krebse* auch *Krustentiere* genannt, mit einem gegliederten Körper, der in einem Panzer oder einer harten Schale steckt; *Schalentiere*, die in einer Schale versteckt leben und *Weichtiere*, die ohne Panzer auskommen, dafür aber Tentakel besitzen.

Die größten unter den *Krustentieren* sind Hummer, Languste und Meereskrebse (Krabben), viel kleiner sind die Flusskrebse und Scampi und ganz klein die Garnelen (Krevetten). Alle Krustentiere sind fettarm und liefern hochwertiges und leicht verdauliches Eiweiß. Sie enthalten reichlich so seltene Mineralien wie Selen und Zink, sind reich an leicht absorbierbarem Kalzium und bieten sogar kleine Mengen an Omega-3-Fettsäuren, die wohltuend für den Kreislauf und das Herz sind. Es wird oft vor dem Puringehalt der Meeresfrüchte gewarnt. Außer Miesmuscheln, die reichlich davon liefern, enthalten zum Beispiel Hummer und Krabben so viel wie ein Huhn, Austern und Krebse noch weniger.

Hummer und *Languste* haben ein zartes, aromatisches Fleisch und werden von Feinschmeckern als Edeltiere betrachtet, die genauso wie die Auster ein erlesenes Essen und besondere Gaumenfreuden versprechen. Da die Tiere nicht einfach zu fangen sind, sind sie dementsprechend kostspielig und werden deswegen zu besonderen Anlässen zubereitet. Der Hummer unterscheidet sich von der Languste durch seine kräftigen, fleischigen

Scheren, welche das feinste Fleisch enthalten. Um an das Fleisch zu kommen, müssen die Scheren beim Essen mit einer Hummerzange aufgebrochen werden. Das Fleisch wird dann mit einer Hummergabel herausgeholt. Das meiste Fleisch steckt jedoch im Schwanz, der bei der Languste auch separat zu bekommen ist.

Die *Meereskrebse (Krabben)* haben einen rundlichen, sehr harten Panzer (bis 20 cm Durchmesser). Sie unterscheiden sich im Aussehen von den *Süßwasserkrebsen (Flusskrebsen)*, die einen länglichen Panzer haben. Die Meereskrebse bekommt man das ganze Jahr über. In Europa ist der Taschenkrebs weit verbreitet. Es gibt aber weltweit viele andere Arten. Die Flusskrebse haben ihre Saison von Mai bis September, dann schmeckt ihr Fleisch am besten. Früher noch reichlich vorhanden, sind sie heute eher eine Seltenheit geworden und werden aus anderen Ländern (Skandinavien) importiert. Flusskrebse haben ein delikat schmeckendes Fleisch und werden gerne im Sud gekocht und mit Soßen serviert oder Suppen zugegeben. Die scharlachrot gewordenen Panzer werden zu einer Krebsbutter verarbeitet: Dazu werden die Panzer in einem Mörser zerkleinert, in der Butter gebraten und mit etwas Sud 30 Minuten gekocht. Nach dem Abkühlen wird die oben schwimmende fertige Krebsbutter abgeschöpft.

Das Fleisch der Meerestiere verdirbt sehr schnell, deswegen werden die großen Krustentiere lebend gekauft und lebend (immer Kopf voran) in einen Topf mit viel kochendem Wasser gegeben. Alle Krebse bekommen nach dem Kochen eine rote Farbe, welche dem Chitin in den Panzern zu verdanken ist.

Die kleinsten und die weitverbreitetsten unter den Krustentieren sind die *Garnelen (Krevetten)*. Sie sind in allen Weltmeeren zu Hause und in unzähligen Arten vorhanden. Die bekanntesten sind die *Tiefseegarnelen* (bis 12 cm groß), die als *Shrimps*, *Hummer-* oder *Grönlandkrabben* bezeichnet werden. Viel kleiner (etwa 6 cm groß) ist die Nordseegarnele, die im Wattenbereich gefischt und meistens als *Krabbe* oder *Nordseekrabbe* angeboten wird. Im Mittelmeer sind die scherenlosen *Riesengarnelen* (bis 20 cm groß) heimisch, die von allen Krebsarten am meisten verzehrt werden. Sie dienen in vielen regionalen, küstennahen Küchen als Grundlage für verschiedenste Gerichte von Suppen bis zu

Salaten und Vorspeisen. Die Garnelen werden gekocht, kurz gebraten, gebacken, frittiert und sogar gegrillt.

Zu den *Schalentieren* zählt man alle Muscheln, Austern und Schnecken. Die bekanntesten essbaren *Muscheln* sind Mies-, Jakobs-, Venus- und Herzmuscheln. Die *Miesmuscheln* (Moules) werden an fast allen europäischen Küsten gefischt oder gezüchtet (Austernbänke). Sie werden oft auch Pfahlmuscheln genannt, da sie sich mit ihren Fäden nicht nur an Felsen, sondern auch an Pfählen festhaften können. Moules gehören zu den bekanntesten und beliebtesten Speisemuscheln. Ihr Fleisch ist kalorienarm und sehr schmackhaft. Auch die *Venusmuschel*, *Jakobsmuschel* und die *Herzmuschel* werden gerne gegessen. Die Venusmuschel und die Jakobsmuschel sind im Mittelmeer heimisch. Die zart schmeckende Jakobsmuschel wird auch Pilgermuschel genannt: Sie dient als Symbol für den Jakobsweg und ist als Hinweiszeichen auf dem ganzen Pilgerweg nach Santiago de Compostela zu sehen. Die Herzmuschel lebt im Nordatlantik, in der Nordsee und im Mittelmeer. Sie enthält zwar nicht sehr viel Fleisch, wird trotzdem sehr gerne gegessen. In manchen Regionen kommen nach der Ebbe ganze Familien an den Strand, um sie zu sammeln*. Dabei wird der Sand mit großen Scherenhamen (einem mit zwei Stöcken geführten Schiebenetz) durchgewühlt, um an die Muscheln zu kommen. Sogar kleine Kinder sind dabei – mit kleinen, kindgerechten Geräten. Gesammelt werden auch verschiedene Schnecken, Meeresscheiden und was immer noch die Menschen als essbar betrachten.

Muscheln enthalten hochwertiges Eiweiß, viel Vitamin B12 und reichlich Spurenelemente wie Eisen, Zink, Kupfer und Jod, sind dazu kalorienarm. Bei dem Verzehr von Muscheln muss man besonders auf die Frische achten. Muscheln sollen roh geschlossen – nach dem Kochen geöffnet sein. Sonst müssen sie weggeworfen werden.

Selbst gesammelte Muscheln sollte man in Monaten ohne „R", also im Sommer, nicht essen: Im Sommer ist die Möglichkeit sehr groß, dass die Muscheln so viel Algentoxine aufnehmen (gerade dann vermehren sich die giftigen Algen sehr stark), dass sie stark giftig werden. Die in Geschäften gekauften Muscheln werden von dem Verkauf mehrere Tage im Frischwasser gehalten (zum Durchspülen).

---

* In Frankreich nennt man es „Fischen zu Fuß" (la pêche à pied).

Austern haben sich seit dem 19. Jahrhundert zu einem Luxusartikel entwickelt. Die Feinschmecker schwören auf den einmaligen Genuss. Die begehrten Edeltiere werden gerne als Vorspeise zu besonderen Anlässen serviert, um einen Hauch von Erlesenheit und Vornehmheit zu verbreiten. Austern werden vorwiegen roh (aber nicht lebendig) gegessen. Man kann sie aber auch pochieren, überbacken und grillen. Austern werden meistens lebendig verkauft. Die Schale muss fest geschlossen sein und die Auster an demselben Tag verzehrt werden. Geöffnet werden sie mit einem Austernmesser. Die Auster lebt an nahezu allen Felsenküsten. Im Handel gibt es vor allem gezüchtete Austern (Austernbänke).

Von den im Meer lebenden *Schnecken* werden die Napf-, Strand- und Wellhornschnecken gesammelt und gegessen. Kurz gekocht landen sie meistens in einer Meeresfrüchteplatte. Die großen (10-15 cm) *Wellhornschnecken* werden auch gerne wie die *Weinbergschnecken* in Knoblauchbutter gebacken.

Weichtiere gehören einer Familie der Kopffüßler an. Sie heißen so, weil ihre Tentakel direkt an ihrem Kopf wachsen. Charakteristisch für die Kopffüßler ist außerdem der Tintenbeutel, der bei Gefahr eine dunkelbraune Tinte ausstößt. Der größte unter den Kopffüßlern ist die *Krake* (*Octopus*), die bis 3 Meter lang sein kann. Der *Tintenfisch* (*Sepia*) wird gerne gegrillt, gebraten, gebacken oder geschmort. Das Fleisch der Weichtiere ist aromatisch und sehr fest, sodass es vor dem Kochen weich geklopft werden muss. Es ist eiweißreich, mager und reich an Vitaminen, vor allem Vitamin E und Mineralien wie Kalzium, Magnesium, Kupfer, Selen, Zink und Jod und enthält zudem die Omega-3-Fettsäuren. Gegessen werden die Weichtiere vor allem in *Paella*, Fischsuppen und Schmorgerichten.

Fett als Lebensmittel

Jahrhundertelang war Fett sehr begehrt und galt als gesund und nahrhaft, weil es den Menschen Kraft gab und sie schneller satt werden ließ. Fettes Essen hielten die Menschen lange Zeit nicht nur für besonders schmackhaft, sondern auch für einen sichtbaren Ausdruck von Wohlergehen und Reichtum: rundlich und füllig, gar fett zu sein, galt als schön und begehrenswert, denn es zeugte von üppiger, fettreicher Ernährung (vgl. Montanari 1993, S. 199).

Als richtiges Fett betrachtete man das tierische Fett, von dem besonders Speck sehr beliebt war. Das pflanzliche Öl wurde in Mittel- und Nordeuropa nur als Ersatzfett für die Fastenzeit und als Armen-Fett angesehen. Nicht mit Unrecht, denn die tierischen Fette waren in erster Linie den höheren Ständen vorbehalten, während die Bauern „nur einmal im Jahr ihr Schlachtfest mit Schweinefleisch hatten" (Borst 1979, S. 187), sonst mussten sie sich mit Pflanzenölen wie Lein-, Hanf-, später Rapsöl (im Südeuropa Olivenöl) begnügen.

Noch vor 50 Jahren priesen die Kochbücher Fett als einen sehr wichtigen Energielieferanten, welcher den Energiegehalt der Speisen deutlich erhöht und so für die ausreichende Energiezufuhr des Menschen am schnellsten sorgt. Als die biologisch wertvollsten galten die tierischen Fette: Speck, Schmalz, Rindertalg (vor allem der Nierentalg, der sehr geschätzt wurde) und Butter.

In den 60er Jahren des vorherigen Jahrhunderts hat sich aber die Einstellung dem Fett gegenüber radikal geändert. Vor allem die tierischen Fette wurden allesamt als schädlich abgestempelt, in erster Linie wegen der Zusammensetzung ihrer Fettsäuren, aber auch wegen des hohen Kaloriengehalts. Gepriesen und empfohlen wurden dagegen die pflanzlichen Öle und oft genug auch die Margarine. Auch hier war die Zusammensetzung der Fettsäuren ausschlaggebend.

Heute findet gerade ein Umdenken statt und langsam relativieren sich die Empfehlungen. Es heißt wieder: Der Körper braucht das Fett, denn es gibt ihm Energie, hilft bei der Aufnahme von fettlöslichen Vitaminen und bei der Bildung von verschiedensten Hormonen. Es kommt vor allem auf die Qualität und die Menge des Fettes an, das gegessen wird.

Die verschiedenen Arten von Fett

Nahrungs- und Körperfett

Die *Nahrungsfette* sind entweder *tierischen* oder *pflanzlichen* Ursprungs. Zu den tierischen Fetten gehören: Butter, Sahne, Speck, Schmalz, Talg, Lebertran und Fischöl. Zu den pflanzlichen, Öle aus Ölfrüchten, Samen und Nüssen wie z. B. Olivenöl, Rapsöl, Leinöl und Sesamöl sowie Kokosfett. Alle Nahrungsfette, tierischen wie pflanzlichen Ursprungs, enthalten gesättigte wie ungesättigte Fettsäuren – nur in verschiedener Konzentration.

Alle aufgenommenen Nahrungsfette werden in Energie umgewandelt oder gehen in *Körperfette* über. Ein Mindestmaß an Fett ist für den Körper unerlässlich, da es im Körper viele bedeutsame Aufgaben zu erfüllen hat. So liefert das *Blutfett* (bestehend aus Cholesterin, Triglyzeriden und Lipiden) Energie und transportiert die fettlöslichen Vitamine. Das *Baufett* dient als Baustoff für die Zellwände und zur Speicherung verschiedener Hormone. *Schutzfett* fixiert die Organe, isoliert das Nervensystem und dient als Wärmedämmung (Unterhautgewebe) und das *Depotfett* speichert die Energie.

Naturfette und Fabrikfette

Naturfette nennt man alle *naturbelassenen* Fette, auch die mechanisch verarbeiteten. Als Fabrikfette betrachtet man die *industriell veränderten* Fette.

Zu den *Naturfetten* gehören tierische wie pflanzliche Fette. Zu den tierischen zählen (wie schon oben aufgezählt): Speck, Schmalz, Talg, Butter, frische Sahne, Lebertran und Fischöl. Zu den pflanzlichen alle kalt gepressten Öle wie Oliven-, Raps-, Lein-, Sonnenblumenöl u. a. sowie Kokosfett, Palmfett und Kakaobutter.

Zu den *industriell hergestellten Fetten* gehören alle raffinierten Öle, Margarine und Backfette (Plattfette).

Naturfette

Unter den Naturfetten unterscheidet man *stabile* und *unstabile* Fette. *Stabil* sind alle gesättigten Fette, die tierischen wie pflanzlichen. Also Schmalz, Speck, Butter, Sahne und Talg wie Kokosöl, Palmöl und

Kakaobutter. Die *stabilen* Fette enthalten 40 bis 60 Prozent gesättigte Fettsäuren, sind deswegen bei Raumtemperatur fest. Sie sind zudem lange bis sehr lange haltbar und hocherhitzbar (außer Butter), das bedeutet: Sie können zum Kochen, Backen und Braten benutzt werden, da deren Rauchpunkt zwischen 170-230 °C liegt.

Zu den *unstabilen* Naturfetten gehören alle kalt gepressten, also rein mechanisch gepressten Öle. Sie bleiben alle flüssig und abhängig davon, welche Fettsäuren sie (in Mehrzahl) enthalten, sind sie *relativ stabil* – und können zum Kochen verwendet werden oder *unstabil*. Die unstabilen Fette sollten niemals erhitzt werden und nur in der kalten Küche verwendet werden. Alle unstabilen Öle sollte man in dunklen Flaschen, kühl und dunkel lagern (Leinöl sogar im Kühlschrank).

Alle Fette: die gesättigten, einfach ungesättigten wie die mehrfach ungesättigten bestehen nicht nur aus der einen bestimmten Fettsäure, sondern sind eine Mischung verschiedenster Fettsäuren. So enthalten die gesättigten Fette auch diverse ungesättigte Fettsäure (z. B. Gänseschmalz), die ungesättigten Fette enthalten auch die gesättigten Fettsäuren (siehe S. 31).

Die stabilen Fette: die gesättigten Fette

Die gesättigten Fette braucht der Körper für die für die Zellmembranen sowie für Hormonen und alle hormonähnlichen Substanzen, des weiteren für den Aufbau und Transport von Vitamin D, A und K und fürs Gehirn, besonders bei Kindern, bei denen sie den Aufbau unterstützen. Die gesättigten Fettsäuren wirken antimikrobiell: Sie schützen den Körper vor Viren, Pilzen und unerwünschten Bakterien im Darm. Weil der Körper sie unbedingt braucht, produziert er sie auch selbst. Wie schon oben beschrieben, gehören zu den gesättigten Fetten tierische wie pflanzliche Fette.

Die gesättigten tierischen Fette und das Cholesterin
Das bis heute noch von vielen befürchtetes *Cholesterin* ist ein natürlicher Stoff, den der Körper unbedingt benötigt: Er braucht es für den Aufbau der Körperzellen (Zellmembranen), für die Produktion von Gallensäure, Sexualhormonen und hormonähnlichen Substanzen wie für den Aufbau von Vitamin D und als Schutzschicht für die Nervenzellen im Gehirn.

Kinder brauchen es für das Gehirnwachstum (Muttermilch enthält doppelt soviel Cholesterin wie Kuhmilch). Und weil das Cholesterin für den Körper lebenswichtig ist, bildet er den Stoff selbst, um von der Zufuhr von außen unabhängig zu sein*.

Heutzutage wird die in den 60er Jahren entstandene Cholesterin-Hypothese langsam in Frage gestellt.** Folglich wird es nicht mehr dringend geraten, auf Eier, Butter (und andere tierische Fette) weitgehend zu verzichten, vor allem bei Kindern.

Das Cholesterin befindet sich in allen Lebensmitteln tierischer Herkunft, besonders in deren Fetten, aber auch in manchen Pflanzfetten wie dem Palmöl.

Oxycholesterin ist ein oxidiertes Cholesterin. Es entsteht durch Oxidierung von Fetten, vor allem bei Sprühtrocknung (auf solche Weise werden z. B. Eier zu Eipulver verarbeitet). Schon seit geraumer Zeit wird dem Oxicholesterin eine unerwünschte Wirkung nachgesagt (vgl. Zittlau 1997, S. 32), die man bislang dem Cholesterin zugeschrieben hat.

Oxicholesterin kommt vorwiegend in stark industriell verarbeiteten Nahrungsmitteln und befindet sich u.a. in Eipulver, Milchpulver und Sprühfetten sowie in Kondensmilch, vorgeraspeltem Parmesan und allen Produkten, die anstatt mit frischen Eiern mit Eipulver hergestellt worden sind: Fertiggerichten, Backwaren, Nudeln, Mayonnaise, Eis u. a.

Die stabilen gesättigten tierischen Fette

Schmalz wird durch Auslassen von Schweinespeck gewonnen. Es ist leicht streichbar und weil es viele gesättigte Fettsäuren enthält, lange haltbar. Obwohl für viele nicht leicht verdaulich, wurde es früher gerne, heute seltener als Brotaufstrich gegessen: als *Griebenschmalz* mit Speckwürfeln, manchmal auch mit Zwiebeln und kleinen Apfelwürfeln. Schmalz ist ein stabiles Fett, was bedeutet, dass es nicht schnell ranzig wird und hocherhitzbar ist, weswegen er früher alltäglich zum Braten, Schmoren und Backen genutzt wurde.

---

* So wird es bei Bedarf mehr produziert (wie bei den vegan lebenden Menschen) bekommt der Körper jedoch mit den Lebensmitteln genug, weniger.

** Mehr darüber in: Dieter Borgers: „Cholesterin: Das Scheitern eines Dogmas", Cornelia Dick-Paff: „Cholesterin schmiert doch Gehirn", unter: www.wissenschaft.de (Leben und Umwelt – Gesundheit), www.spektrum.de/news/die-cholesterin-bombe/124826

Schweineflomenschmalz wird aus dem Bauchfett von Schweinen gewonnen und nur gefiltert und geklärt, das bei vielen Ölen praktizierte Bleichen und Raffinieren ist dabei gesetzlich verboten. Bauchfett hat ein besonders feines und helles Fettgewebe und so wird das Schmalz nicht nur gerne als Aufstrich auf dunkles Brot gegessen, sondern auch zum Plätzchen backen genommen.

Speck – Seitdem man immer mehr Wert auf das artgerechte Aufziehen von Tieren legt, bessert sich auch langsam das Ansehen vom Speck: als eine toskanische Spezialität *Lardo**, ein in Marmorbecken gereifter, mit Kräutern, Gewürzen und Meersalz eingelegter Rückenspeck, der möglichst dünn geschnitten, gerne zum Wein gegessen wird; oder als Südtiroler *Pancetta* – ein mit Rosmarin und Salbei gewürzter Bauchspeck, der luftgetrocknet und geräuchert wird; auch *Schwarzwälder Bauspeck*, *Vesperspeck* und *Guanciale* gehören dazu. Alle werden gerne verschiedenen Speisen zugegeben (vgl. essen&trinken 2/2017, S. 96).

Gänseschmalz wird aus Gänsefett (Unterhautfett) zubereitet. Da das Fett neben den gesättigten auch eine Menge ungesättigter Fettsäuren enthält, ist es sehr weich und licht- und luftempfindlich und wurde früher deswegen in Steintöpfen aufbewahrt. Gänseschmalz wird auch heute noch gerne zum Dünsten von Kohl benutzt und als Brotaufstrich gegessen, mit Majoran, Thymian, Pfeffer und Salz verfeinert. Gänseschmalz kann bis 200 °C erhitzt werden. Die hl. Hildegard benutzte Gänseschmalz als Grundlage für Salben. In der Volksheilkunde wurde das Schmalz für Brustwickel und zum Einreiben bei Husten verwendet.

Rindertalg wird durch Auslassen von Rinderfett gewonnen. Rindertalg ist sehr hart und nicht streichfähig, da er überwiegend aus gesättigten Fettsäuren besteht. Viel feinere Struktur hat *Rindernierentalg*, der auch heute zum Kochen und Backen benutzt wird. In manchen Ländern werden darin die Pommes frittiert. Rindertalg wird heutzutage in erster Linie für die Produktion von Seifen und Kerzen benutzt, früher auch für manche Margarinen. Neben dem Rindertalg gibt es auch *Hammel*- und *Hirschtalg*.

---

* Mehr darüber in: „Lardo di Colonnata. Das schönste Speck Italiens" unter: www.stern.de/genuss/essen (von 13.10.2009) sowie: „Köstliches mit Kalbsnierenfett, Schmalz und Speck" in: Slow Food 06/2016, S. 64-67.

Butter ist ein hochwertiges, naturbelassenes Fett, das leicht verdaulich, sehr bekömmlich und reich an Vitaminen A, D, E, und K ist. Sie hat zudem antimikrobielle und antivirale Wirkung und stärkt das Immunsystem.

Dank den verschiedensten Fettsäuren, die sie enthält, ist sie besonders gut für Kinder, vor allem dann, wenn sie aus der Milch von Weidentieren hergestellt wird. Denn neben den gesättigten und den gut ausballlancierten Omega-3- und Omega-6-Fettsäuren weist sie u. a. auch *Laurinsäure, Buttersäure, Linolsäure* sowie die *Glycosphigolipide* auf.*

Wegen ihres angenehmen, frischen Geruchs wird Butter gerne nicht nur als Streichfett benutzt, sondern auch zum Dünsten und Kochen, um die Speisen zu verfeinern. Butter sollte stets vor Licht, Luft und Wärme geschützt werden, sonst oxidiert sie und verdirbt schnell. Sie bildet dann eine durchsichtige, etwas dunklere Schicht, die nichts anders ist als verdorbenes Fett. Deswegen wurde sie früher stets mit Wasser bedeckt in Steintöpfen aufbewahrt. Beim Erwärmen sollte man Butter nicht braun werden lassen. Laut der Traditionellen Chinesischen Medizin, ist die Butter warm und süß. Sie vertreibt die Kälte aus dem Körper, stärkt die die Lebensenergie (*Qui*) und kann stagnierendes Blut beseitigen. Aus der Sicht der hl. Hildegard ist Butter (in Maßen gegessen) ein Heilmittel, besonders für schwache Menschen „mit Husten", denn „sie heilt ihn innerlich und trägt zu seiner Erholung bei" (hl. Hildegard zit. nach Strehlow 2006, S. 94).

Möchte man Butter zum Braten benutzen, soll man sie klären, denn geklärte Butter – *Butterschmalz*, kann man zum Kochen, Backen und vor allem zum Braten verwenden, da es hocherhitzbar ist. Um *Butterschmalz* zu bekommen, lässt man die Butter schmelzen und schöpft dann einfach das reine Fett ab. *Butterschmalz* ist bedeutend länger haltbar als Butter (bis 4 Jahre). Laut der Tibetischen Medizin ist Butterschmalz süß, leicht und heiß und stärkt das Gedächtnis.

Ghee wird durch langsames Auskochen aus frischer Butter hergestellt und in Indien überall in der Küche angewendet. Nach der Ayurvedalehre

---

* Die *Laurinsäure* hat eine antimikrobielle, antivirale und eine pilztötende Wirkung, auch die *Buttersäure* hat pilztötende Eigenschaften, die *Glycosphigolipide* sind gut für den kindlichen Magen-Darm-Trakt, die besonders wohltuende modifizierte *Linolsäure* enthält nur Butter von frei grasenden Kühen (vgl. Worm 2016, S. 60 sowie unter: www.de.sott.net/article/1145-die-wahrheit-ueber-gesaettigte-fette gelesen am 6.07.2017).

hat Ghee viele heilende Eigenschaften und wird innerlich wie äußerlich angewendet. Ghee wirkt entgiftend und entzündungshemmend, sie nährt die Nerven und das Gehirn, sorgt für gutes Gedächtnis, hilft der Verdauungskraft und stärkt das Immunsystem.* „Ghee ist das beste Nahrungsmittel, um die Vitalität wiederherzustellen" (Frawley 2001, S.171). Um ein hochwertiges Ghee (*Purana Ghrita*) zu bekommen, braucht man etwas Zeit, denn je älter, desto wirkungsvoller wird es. Ein 100- jähriges Ghee gilt in Indien als extrem wertvoll. Um dessen Wirkung zu steigern, wird das Ghee in Behältern aus Gold oder Silber aufbewahrt. Ghee gilt als noch leichter verdaulich als Butter.

Die stabilen gesättigten pflanzlichen Fette

Kokosfett wir aus den Früchten der Kokospalme, den Kokosnüssen gewonnen. Es enthält mehr als 90 Prozent gesättigte Fettsäuren, von denen mehr als die Hälfte aus *Laurinsäure* besteht. Diese Fettsäure ist laut dem Buchautor Peter Königs, sehr empfehlenswert, denn sie regt den Stoffwechsel an, hilft bei der Bekämpfung von Viren, Pilzen und Bakterien und unterstützt das Immunsystem. Nicht umsonst befindet sie sich auch in Muttermilch (vgl. Königs 2003).

Kokosfett ist leicht verdaulich und sehr bekömmlich. Es schmilzt schon bei 20-27 °C, ist lange haltbar und hocherhitzbar. Kokosfett ist zudem cholesterinfrei. Kaufen sollte man das naturbelassene Kokosfett (*Virgin Coconut Oil*), das schonend aus frischen Kokosnüssen ohne Anwendung von Hitze, Härtung und chemischen Zusätzen gewonnen wird und somit frei von jeglichen Zusätzen ist. Das hocherhitzbare Speisefett „Palmin" wird durch Raffination gewonnen.

Nach der Ayurvedalehre gehört Kokosöl zu den harmonischen (*sattvischen*) Lebensmitteln. In Indien wird es gerne auch äußerlich angewandt, da es kühlende, beruhigende und entgiftende Wirkungen hat. Es befeuchtet, pflegt und regeneriert die Haut (wird somit auch nach der Rasur empfohlen). Speziell bei Neurodermitis hat sich das Öl gut bewährt. Kokosöl wird gerne ähnlich wie Sesamöl für Ölziehen benutzt. Es ist eine sehr alte ayurvedische Reinigungsmethode**, die dem Körper hilft, sich von Giften zu befreien.

---

* Vgl. www.zentrum-der-gesundheit.de/ghee-heilwirkung-ia.html
** Siehe S. 125.

Palmöl wird aus den Früchten der Ölpalme gewonnen. Das süßlich schmeckende, dunkelgelbe Öl ist sehr reich an Vitamin A und wird vor allem zur Herstellung von Margarine benutzt, befindet sich aber auch in vielen Fertiggerichten. *Palmkernöl* ist angenehm im Geschmack und von weißer bis gelber Farbe. Die beiden Öle enthalten die *Laurinsäure* (siehe Kokosfett). Im Moment jedoch ist der Anbau der Ölpalme und somit auch die Produktion von Palmöl mit großen ökologischen Bedenken verbunden.*

Kakaobutter wird in erster Linie für die hochwertigen Schokoladen und Konditorwaren benutzt. Dank Kakaobutter bleibt die Schokolade bei Zimmertemperatur fest, schmilzt aber angenehm, wenn wir sie in den Mund nehmen. Das Lieblingsfett der Konditoren wird aus Samen des afrikanischen Kakaobaums gewonnen, die nach dem Fermentieren, Trocknen, Rösten und Zermahlen ausgepresst werden Die Kakaobutter enthält neben den gesättigten Fettsäuren, die den Fettsäuren im Kokosfett ähneln, auch Ölsäure (viel in Olivenöl) und Linolensäure (Omega-3-Fettsäure) und ist (in Maßen genossen) gut für's Herz. Kakaobutter wird gerne auch für die Hautpflege benutzt und ist deswegen in vielen hochwertigen Naturcremen enthalten, da sie hautverbessernde Eigenschaften hat. Sie verleiht der Haut Elastizität und beugt Falten vor. Kakaobutter ist stabil und lange haltbar, sie schmilzt schon bei 28-36°C.

Sheabutter wird aus den Samen eines anderen afrikanischen Baumes gewonnen, nämlich des Sheanussbaumes. Das naturbelassene Fett der Kariténuss ist essbar, wird aber vorwiegend für die Haut- und Haarpflege benutzt, da es viele pflegende und heilende Wirkungen** hat: Es ist entzündungshemmend, regenerierend und wundheilend. Sheabutter versorgt die Haut mit Feuchtigkeit, schützt sie von zu viel Sonne und beugt den Falten vor. Es ist gut für Gelenke und wird gerne bei Neodermitis und zur Narbenbehandlung benutzt.

---

* Mehr darüber in: „Umwelt Katastrophe Palmöl" unter www.geo.de>Natur>Oekologie sowie: „Palmöl: Fluch oder Segen? Wie ein Rohstoff Klima und Regenwald bedroht und dennoch auf eine grüne Zukunft hoffen lässt" (PDF) unter: www.wwf.de sowie sehr ausführlich in Bachelorarbeit von Judith Friederike Boveland: „Auswirkungen der Palmöl-Produktion auf die abiotischen und biotischen Ressourcen tropischer Länder" (PDF) unter: www.uni-oldenburg.de Stand am 12.07.2017.
** Mehr darüber unter: www.sheabutter24.de sowie www.sheabutter-naturcreme.de

Die unstabilen Fette: die einfach und die mehrfach ungesättigten Fette

Zu den *unstabilen* Fetten gehören die *einfach* und die *mehrfach* ungesättigten Fette. Fette mit Mehrzahl einfach ungesättigter Fettsäuren (wie die Ölsäure in Olivenöl) sind *relativ stabil* und können zum Kochen verwendet werden (siehe S. 31f). All die Öle, die viel von *mehrfach* ungesättigten Fettsäuren enthalten (z. B. Leinöl) sind *unstabil.* Das bedeutet – sie sind extrem licht-, luft- und wärmeempfindlich. Sie werden schnell bis sehr schnell ranzig*, sollten deswegen kühl- und lichtgeschützt bewahrt werden, also niemals erhitzt und nur in der kalten Küche verwendet werden. Zu den *unstabilen* Naturfetten gehören alle kalt gepressten Öle, also Öle, die bei niedrigen Temperaturen durch mechanische Pressung gewonnen und danach mechanisch gefiltert und einer Sattdampfwäsche unterzogen werden (siehe S. 112).

Die relativ stabilen Fette: die einfach ungesättigten Fette

Olivenöl wird aus den ölreichen Früchten des Olivenbaums gewonnen. Der Baum ist bekannt für seine Widerstandsfähigkeit und Langlebigkeit. Olivenbäume werden bis 10 Meter groß und sehr umfangreich (bis 5 m). Am ertragsreichsten werden sie in reifen Jahren von 25 bis 100 Jahren.

Die Früchte des Olivenbaums sind reich an Vitalstoffen und sekundären Pflanzenstoffen (Antioxidanzien). Die Farbe der Früchte ist abhängig vom Reifegrad: Die unreifen bleiben grün, bei den reifen reicht die Farbe von oliv bis schwarz. Je reifer die Früchte, desto fettreicher werden sie.

Olivenöl ist leicht verdaulich, Stoffwechsel anregend, entgiftend für die Leber und wohltuend für die Magenschleimhaut. Die qualitativ besten sind die kalt gepressten Öle: Sie sind reich an Vitamin E, A, D, Folsäure, Karotin und sekundären Pflanzenstoffen (Antioxidanzien). Darüber hinaus enthalten sie noch Spuren von Kalium, Kalzium und Magnesium.

Die kalt gepressten Öle werden aus den zu Brei zerkleinerten Oliven ohne Zufügung von Wärme ausgepresst. Sie sind gelbgrün, dickflüssig,

---

* Die Fette werden ranzig als Folge von chemischen Veränderungen, die durch die Einwirkung von Luft (oxidieren – sich mit Sauerstoff verbinden) entstehen. Dabei zersetzt sich das Fett, sein Geschmack und sein Geruch verändern sich und werden unangenehm. Jedes oxidierte Fett ist schädlich (vgl. www.chemie.de/Lexikon/Ranzigwerden.html).

und von einem milden bis fruchtigen Geschmack, der abhängig ist von der Herkunft, Sorte und dem Reifegrad der Olivenfrüchte und von dem Alter des Öls. Ein frisch gepresstes Öl schmeckt kräftiger, ein reifes viel milder, weil sich die Fruchtfleischreste mit der Zeit abgesetzt haben. Als reif bezeichnet man ein Öl, das über ein Jahr alt ist.

Die kalt gepressten Olivenöle sollten nicht erhitzt werden. Sie eignen sich hervorragend für die kalte Küche, aber auch die warmen Speisen kann man mit dem Öl direkt vor dem Essen beträufelt – so wie es in der mediterranen Küche üblich ist. Es hebt den Geschmack der Speise und das Öl behält dabei alle seine wertvollen Vitalstoffe. Die kalt gepressten Öle sollten unbedingt dunkel und kühl aufbewahrt werden. Eine geöffnete Flasche hält sich etwa 3, eine geschlossene 18 Monate.

Für die warme Küche, besonders fürs Braten, sollte man die günstigeren, gewöhnlichen nativen Öle nehmen und sie nicht höher als bis zu 180 °C erhitzen. Das Öl sollte zischen, aber noch nicht rauchen. Das Rauchen des Öls bedeutet, dass es sich zu zersetzen beginnt. – Es oxidiert und wird ungenießbar.

Olivenöl gibt es in vielen Klassen und Qualitäten. Natives Olivenöl extra vergin (*olio extra vergine di oliva*) ist ein hochwertiges, naturreines Öl aus erster Pressung von ausgesuchten Früchten. Sein Säuregehalt darf nicht höher sein als ein Prozent. Das Öl eignet sich hervorragend für die kalte Küche und sollte nicht erwärmt werden. Natives Olivenöl (*olio vergine di oliva*) darf bis zwei Prozent Säure enthalten. Es eignet sich außer für die kalte Küche auch zum Dünsten und Schmoren. Unter der Bezeichnung Olivenöl (*olio die oliva*) kommen Öle in den Handel, die aus zweitklassigen Früchten ausgepresst wurden und wegen des minderen Geschmacks raffiniert worden sind. Sie werden mit nativen Ölen vermischt, um ihren Geschmack zu verbessern und vor allem zum Braten benutzt. Raffiniertes Olivenöl ist zwar hocherhitzbar (bis 230 °C) und haltbarer als ein kalt gepresstes, wird aber beim Raffinieren vieler seiner Vitalstoffe beraubt.

Schon seit der Antike wird Olivenöl auch äußerlich benutzt, wegen seiner pflegenden und heilenden Eigenschaften. Die heilige Hildegard empfiehlt es bei allerlei Krämpfen: „Wenn Krampf einen Menschen irgendwo am Körper plagt, der nehme Olivenöl und reibe die Stelle, wo er leidet, damit kräftig ein" (Hildegard von Bingen zit. nach Hertzka 1998 S. 69). Auch schmerzende Gelenke und angespannte Muskeln werden gerne mit dem Öl eingerieben. Bei der Körperpflege wird Olivenöl vor allem für Gesicht-, Haarpackungen und Nagelpflege benutzt und ist ein Bestandteil bei manchen Körper- und Badeölen.

Rapsöl wurde laut Wikipedia ursprünglich wegen seiner Bitterstoffe und der Erucasäure nur als Lampenöl, Schmiermittel und zur Seifenherstellung benutzt. Erst nachdem durch Züchtungen die schädliche Säure weggezüchtet wurde, fing man an, das Rapsöl als Lebensmittel zu vermarkten.

Rapsöl wird oft „Olivenöl des Nordens" genannt, weil der Raps zu den wenigen einheimischen Ölpflanzen gehört. Das Öl wird in großen Mengen industriell gewonnen*, meistens durch Heißpressung (Raffination). In kleinen Ölmühlen wird durch Kaltpressung aus dem Rapssaat aus der Region das native Rapskernöl gewonnen. Das Öl ist reich an Ölsäure (60 Prozent), enthält zudem Omega-6-Fettsäuren (*Linolsäure*) und Omega-3-Fettsäuren (*Linolensäure*) und das in optimalem Verhältnis 3:1. Wie alle kalt gepresste Öle, wird auch das Rapskernöl in dunkle Flaschen verfüllt und für kalte Küche so wie zum Kochen und Dünsten benutzt.

Zu den an Ölsäure (eine einfach ungesättigte Fettsäure) reichen Ölen gehören auch: *Haselnussöl* (78 Prozent Ölsäure), *Mandelöl* (80 Prozent) und das *Macadamiaöl* (57 Prozent).

Haselnussöl wird wegen seines nussigen Geschmacks in der Küche für Salatdressing, für Kuchen und zum Plätzchen backen benutzt. Das Öl enthält neben den Vitaminen B, E und K auch viele Mineralien. Weil es hautstraffend wirkt, wird es gerne zur Hautpflege genommen und ist auch ein Bestandteil vieler Cremes und Ölmischungen. Auch das süße *Mandelöl* und das *Macadamiaöl* werden in der Hautpflege benutzt, weil sie sehr hautverträglich und pflegend sind. Das Macadamianussöl hat einen *natürlichen Lichtschutzfaktor*, der zwischen 3 und 4 liegt. Das süße Mandelöl (die bitteren Mandeln sind toxisch) wird äußerlich gerne bei der Babypflege benutzt, innerlich hilft es bei Verschleimungen. Das Öl hat eine sehr lange Tradition und wurde früher für Salbungen der Könige verwendet. Beide Öle werden in der Küche für besonders feine Gerichte verwendet. All die kalt gepressten Öle sind relativ haltbar.

---

* Ab Ende der 1990er Jahre auch als Biokraftstoff.

Die unstabilen Fette: die mehrfach ungesättigten Fete

Zu den unstabilen Fetten gehören Öle mit einer Mehrheit an doppelt ungesättigten Fettsäuren (*Omega 6*) und dreifach ungesättigten Fettsäuren (*Omega 3*). All diese Öle sollten in dunklen Flaschen kühl und dunkel gelagert und nach dem Öffnen schnell verbraucht werden, damit sie nicht ranzig werden (oxidieren). Sie dürfen nicht erhitzt, sondern nur in der kalten Küche benutzt werden.

Öle mit hohem Gehalt an Omega-6-Fettsäuren

Obwohl die Linolsäure (eine *Omega-6-Fettsäure*) zu den lebenswichtigen Fettsäuren gehört und vom Körper selbst nicht hergestellt werden kann, soll sie nur mäßig verzehrt werden: Die sonst für den Körper nützliche Fettsäure ist im Übermaß nicht förderlich*. Um es nicht so weit kommen zu lassen, ist es besonders wichtig, auf ein „gut ausbalanciertes Gleichgewicht" zwischen den Omega-6-Fettsäuren und den Omega-3-Fettsäuren zu achten. Das Verhältnis sollte nicht größer sein als 5:1.

Alle an Omega-6-Fettsäuren reichen Öle sollten nur mäßig verzehrt werden. Eigentlich kann man sogar auf sie ruhig verzichten, da sich die Omega-6-Fettsäuren auch in vielen anderen Lebensmitteln befinden. Neben dem Distelöl gehören auch Traubenkernöl, Maiskeimöl, Weizenkeimöl und das Sonnenblumenöl zu den hochdosierten Ölen.

Distelöl hat den höchsten Gehalt an Omega-6-Fettsäuren (75 Prozent).

Traubenkernöl wird aus den getrockneten Weintraubenkernen gewonnen. Das Öl ist reich an Antioxidanzien, aber auch an Omega-6-Fettsäuren (71 Prozent). Ein Esslöffel enthält 98 Prozent der Tagesration an Omega-6-Fettsäuren, aber nur 4 Prozent an Omega-3-Fettsäuren. Das Öl wird meistens raffiniert.

Maiskeimöl wird aus den fett- und lezithinreichen Maiskeimlingen gewonnen und wegen seines eigenartigen, für viele nicht angenehmen

---

* Die Omega-6-Fettsäuren und somit alle Öle, die viel von ihr enthalten, sind im Übermaß nicht empfehlenswert, da sie zu Entzündungen führen oder die bestehenden Entzündungen verschlimmern können (siehe auch S. 33).

Geschmacks oft raffiniert. Es wird gerne gegen schuppige Hautausschläge angewendet. Da es aber sehr reich (über 50 Prozent) an Omega-6-Fettsäuren ist, sein Anteil an Omega-3-Fettsäuren aber sehr niedrig ist (ein Prozent), sollte man es in Maßen benutzen. Das Öl wird gerne für Haarpackungen genommen, besonders bei Problemen mit Haarschuppen.

Weizenkeimöl ist sehr reich an Vitamin E, enthält auch viel Omega-6-Fettsäure. Ein Esslöffel des Öls enthält leicht über 130 Prozent der Tagesration an Vitamin E und 83 Prozent an Omega-6-Fettsäure.

Das Öl ist nicht lange haltbar und sollte nicht erwärmt werden. Wegen des hohen Vitamin E Anteils wird es gerne zur Körper-, Gesichts- und Haarpflege benutzt – oft im Gemisch mit anderen Ölen, die es stabiler machen.

Auch das *Sonnenblumenöl* gehört zu den Ölen, die eine höhe Konzentration von Omega-6-Fettsäuren aufweisen (65 Prozent). Das Öl wurde im 19. Jahrhundert in der Ukraine gewonnen, wo es nicht nur in der Küche benutzt wurde, sondern auch den Heilzwecken diente. Das bekannteste Heilverfahren ist die Ölziehkur: Morgens, noch vor dem Essen, wird mit 1 Teelöffel bis 1 Esslöffel Sonnenblumenöl 15-20 Minuten lang ohne Hast geschlürft (siehe auch S. 122). Als kalt gepresst soll es nur zum Dünsten bei niedrigen Temperaturen benutzt werden. Hocherhitzbar ist nur das raffinierte Öl. Es enthält wie alle raffinierten Öle Transfette.

Sojaöl ist das meist produzierte Öl. Weil der Fettgehalt der Sojabohne niedrig ist, wird das Öl normalerweise durch chemische Extraktion gewonnen und anschließend raffiniert. Das raffinierte Öl ist haltbar und hocherhitzbar, enthält aber *Transfette* (siehe S. 129).

Weil bei der Kaltpressung nur 15 Prozent Fett gewonnen werden kann, wird nur ein kleiner Teil der Bohnen diesem Verfahren unterzogen. Das native Sojaöl ist reich an Lezithin, Vitamin A und E und Phytosterinen*. Es unterstützt die Leber und das Gehirn in ihren Funktionen und stärkt die Konzentrationsfähigkeit. Als naturbelassen ist das Öl nur begrenzt haltbar und sollte nicht erhitzt werden.

---

* Phytosterine (sind sekundäre Pflanzenstoffe, die einem „erhöhten Cholesterinspiegel entgegen wirken" sollen (vgl. www.lebensmittel-warenkunde.de/.../Phytosterine).

Walnussöl – Walnüsse werden gerne zu Öl ausgepresst, weil sie sehr fetthaltig sind (bis 60 Prozent). Das Öl enthält Omega-6- und Omega-3-Fettsäuren im Verhältnis 11:1 und ist reich an Lezithin und Vitaminen A, B1, B2, B6 und E. Wegen seiner Fettsäuren ist das Öl nicht lange haltbar und sollte stets verschlossen und vor Licht und Wärme gut geschützt aufbewahrt werden, am besten im Kühlschrank. Benutzt wird das Öl am liebsten für Salate.

Kürbiskernöl wird aus den Samen vom Ölkürbis gewonnen, dessen fettreiche Kerne vor dem Pressen geröstet werden. Das Öl ist dickflüssig, sehr intensiv und angenehm süßlich im Geschmack und von einer dunklen, fast braunen Farbe. Das Öl hat viele heilende Eigenschaften. Besonders günstig erweist es sich bei allerlei Blasenproblemen, da es harntreibend und entzündungshemmend ist (siehe auch S. 167). Mit Olivenöl gemischt, lindert es Muskelschmerzen. Früher wurde es auch gegen Bandwürmer eingenommen, genauso wie die Kürbiskerne, die in der Volksheilkunde als probates Heilmittel gegen Eingeweidewürmer gelten.

Wie alle Omega-6-Fettsäure Öle, sollte auch Kürbiskernöl nicht in großen Massen verzehrt werden. Ein Tropfen Kürbiskernöl von guter Qualität bleibt auf dem Teller fest (verläuft nicht).

Öle mit hohem Gehalt an Omega-3-Fettsäuren

Fischöl wird aus dem Fleisch von fetten Kaltwassermeeresfischen gewonnen. Das Öl ist sehr reich (40 Prozent) an Omega-3-Fettsäuren: Eicosapentaensäure (EPA) und die Docosahexaensäure (DHA). Die Fettsäuren haben eine sehr wohltuende Wirkung. In ihrer Gunst steht vor allem das Herz: Sie halten die Gefäße jung und biegsam und das Blut klar und flüssig. Es wird empfohlen, das Fischöl in Form von fetten Kaltwassermeeresfischen zu essen.

Die beiden „Fischsäuren" können im Körper auch aus der *Alpha-Linolensäure (ALA)* hergestellt werden. Die Fettsäure kommt hochkonzentriert im Leinöl (siehe auch S. 32f).

Lebertran wird aus der Leber von Fischen wie Kabeljau, Dorsch und Heilbutt gewonnen. Er ist reich an Omega-3-Fettsäuren und Vitaminen A und D und wurde früher Kindern vorbeugend gegen Rachitis (zu wenig

Vitamin D) und zur Immunstärkung gegeben. Heutzutage wird er gerne noch im Norden Europas in den dunklen Jahreszeiten eingenommen. Lebertran ist leicht verdaulich, schmeckt leider nicht besonders angenehm.

Leinöl wird aus Leinsamen gewonnen. Lein (Flachs) ist eine alte Kulturpflanze, die schon seit der Steinzeit bekannt ist und früher vor allem wegen seiner Fasern gepflanzt wurde. Es ist noch nicht so lange her, dass es in Europa ganze Felder von blau blühendem Flachs gab. Heutzutage mus der Leinsamen meistens importiert werden.*

Leinöl ist die wichtigste pflanzliche Quelle für Omega-3-Fettsäuren, denn es enthält über 60 Prozent davon. Das Öl hat viele heilsame Wirkungen: Es schützt und stärkt das Herz und sorgt für gute Durchblutung, indem es das Blut leicht verdünnt. Es ist wohltuend für den Magen, Leber und Galle und wirkt sich auch positiv aus auf die Nerven (enthält Lezithin). Es ist zudem stark entzündungshemmend, entschlackend und entschleimend und hilft somit auch bei Husten, indem es das Abhusten fördert. Leinöl hat eine schützende Wirkung auf die Zellen. Laut Dr. Johanna Budwig steigert sich seine Wirkung in Verbindung mit schwefelhaltigen Aminosäuren (mageren Quark), denn sie wirken stabilisierend auf die empfindlichen Fettsäuren.**

Äußerlich wurde Leinöl schon von der heiligen Hildegard als entzündungshemmend und schmerzstillend bei Verbrennungen empfohlen. Heute wird es zum Ausheilen von Schuppenflechte benutzt, weil es regenerierend auf die trockene, gereizte Haut wirkt und den Juckreiz lindert. Nach den Worten der Heilpraktikerin Franziska von Au, wird das Öl auch bei Gürtelrose als „besonders wohltuend" empfunden.

Leinöl wird schonend kaltgepresst. Das Öl ist von gelber Farbe und hat einen charakteristischen, intensiven Geschmack: nussig und leicht bitter. Sollte es fischig schmecken, ist das laut Müller Baeusch von Ölmühle Soling* ein Zeichen von nicht gerade bester Qualität der Leinsaat. Schmeckt das Öl deutlich bitter, ist es verdorben. Leinöl ist sehr licht- und wärmeempfindlich, deswegen soll es immer im Kühlschrank bewahrt werden. Es soll immer nur kalt verwendet werden.

---

* Siehe dazu ein Bericht unter: www.oelmuehle-soling.de/media/pds/leinoel_herkunft.pdf
** Mehr darüber in: Öl-Eiweiß-Kost von Dr. Budwig unter: www.budwig-stiftung.de/service/oel-eiweiß-kost.htm

Leindotteröl wird aus den Samen des Leindotters gewonnen. Obwohl schon den Kelten bekannt, musste es wiederentdeckt werden. Das Öl besitzt ähnliche Eigenschaften wie das Leinöl, da es auch viel von Omega-3-Fettsäuren und nur sehr wenig von den Omega-6-Fettsäuren enthält, in optimalem Verhältnis. Auch das Leindotteröl ist wärme- und lichtempfindlich und soll im Kühlschrank aufbewahrt werden. Handwerklich hergestellt, kalt gepresst und ohne Zusatzstoffe wird es nur für die kalte Küche verwenden.

Besondere Öle

Das native *Sesamöl* wird durch Kaltpressung gewonnen und danach nur gefiltert, so behält es alle seine Vitalstoffe. Das Öl ist sehr aromatisch, besonders, wenn die Samen vor der Pressung geröstet werden. Sesam gehört zu den ältesten Ölpflanzen und seine Samen zu den ölreichsten (über 50 Prozent Fett). Sesamöl gibt es raffiniert und naturbelassen.

Sesamöl enthält viel Lezithin und große Mengen Antioxidantien, was es stabil und haltbar macht. Es ist reich an ungesättigten Fettsäuren, von denen fast die Hälfte die Ölsäure (einfach ungesättigte Fettsäure wie im Olivenöl) ist. Das Öl hat viele heilsame Eigenschaften: Es sorgt für bessere Sauerstoffversorgung, indem es die roten Blutkörperchen mehrt; stärkt die Nerven und das Gedächtnis.

Besonders hoch geschätzt wird das Öl in Ayurveda – vor allem wegen seiner beruhigenden und entgiftenden Wirkung. Es wird in erster Linie für äußerliche Behandlungen benutzt. Unter anderem für die Kopf- und Ganzkörpermassage und den Ölguss, denn das Öl beruhigt und erdet genauso auf der körperlichen, wie der seelischen Ebene und kann zudem giftige Stoffe ausleiten, besonders die Schwermetalle. Es regeneriert und verjüngt den Körper, lindert Schmerzen und hilft die Gelenke zu lockern. Das Öl wird in Indien traditionell zur Ölziehkur benutzt. Ölziehen ist eine ayurvedische Reinigungsmethode, die mehr als dreitausend Jahre alt ist.*

Sesamöl sollte nicht bei Neurodermitis benutzt werden, da es Juckreiz verursachen kann. Man kann dann auf Kokosöl ausweichen.

---

* Ölziehkur: Morgens vor dem Essen wird mit 1 Teelöffel bis 1 Esslöffel Sesamöl im Mund ohne Hast etwa 15-10 Minuten lang bewegt. Die Flüssigkeit sollte danach weiß wie Milch sein. Sie wird ausgespuckt, der Mund wird mit Wasser ausgespült und dann werden die Zähne geputzt (vgl. Frohn 2005, S. 69).

Erdnussöl gehört zu den hitzestabilsten Ölen und wird gerne zum Braten und Frittieren benutzt, besonders im Wok. Vor allem in China ist das Öl sehr populär. Das asiatische Erdnussöl ist von dunklerer Farbe und hat ein stärkeres Aroma als das europäische. Erdnussöl ist lange haltbar.

Rizinusöl
Ein Fläschchen Rizinusöl fehlte früher in keinem Haushalt. Es ist ein altes Hausmittel gegen Verstopfung, das „sehr zuverlässig und dennoch mild ist" (von Au 1998, S. 185).*Auch gegen Warzen und Haarausfall wurde es äußerlich gerne benutzt. In Ayurveda wird das Öl als schmerzlindernd betrachtet und u. a. gegen Hexenschuss benutzt.

Hanföl ist ein sehr wertvolles Öl, denn es enthält nicht nur Omega-6-Fettsäure (Linolsäure) und Omega-3-Fettsäure (Alpha-Linolensäure) in sehr günstigem Verhältnis von 3:1, sondern auch die Gamma-Linolensäure,* die sehr wohltuend für die Haut ist. Äußerlich soll das Öl bei Neurodermitis behilflich sein, innerlich ist es wohlwollend zu Herz und Gefäßen, ähnlich wie Leinöl.
Hanf gehört zu den ältesten Nutzpflanzen. Früher wurde er vor allem seiner Fasern wegen angebaut, die zu Bindfäden, Seilen und groben Geweben verarbeitet wurden. Die Samen lieferten das Öl, das viel in der Küche verwendet wurde.

Arganöl wird in Marokko aus den Fruchten der Arganbäumen gewonnen, aus gerösteten wie ungerösteten Kernen. Die Berber in Marokko benutzen das geröstete Öl schon immer in der Küche zum Kochen und Würzen, das ungeröstete als Heil- und Pflegemittel. Das kalt gepresste Öl spendet Feuchtigkeit und wirkt regenerierend auf die Haut und Haare und wird deswegen gerne für Haut- und Haarpflege benutzt. Es enthält neben den Vitaminen und Mineralien auch Phytosterine (siehe S. 122).

Macadamianussöl ist sehr reich an einfach ungesättigten Fettsäuren (wie das Olivenöl), enthält auch viel von Palmitoleinsäure, weswegen das Öl sehr gerne für die Hautpflege benutzt wird, da es regenerierend und straffend auf die trockene Haut wirkt. Er kann sie auch, dank des

---

* Siehe auch unter: www.rizinussoel.net/gegen-verstopfung.html
** Auch Boretsch- und Nachtkerzenöl enthalten die Gamma-Linolensäure.

natürlichen Lichtschutzfaktors, der zwischen 3 und 4 liegt, vor der Sonne schützen. Da das Öl schnell verdirbt, wird ihm das schützende Vitamin E zugegeben.

Schwarzkümmelöl wird als Öl und ätherisches Öl gewonnen. Das schon im alten Ägypten bekannte Schwarzkümmelöl, wird kalt gepresst gerne für die Hautpflege genommen, da es entzündungshemmend, pilztötend und antioxidativ wirkt. Innerlich   sollte es gegen Allergien und Heuschnupfen helfen.*

Mohnöl wir aus den Samen des Mohns, das gerne für Kuchen und Brote benutzt wird, gepresst. Es ist reich an Mineralien, allem voran Kalzium sowie die B-Vitamine. Das Öl wird gerne zur Hautpflege benutzt, da es harmonisierend wirkt. Weil es schnell ranzig wird, ist es ratsam, nur kleine Portionen auf einmal zu kaufen.

Borretschöl, Nachtkerzenöl und *Johanniskernöl* gehören zu den Ölen mit besonders hohem Anteil an Gammalinolensäure, die sehr hautfreundlich ist. Es ist keine essenzielle Fettsäure, da sie von dem Körper selbst produziert wird. Auch Hanföl enthält kleine Mengen davon.

Mazerate

Mazerate vereinen die Wirkungskraft von Ölen und Kräutern. Die gewünschten Heilkräuter werden mit ausgesuchtem Öl übergossen und meistens der Kraft der Sonne anvertraut. Mazerate werden in erster Linie wegen ihrer heilenden Wirkungen hergestellt. Es gibt aber auch viele Küchenrezepte für Öle, die ihres Geschmacks wegen zubereitet werden. Zu den beliebtesten gehören: Trüffelöl, Steinpilzöl, Dill-, Knoblauch- und Thymianöl.

Die heilenden Öle hatte schon die heilige Hildegard hergestellt. Nach ihren Rezepten werden noch heute aus Olivenöl und ausgesuchten Kräutern Veilchen-, Wermut- und Myrtenöl zubereitet, die gegen verschiedene Beschwerden wie Sehstörungen, Hustenschmerz, Akne und Lippenherpes behilflich sind. In Ayurveda werden Kräuter in Sesamöl oder Ghee gekocht, um ihre Heilwirkungen zu verstärken.

---

* Mehr darüber unter: www.scharzkuemmeloel1360.net

Johannisöl wird aus den Blüten des Johanniskrauts und Olivenöl hergestellt. Die bekannte Kräuterkundige Maria Treben rät, die Blüten bei Sonnenschein zu pflücken und mit feinem Olivenöl zu übergießen. Verschlossen sollte das Öl einige Wochen in der Sonne stehen, bis es eine tiefrote Farbe annimmt. Gefiltert gehört es in eine dunkle Flasche. Das Öl ist entzündungshemmend und es wärmt und entspannt die Muskeln. Es behält seine heilenden Kräfte ein ganzes Jahr über.

Fabrikfette

Zu den *Fabrikfetten* zählt man alle raffinierten Öle, Margarine und Backfette (Plattenfette). Die *raffinierten Öle* werden aus wirtschaftlichen Gründen durch eine Warmpressung oder eine Extraktion mit chemischen Lösungsmitteln gewonnen. Solche Vorgehensweise bringt im Unterschied zu der Kaltpresseng (mit nicht mehr als 50 Prozent) wesentlich mehr Ertrag – 89 bis 99 Prozent. So gewonnene Öle müssen danach raffiniert werden, weil sie nach der Hitzeeinwirkung nicht besonders gut schmecken und riechen. Während der Raffination werden auch die meisten Vitalstoffe entfernt. Was bleibt, ist reines Fett.

Die *Margarine* wurde vor etwa 130 Jahren auf Verordnung von Napoleon III. von einem französischen Wissenschaftler als preiswerter und haltbarer Butterersatz für die Armen erfunden. Die erste Margarine wurde aus Rindertalg gemacht, der auch heute noch manchmal benutzt wird. Die meisten Margarinen werden jedoch aus raffinierten Ölen hergestellt. Der Herstellungsprozess ist sehr aufwendig, denn um aus den flüssigen Ölen eine streichfähige Konsistenz herzustellen, müssen die Öle gehärtet werden. Es geschieht bei einem Härtungsverfahren, bei dem die Struktur der Fette verändert wird. Dabei entstehen Formen, „wie sie in der Natur nicht vorkommen" (vgl. Bruker 2003, S. 267f). Es sind die sogenannten *Transfettsäuren.** Den so veränderten Fetten werden noch Emulgatoren, Konservierungsstoffe, Farbstoffe, Geschmacksstoffe und künstliche Vitamine zugegeben. Die Reformmargarine wird „mit geringerem technologischem Aufwand produziert."**

---

* Vgl. www.dge.de/wissenschaft/weitere-publikationen/fachinformationen/transfettsaeuren sowie www.lgl.bayern.de/lebensmittel/warengruppen/wc_13_/fette_oele/ unter dem Titel: „Transfettsäuren"; www.deutschlandradio.de/archiv/dlr/sendungen/mahlzeit/152973/index. htm von 12.7.2003
** Quelle: www.test.de/Margarine-Was-ist-Reformmargarine-19344-0/

Backfette (Platenfette) sind feste Pflanzenfette, die entweder aus Pflanzenfetten mit natürlicher Festigkeit (aus Früchten der Kokos- oder Ölpalme) durch Pressen oder Extrahieren gewonnen oder aus flüssigen Pflanzenfetten (Ölen) hydriert werden, was bedeutet, das ihnen unter Druck und hoher Temperatur Wasserstoff zugeführt wird, was den molekularen Zustand der Fette verändert.* Die Fette müssen als gehärtet gekennzeichnet werden.

Transfette (*Transfettsäuren*) entstehen bei der industriellen Fetthärtung pflanzlicher Öle und Fette (Margarine, Backfette Produktion) und bei Raffination. Sie können auch zu Hause entstehen bei zu starkem Erhitzen** von Ölen, beim Braten und Frittieren, bei mehrmaligen Verwenden von Frittieröl.

Transfette befinden sich in industriell hergestellten fetthaltigen Produkten wie in gehärteter Margarine, Plattenfetten, Imitationskäse, sowie in Nahrungsmitteln, die mit Fabrikfetten hergestellt sind und in den Fertigprodukten aller Art.***

Zu den meist empfohlenen Fetten gehören heutzutage:
- Zum Braten: *Butterschmalz, Kokosfett, einfaches Olivenöl, Schmalz und Gänseschmalz (für die, die es vertragen) sowie Bratöl***** *Avocado-, Sesam- und Erdnussöl, die den höchsten Rauchpunkt haben*
- Zum Kochen: *Butter, kalt gepresste native Öle wie Olivenöl*
- Für die kalte Küche: *kalt gepresstes Olivenöl, Kürbisöl, Walnussöl sowie Leinöl (für die, die keinen fetten Fisch essen mögen)*

---

* Vgl. www.lebensmittellexikon.de/f0000240.php sowie Schünemann 2008, S. 171
** Vgl. Monika Müller: „Transfettsäure" zu finden unter: www.srf.ch oder www.rosenfluch.ch/ ernaehrungsmedizin-2008-04/13_transfettsaeuren).
*** Vgl. ETH-Studie von Peter Rüegg: „Zu viele Transfette in Nahrungsmitteln" unter: URL:http//www.organische-chemie.ch/chemie/2007jan/transfette.shtm/
**** Die Bratöle (aus Sonnenblumen oder Rapssamen) haben einen höheren Ölsäureanteil (dank spezieller Züchtung) und sind deswegen hocherhitzbar (bis 210 °C). Sie werden auch *High-oleic-Öle* genannt, *high oleic* bedeutet: hohe Ölsäure.

Eier als Lebensmittel

Ein Ei beinhaltet alles, was für den Aufbau eines Lebens (Lebewesen) gebraucht wird. Der Mensch hat die Eier immer schon zu schätzen gewusst, des Wohlgeschmacks genauso wie des Nährwerts wegen.

Das Ei wird in vielen Kulturen als Symbol der Fruchtbarkeit und des Ursprungs des Lebens *(ab ovo)* angesehen. In den christlichen Religionen gilt es als ein Auferstehungssymbol und wird an Ostern in vielen Variationen zu Ritualzwecken benutzt. Es gibt dann gekochte, bemalte, verzierte, geweihte, untereinander geteilte und auch versteckte Eier.

Eier lassen sich vielseitig zubereiten und sind ein fester Bestandteil von vielen Speisen wie Nudeln, Kuchen, Pfannekuchen, Eis, Cremes, Soßen u. v. a. m. Unter der Bezeichnung Eier werden allgemein Hühnereier verstanden. Sie sind es auch, die am meisten verspeist werden. Eier von anderem Geflügel werden nur selten angeboten (regionale Wochenmärkte). Darunter befinden sich vor allem Enten-, Gänse- und Wachteleier. Eier von Perlhühnern, Fasanen, Kiebitzen sowie Straußeneier (bis 155 cm groß) sind sehr selten.

Die Enteneier sind größer und kräftiger im Geschmack als die von Hühnern. Weil ihre Schalen porös sind, sollten sie gut gekocht werden (10 Minuten). Noch größer als die Enten- sind die Gänseeier, die reich an Fett und von kräftigem Geschmack sind. Da sie nicht lange haltbar sind, sollten sie immer ganz frisch gekauft werden. Die kleinsten unter den Eiern sind die Wachteleier. Sie ähneln im Geschmack den Hühnereiern und werden vor allem als eine sehr dekorative Garnierung für Vorspeisen und Salate benutzt.

Eier enthalten viel Eiweiß (etwa 12 Prozent), welches als das hochwertigste überhaupt gilt, denn es enthält alle unentbehrlichen Aminosäuren und ist leicht verwertbar. Eier enthalten alle Vitamine außer Vitamin C und Folsäure und liefern zudem viele Mineralien, darunter vor allem Phosphor, Kalium und Schwefel sowie Chlorid und Natrium. Die meisten der Inhaltsstoffe befinden sich in Eidotter, die auch leichter verdaulich sind als das Eiklar, besonders, wenn sie „mäßig hart gekocht" sind.. Wie alle Lebensmittel tierischer Herkunft enthalten auch Eier Cholesterin, das den Küken als unentbehrlicher Aufbaustoff dient.

Hauptsächlich aus Eidotter besteht ein Heilmittel aus der Hildegard Apotheke, das auch heute noch gerne empfohlen wird, besonders als

Reisemedikament. Es ist das „Durchfall-Ei": ein Granulat aus Eigelb, Pfeffer und Mutterkümmel (Kumin), das gegen die verschiedensten Arten von Durchfall behilflich ist.

Die Qualität der Eier hängt vom Futter und der Frische ab. Je frischer das Ei, umso besser schmeckt es. Ein ganz frisches Ei ist lichtdurchlässig und bleibt im Wasser unten liegen. Mit der Zeit richtet es sich auf. Ganz alte Eier schwimmen ganz oben. Die besten Eier kommen von den freilaufenden Hühnern (Weideneier), die sich beim Scharen ihr Futter zusammenpicken können (Samen, Getreide und Grünzeug).

Der Umgang mit Eiern
Eier können dank einer Schutzschicht ungekühlt etwa 2 Wochen aufbewahrt werden, im Kühlschrank bis 4 Wochen (einmal gekühlt, müssen sie jedoch im Kühlschrank bleiben). Speisen mit rohen Eiern sollten am besten sofort verzehrt werden. Es ist empfehlenswert nach dem Hantieren mit Eiern, die Hände zu waschen (Keime in der Schale). Es wird geraten, Kindern Eier erst ab dem 2.-3. Jahr zu essen zu geben.

Milch als Lebensmittel

Milch ist ein vollwertiges Lebensmittel, mit dem die Neugeborenen aller Säuger in der ersten Phase ihres Lebens ernährt werden. Auch der Mensch wird in den ersten Monaten seines Lebens mit Muttermilch gestillt. Auf der Suche nach der Nahrung, um sein Überleben zu sichern, hat sich der Mensch die Milch vieler Tiere schon vor Tausenden von Jahren zu Nutzen gemacht. Auch heute noch sichern Tiere mit ihrer Milch die Existenz vieler Menschen (z. B. in Afrika). Getrunken und verarbeitet wird bis heute die Milch von Kühen, Schafen, Ziegen, Büffeln, Stuten, Eseln und Kamelen.

Die meist getrunkene und verarbeitete Milch ist die Kuhmilch. Die anderen Arten spielen regional oder nur lokal eine Rolle. Zu den wichtigsten haben sich die Schafs- und Ziegenmilch entwickelt, heute vor allem wegen der Produktion von verschiedenen Käsesorten, früher auch wegen der Milch. In Südeuropa wird neben Schafs- und Ziegen- auch die Eselsmilch getrunken. Bei Wüstenvölkern werden die Kamele gemolken. Bei vielen Steppenvölkern ist die Stutenmilch beliebt. In Europa wird sie vor allem als Heilmittel benutzt. Die Stutenmilch ähnelt sehr der Muttermilch und ist deswegen für den Menschen besonders gut verträglich. Sie stärkt das Immunsystem und ist hilfreich bei vielen Beschwerden.

Unter der Bezeichnung Milch wird immer Kuhmilch verstanden, andere Arten von Milch werden als Schafs-, Ziegen-, Stutenmilch usw. bezeichnet.

Milch liefert Eiweiß, Kohlenhydrate (Milchzucker – Laktose), Fett sowie viele Vitamine und Mineralien. Das Eiweiß enthält fast alle unentbehrlichen Aminosäuren und besteht größtenteils aus Kasein und aus Molkeproteinen, die besonders reich an Aminosäuren sind. Die Kohlenhydrate (Milchzucker) bestehen aus einem Zweifachzucker Laktose, die für die Milchunverträglichkeit bei vielen Menschen verantwortlich ist, denn fehlt ihnen das Enzym Laktase, sind sie nicht im Stande, den Zucker zu spalten und zu absorbieren. Das Milchfett enthält vor allem gesättigte Fettsäuren und ist leichter verdaulich als andere tierische Fette. Unter den Vitaminen befinden sich in größeren Mengen die Vitamine C, E, D und A. Von den Mineralstoffen liefert die Milch vor allem Kalium, Kalzium und Magnesium. In der Milch befindet sich Cholesterin, aber fast keine Purine.

Milch sollte gemäß der Konstitution verzehrt werden, am besten warm, so wie es von der Natur erdacht wurde und nicht im Übermaß. So sah das auch die heilige Hildegard, die empfahl Milch und Butter mäßig zu essen.

In Ayurveda wird Milch nicht nur als Lebensmittel, sondern auch als Heilmittel betrachtet. Nach der alten Lehre ist die Milch ein von Natur aus wertvolles, „sattvisches" Lebensmittel (Sattva – natürliche Klarheit, Harmonie) – nahrhaft, schwer, befeuchtend und kühlend. Es wird empfohlen, Rohmilch zu bevorzugen, da die durch Hitzebehandlung und Homogenisierung veränderte Milch „tamasisch" wirken kann (Tamas – Trägheit).

Milch sollte am besten erwärmt (Muttermilch ist auch warm) und für sich alleine getrunken werden. Um sie leichter verdaulich zu machen, können Gewürze beigemischt werden. Am besten eignen sich: Zimt, Ingwer, Kurkuma, Kardamom, Muskatnuss oder Safran. Wer mag, kann auch etwas Vollrohrzucker dazugeben.

Nach der Konstitutionslehre des Ayurveda kann Milch nicht von allen Menschen genauso gut vertragen werden. Am besten verwerten Milch die feurigen Pitta-Menschen. Die Vata-Menschen (leicht und trocken) sollen die Milch mit Gewürzen und selbstverständlich warm trinken Nur der sogenannte Kapha-Mensch sollte die Milch meiden, da er selbst von einer schweren und feuchten Konstitution ist. Milch ist für ihn noch schwerer verdaulich als Fleisch und bildet sehr schnell Schleim.

Milch kann gut mit Getreide, Nüssen, Samen, getrockneten Früchten und auch mit Salat (saure Sahne) und Gemüse (z. B. Joghurt) kombiniert werden. Auch der Erfinder der natürlichen Ordnung der Nahrung – Dr. Kollath, war der Meinung, dass Milch „in ihren Eigenschaften die Ergänzung zu Getreide bildet" (Kollath 2005, S. 218).

Nicht alle Völker der Welt haben Tiermilch für ihre Ernährung benutzt. Dazu gehören u. a. die Inuit, Aborigines, Indianer, Chinesen und Japaner.

Die Unverträglichkeit von Milch bei Erwachsenen

Die Unverträglichkeit von Milch bei Erwachsenen beruht auf dem Nichtvorhandensein von Laktase, einem Enzym, das im Darm gebildet wird und für die Spaltung von Laktose (Milchzucker) unerlässlich ist: Es spaltet Milchzucker (Laktose) in einfache Zucker Glukose und Galaktose. Erst nach der Spaltung kann der Milchzucker vom Körper resorbiert werden. Alle Kinder dieser Welt haben das Enzym, um Muttermilch verdauen zu können. Erst ab dem 2.-3. Lebensjahr wird es langsam abgebaut. Bei Völkern, die keine Milch verwenden (Indianer, Inuit, Aborigines, Japaner, Chinesen), wird das Enzym so weit abgebaut, dass sie Milch nicht mehr verdauen können, aber auch in Ländern, wo seit Generationen Milch getrunken wurde, finden sich Menschen, die von dem Enzym zu wenig haben und Milch nicht mehr vertragen können. Der Zustand wird Laktoseintoleranz oder Milchunverträglichkeit genannt. Am besten ist es dann, auf die Milch und ihre Erzeugnisse zu verzichten. (Joghurt und Kefir sind dank der Milchsäurebakterien leichter verdaulich als Milch.)

Wenn man Milch nicht verträgt – Alternativen
Verträgt man die Milch nicht, gibt es als Alternative die pflanzliche Milch. Die bekanntesten sind: Soja- und Mandelmilch. Offiziell wird die pflanzliche Milch als Getränk bezeichnet und dem entsprechend Sojadrink (Haferdrink usw.) genannt.

Sojamilch wird aus Wasser und pürierten Sojabohnen hergestellt. Es wird empfohlen kleinen Kindern keine Sojamilch zu geben, da sie Phytoöstrogene (Isoflavone) enthält, die östrogenähnliche Wirkung haben. *Mandelmilch* wird aus gemahlenen Mandeln hergestellt, sie hat eine sämige Konsistenz, ist leicht bekömmlich und reich an hochwertigen Nährstoffen (u. a. Kalzium). Die Mandelmilch war schon im Mittelalter bekannt.

Pflanzliche Milch kann auch aus Getreide, Nüssen und Samen hergestellt werden. Zu bekommen sind heutzutage u. a.: Hafermilch, Dinkelmilch, Kokosmilch, Reismilch, Hirsemilch und Cashewmilch. Alle Arten von pflanzlicher Milch können gesüßt und gewürzt werden: mit Honig, Rohrohrzucker, Ahornsirup, Zimt, Muskat und Kakao oder Carob (Pulver aus den Früchten des Johannisbrotbaums).

Milch und Kalzium

Die Meinungen über die Rolle der Milch in der Kalziumversorgung gehen weit auseinander: Viele halten die Milchprodukte für unverzichtbar, andere sehen den Wert von Milch als „überschätzt", da ihrer Meinung nach die Kalziumversorgung gleichermaßen mit anderen Lebensmitteln erfolgen kann. In der Tat: Nicht alle Völker dieser Welt decken ihren Kalziumbedarf über Milchkonsum. Dazu gehören die Aborigines, Inuit, Indianer und viele afrikanische und asiatische Völker (z. B. Chinesen, Japaner). Kalzium liefern auch andere Lebensmittel: Nüsse, Gemüse, Samen und Hülsenfrüchte und auch Obst und Getreide sind eine gute Kalziumquelle. Das meiste Kalzium enthalten dunkelgrünes Blattgemüse, Sesamsamen, Mandeln, Amarant, Feigen, Grünkohl und Wirsing. Auch Fische, die man gewöhnlich mit Gräten verspeist (Sardinen), sind sehr gute Kalziumlieferanten. Meistens wird das Kalzium gleichzeitig mit Magnesium geliefert, das für die Verwertung von Kalzium sehr wichtig ist. Für starke Knochen sorgen zudem Sonnenlicht (Vitamin D) und Bewegung. Beide haben einen großen Einfluss auf den Knochenstoffwechsel. Ungünstig für die Resorption von Kalzium sind Nikotin und manche Nahrungsmittel (im Übermaß): Colagetränke, Limonaden, Schmelzkäse und Wurstwaren (wegen der Phosphate), schwarzer Tee, Schokolade und Kakao, Spinat, Rhabarber und Sauerampfer (wegen der Oxalsäure) ansonsten, ansonsten Koffein, Alkohol, zu viel Fleisch, Zucker (weiß) und Tierfette (außer Butter und Sahne).

Milch und Milcherzeugnisse

Rohmilch

Die beste Milch ist die frisch gemolkene Milch*. In dieser Form von dem Menschen Tausende von Jahren getrunken, gilt sie heute für viele leider als „äußerst suspekt". Die unbehandelte frische Milch wird heute *Rohmilch* genannt. Sie wird nach dem Melken nur gefiltert und sofort auf 4°C abgekühlt, da sie in Zimmertemperatur schnell sauer wird (nach etwa 20 Stunden). Früher wurde sie von Bauern in Brunnen aufbewahrt. Rohmilch darf direkt ab Hof verkauft werden.

Rohmilch ist ein naturbelassenes, lebendiges Produkt, das sich ständig verändert: schon nach kurzer Zeit rahmt es auf, auf der Oberfläche der Milch sammelt sich die süße Sahne, lässt man die Milch bei Zimmertemperatur länger stehen (20-24 Stunden) wird sie sauer und man hat dann die Sauermilch (Dickmilch), die, wenn sie in Ruhe gelassen wird, seidig glatte Konsistenz bekommt und sich fast mit einem Messer schneiden lässt. Erwärmt man sie dann vorsichtig, flockt die Dickmilch – die Molke und der Quark trennen sich. Abgetropft und etwas gesalzen schmeckt der Quark wunderbar cremig. Auch die süße Sahne wird sauer und dick, wenn man sie lässt (nicht schon früher als süße Sahne abschöpft).

Rohmilch wird besser vertragen als behandelte Milch, denn ihr Eiweiß wird nicht verändert und sie darf alle ihre *Milchsäurebakterien* behalten.

Vorzugsmilch

Die beste Milch bekommt man von Biohöfen, weil die Kühe artgerecht gefüttert und gehalten werden (Weidehaltung). Im Handel wird Rohmilch unter dem Namen *Vorzugsmilch* angeboten. Sie wird nach dem Abkühlen direkt am Hof abgefüllt und muss innerhalb der nächsten 24 Stunden verkauft werden. Die Vorzugsmilch wird in staatlich zugelassenen Betrieben mit besonders hohen hygienischen Standards, die ständig kontrolliert werden, produziert und entweder direkt vom Hof oder im Bioladen verkauft.

---

* Tiefenthaler, Heidi: Schutz von Allergien. Die Rohmilch macht's, ein Interview mit Dr. Ton Baars in: Slow Food 03/2014, S. 60-64.

Biomilch

Biomilch nennt man Milch, die von den Biohöfen kommt. Sie wird nach den EU-Bio-Vorschriften oder den strengeren Bioverbänden wie Demeter, Bioland u. a. produziert und dementsprechend gekennzeichnet.

Heumilch wird umgangsprachlich eine Milch genannt, die von Kühen kommt, welche nicht mit Kraftfutter, sondern mit Heu gefüttert werden. Von grasenden Kühen, die auf der Weide gehalten werden, bekommt man dann dementsprechend *Weidemilch**. Die *Heumilch* ist intensiver im Geschmack, die *Weidemilch* enthält dagegen eine Fettsäure, die vor allem den Kindern gut tut**, hat auch sonst eine „sehr gute Kombination von Fettsäuren", was gesundheitsfördernd wirkt (vgl. Baars zit. nach Tiefenthaler 2014, S. 60ff).

Frischmilch

Obwohl es heutzutage kein Problem wäre, Milch entsprechend kühl zu halten, wird sie jedoch durch Hitzebehandlung haltbarer gemacht: entweder pasteurisiert oder ultrahocherhitzt. Pasteurisiert bedeutet, dass die Milch 15-30 Sekunden lang bei der Temperatur 72-75 °C erhitzt wird. Dabei werden Milchsäurebakterien zerstört, was sie haltbarer macht (ungeöffnet im Kühlschrank bis 10 Tage). Die Verluste von anderen Vitalstoffen sind noch relativ gering. Die Milch ist noch wohlschmeckend, wird aber im Gegensatz zu Rohmilch nach längerer Zeit nicht sauer, sondern verfault. Sie kommt in den Handel unter dem Namen Frischmilch: als *Vollmilch* (3,5 Prozent Fett), *fettarme Milch* (1,5 Prozent Fett) und *Magermilch* mit nur 0,3 Prozent Fett.

ESL-Milch

Die Milch wird kurze Zeit (10-15 Sekunden) hocherhitzt und ist deswegen länger als die Frischmilch (bis 3 Wochen) haltbar. Auf der Verpackung steht oft *Frischmilch*, mit dem Zusatz: „die Längerfrische" oder „länger haltbar".

---

* Vgl. www.greenpeace.de/themen/landwirtschaft/das-futter-macht-milch-ist-nicht-gleich-milch-0
** Vgl. Worm 2016, S. 60 sowie unter: www.de.sott.net/article/1145-die-wahrheit-ueber-gesaettigte-fette Stand 6.07.2017

H-Milch

Die Pasteurisierung von Milch hat erst Ende des 19. Jahrhunderts angefangen. Bis dahin haben die Menschen Jahrtausende lang Rohmilch getrunken. Milch, die hocherhitzt wird, trägt den Namen *H-Milch*. Sie ist bis 3 Monate haltbar. Dafür wird sie etwa 2,5 Minuten auf mindestens 135°C erhitzt und deswegen nicht nur von dem bekannten Ernährungsforscher Prof. Kollath* als ein industrielles Produkt und kein lebendiges Lebensmittel gesehen. Die Milch wird meistens noch der Homogenisierung unterzogen. Dabei werden die Milchfettmoleküle so zerkleinert, dass die Milch nicht mehr rahmt. Heutzutage wird das Verfahren von vielen als überflüssig und nicht empfehlenswert angesehen.

Milcherzeugnisse

Milchsäure

Milchsäure wird von verschiedenen Arten von Milchsäurebakterien aus den Kohlenhydraten hergestellt. Sie befindet sich in Molke, Buttermilch, Joghurt und anderen fermentierten Milcherzeugnissen sowie in Sauerteig und Sauergemüse wie Sauerkraut, saure Gurken (Salzgurken), gegorenen Roten Rüben und gegorenem Rübensaft. Die Milchsäure hilft dem Körper, gesund zu bleiben: Sie sorgt für ein gesundes (saures) Milieu im Verdauungstrakt, stärkt das Immunsystem, unterstützt die Produktion von Vitamin B und ist behilflich bei der Aufnahme von Kalzium. Schon die Funktion des Babydarms wird von Milchsäurebakterien, den *Bifido-Bakterien* (in Muttermilch vorhanden) unterstützt. Milchsäurebakterien unterscheiden sich wegen ihrer räumlichen Struktur in links- und rechtsdrehend. Kleinkindern sollte man Milchprodukte mit rechtsdrehenden Milchsäuren zu essen geben, da sie die linksdrehenden noch nicht verdauen können. Alle sauren Milchprodukte sind thermisch kalt.

Sahne

Aus Milch werden viele Produkte hergestellt. Aus Rohmilch entstehen manche von ihnen auf ganz natürliche Weise, denn lässt man Rohmilch lange genug in der Zimmertemperatur stehen, rahmt die Milch, das

---

* Vgl. Kollath: „Die Ordnung unserer Nahrung", zu finden in: Kollath 2005, S. 18 oder unter www.gesundheitsberstung-gw.de/Kollath/Tabelle.pdf

Milchfett sammelt sich an der Oberfläche und man bekommt *süße Sahne*, die man abschöpfen kann. Bleibt die Milch noch länger stehen, wird sie zu *Dickmilch* und die Sahne wird dick und sauer, es ist die *saure Sahne*.

Heutzutage warten die Molkereien nicht, bis die Milch gerahmt hat, sondern entrahmen die Milch durch Zentrifugieren. Die süße Sahne bekommt man dann als *Schlagsahne* mit 36 Prozent Fett, *Konditorsahne* mit 36 Prozent Fett, *Vollrahmsahne* oder *Crème double* mit 45 Prozent Fett. Wird die Sahne gesäuert, bekommt man *Crème frâiche* mit 30 Prozent Fett, *Crème lègére* mit 12 Prozent Fett und *Schmand* mit 20 Prozent Fett.

Dickmilch
Dickmilch entsteht dank Milchsäurebakterien, die in Rohmilch vorhanden sind. Da heutzutage die meisten Milchprodukte aus pasteurisierter Milch hergestellt werden, wird die Milch mit Kulturen versetzt: Milchsäurebakterien oder Enzymen (Lab), um es gerinnen zu lassen.

Buttermilch
Reine Buttermilch enthält keine Zusatzstoffe wie Trockenmilch und Wasser, die sonst zugesetzt werden dürfen. Sie ist reich an Mineralstoffen und Eiweiß und hat höchstens 1 Prozent Fett. Prof. Kollath hielt sie für Kinder „im Wachstumsalter" für „förderlicher" als Vollmilch (Kollath 2005, S. 223).

Molke
Was als Nebenprodukt entsteht, wurde lange Zeit auch so behandelt. Molke bekamen meistens die Nutztiere zu trinken und das obwohl sie schon in der Antike als Heilmittel benutzt wurde. Neu entdeckt wurde sie erst im 18. Jahrhundert. Bis zum Ersten Weltkrieg wurde sie in mehreren Kuranstalten in Österreich, Deutschland und in der Schweiz kurmäßig getrunken. Danach wurde sie wieder vergessen und als Abfall betrachtet. Erst seit einigen Jahren erlebt sie erneut eine Wiederentdeckung: Sie wird wieder erforscht und als Heilmittel empfohlen.

Abhängig von dem, was hergestellt wird, bekommt man Süß- oder Sauermolke. Die erste entsteht bei der Herstellung von Weich- und Hartkäse, die zweite bei Quark und Frischkäse. Jede Molke ist reich an Kalzium und Kalium, enthält viele essenzielle Aminosäuren und Vitamine (u. a. Vitamin B12) und ist natrium- und kalorienarm. Die Sauermolke enthält zusätzlich die Milchsäure. Molke ist leicht verdaulich, da sie kein Kasein (schwer Bestandteil des Milcheiweißes) enthält. Molke entlastet die Leber und hilft, dem Körper, sich zu reinigen: Frische Molke ist am wertvollsten. Da sie jedoch nur zwei Stunden haltbar ist, wird als Alternative Diät-Kurmolke empfohlen. Von Pulvermolke wird abgeraten.

Joghurt

Joghurt wird seit mehreren Tausend Jahren hergestellt, am längsten in den Balkanländern und in Asien. Bis heute wird er als *Yakult, Kumys,* oder *Dahi* verzehrt. Dem Joghurt wurde schon immer nachgesagt, dass er zu einem gesunden und langen Leben verhilft.

Um Joghurt zu bekommen, impft man die Milch mit Milchsäurebakterien und lässt sie bei für sie angenehmen Temperaturen zwischen 36-42 °C stehen. Zu den ursprünglichen Milchsäurebakterien gehören die *Lactobazillus bulgaricus* und *Streptococcus thermophilus.* Im Biogurt werden neben dem *Streptococcus thermophilus* noch zwei andere Bakterienstämme eingesetzt: *Bifidum bifidum* und *Lactobazillus acidophilus,* die einen milderen Joghurt entstehen lassen als der ursprüngliche. Der letzte Stamm gehört neben dem *Lactobazillus casei* zu den neuen, probiotischen* Milchsäurebakterien, die viel robuster sind. In Yakult, der die höchste Milchsäurebakteriendichte hat, befindet sich der *Lactobazillus casei Shirota.*

Joghurt kann auch von vielen Menschen mit Laktoseintoleranz (Milchunverträglichkeit) verzehrt werden, denn er ist leichter verdaulich als Milch: Joguhrt enthält weniger Laktose und seine Milchsäurebakterien helfen dem Körper, die noch vorhandene Laktose aufzuspalten. Joghurt stabilisiert die Darmflora, bekämpft die unerwünschten Bakterien und stärkt das Immunsystem.

In Ayurveda wird Joghurt vor dem Trinken mit einer Prise Pfeffer oder Ingwer versehen, um seine heilende Wirkung zu verstärken. Joghurt mit überwiegend rechtsdrehenden Kulturen schmeckt milder und ist leichter bekömmlich.

Joghurt ist thermisch kalt, deswegen soll man kleinen Kindern nicht viel davon geben, da sie bekanntlich schnell abkühlen (siehe S. 53).

---

* probiotisch – nützlich für den Körper (mehr darüber auf S. 205)

Kefir

Kefir wird gerne als Getränk der Hundertjährigen bezeichnet. Im Kaukasus, woher er kommt, ist er seit Hunderten von Jahren bekannt. Ursprünglich wurde er aus Büffel- oder Ziegenmilch (*Mazun*) hergestellt, bei den Steppenvölkern dagegen aus der Stutenmilch (*Kumys*). Früher wurde Kefir aus einem Kefirpilz hergestellt. Heutzutage werden der Milch vorwiegend Hefepilze und zwei Milchsäurebakterien zugesetzt: *Streptococcus laktis* und *Lactobacillus caucasicus*. Während der Fermentation der Milch entstehen neben Milchsäure auch Alkohol (0,2 – 0,8 Prozent) und Kohlensäure, die dem Kefir einen erfrischenden, prickelnden Geschmack geben.

Kefir kann man leicht auch zu Hause herstellen. Dazu braucht man die Kefirpilzkultur oder einen fertigen Kefir (etwa 150 ml Kefir auf 500 ml Milch). Die Fermentierung erfolgt bei Zimmertemperatur in 1-2 Tagen.

Quark und Käse

Käse wird aus verschiedenen Arten von Milch hergestellt, meisten jedoch aus Kuhmilch, besonders in Nordeuropa. Es gibt zwei Arten der Käseherstellung. Die Milch wird entweder mit Milchsäurebakterien oder mit Lab-Enzym angereichert, um sie gerinnen zu lassen. Man bekommt dann entsprechend entweder den Sauermilchkäse oder Labkäse. Das Lab-Enzym wird aus Kälbermägen gewonnen. Für Vegetarier wird es aus Pflanzen hergestellt (Labkraut).

Käse im eigentlichen Sinne entsteht erst durch die Reifung. Sie erfolgt mit Hilfe von verschiedenen Enzymen, Hefepilzen, Milchsäurebakterien und manchmal auch Schimmelpilzen. Oft bildet sich Gas dabei, das für die Entstehung kleinerer oder größerer Löcher verantwortlich ist, die für viele Käsesorten charakteristisch sind (z. B. Emmentaler).

Frischkäse

Quark und *Weichkäse* wurden von Prof. Kollath für die „am meisten naturnahen" Käsesorten gehalten. Der *Frischkäse* wird gleich nach der Herstellung zubereitet und gegessen. Er bedarf keines Reifungsprozesses. Zu den bekanntesten Frischkäsesorten gehören: *Quark* (Topfen), *Ricotta* (ein italienischer Quark, der aus Molke – *Ricotta di romana*, Schafsmilch *Ricotta di pecora* oder Büffelmilch – *Ricotta di bufala*, hergestellt wird und genauso wie der Quark in vielen verschiedenen Fettstufen angeboten wird), *Schichtkäse*, *Hüttenkäse*, *Doppelrahmkäse*, *Mascarpone* (eine italienische Sorte, die aus geronnener Sahne hergestellt wird) und *Feta*, der im Original aus Schafsmilch hergestellt wird sowie die süditalienische Spezialität *Mozzarella*. Mozzarella ist die einzige Käsesorte, wo neben dem Lab oft auch Zitronensaft zugesetzt wird, um die Milch gerinnen zu lassen. Im Original wird Mozzarella aus Büffelmilch hergestellt. Zu kaufen gibt es ihn heute vor allem aus Kuhmilch.

Weichkäse
Der Weichkäse bedarf nur einer kurzen Reife. Sie erfolgt bei ihm mit Hilfe von verschiedenen Schimmelpilzen und nur von außen her. Der Käse bleibt innen weich und mild im Geschmack. Die bekanntesten Weichkäsesorten sind *Brie, Camembert, Gorgonzola, Roquefort* (ein Schafsmilchkäse). Mit zunehmender Reife wird jeder Weichkäse würziger und weicher.

Hartkäse
Abhängig von der Art der Reifung entstehen verschiedene Käsesorten, die sich nicht nur in ihrem Geschmack, sondern auch in ihrer Festigkeit unterscheiden. Der Schnittkäse (*Gouda, Edamer*) ist der weichste und braucht 1-2 Monate, um zu reifen. Bei dem halbfesten (*Bonbel, Butterkäse, Esrom*) sind es schon 3-12 Monate und bei dem festen Käse kann die Reife sogar Jahre dauern (bei *Parmesan* sind es mindestens 3 Jahre).

Hart- wie Weichkäse sollten kühl und dunkel gelagert werden, sonst werden sie ranzig oder können schimmeln. (Den Reibekäse am besten kurz vor dem Gebrauch selbst herstellen.) Käse entwickelt sein Aroma bei Zimmertemperatur, deswegen wird er gerne etwa 30 Minuten vor dem Verzehr aus dem Kühlschrank genommen.

Schmelzkäse
Schmelzkäse ist ein industrielles Produkt. Er wird aus Käseresten durch Erhitzen und Zugabe von phosphathaltigen Schmelzsalzen hergestellt, die dafür sorgen, dass sich Eiweiß, Fett und Wasser gleichmäßig verteilen können. Schmelzkäse ist stark phosphat- und salzhaltig. Dazu enthält er viel von Transfettsäuren. Auch der *Kochkäse* und die *Scheibletten* werden auf dieselbe Weise hergestellt.

Käse – Vorteile und Tücken

Käse ist reich an unentbehrlichen Aminosäuren und an Kalzium, aber auch an Fett und Salz (v. a. Hartkäse). Käse ist schwer verdaulich, da es sich um ein sehr konzentriertes Lebensmittel handelt (besonders die Hartkäsesorten). Jeder Käse ist, wie die Milch kühlend und befeuchtend und somit in größeren Mengen Schleim bildend.

Nach der alten Ayurvedalehre sollte Käse nur sporadisch und in kleinen Mengen gegessen werden. Von Menschen mit schwerer und feuchter Konstitution, die schnell zunehmen und zu Verschleimung neigen (Probleme mit Stirn- und Nebenhöhlen usw.) sollte er gemieden werden.

Hartkäse sollte am besten frisch an der Käsetheke gekauft und die Käserinde stets abgeschnitten werden, da sie mit dem Antimykotikum Natamycin (E 235) behandelt wird, um den Schimmelpilzbefall zu unterbinden.

Die pflanzlichen Lebensmittel

Bei der Unterteilung in pflanzliche und tierische Nahrung ist vielen nicht bewusst, dass eigentlich alle unsere Lebensmittel pflanzlicher Herkunft sind,* denn Pflanzen stehen am Anfang der Nahrungskette und bilden die Lebensgrundlage für Menschen und Tiere. Auch die Raubtiere leben indirekt von Pflanzen – sie jagen meistens die Pflanzenfresser.

Nur Pflanzen haben die Eigenschaft, *anorganische* Stoffe in *organische* umzuwandeln. Dafür brauchen sie mineralstoffreiche, lebendige Erde, Wasser, Luft (CO_2) und Sonnenlicht, um mithilfe der Fotosynthese zu wachsen und zu gedeihen.

Der Mensch hat sich seit Urzeiten an den Pflanzen gütlich getan. Er sammelte deren Wurzeln, Samen, Nüsse und Früchte, auch Kastanien und Eicheln wurden früher verspeist. Die alten Naturvölker, die sich noch als ein Teil der Natur gesehen haben, waren davon überzeugt, dass die Pflanzen dem Menschen wohlgesonnen sind.

Zur pflanzlichen Nahrung zählen wir: Getreide, Hülsenfrüchte, Nüsse, Samen und deren Öle, Gemüse, Obst, Kräuter und Gewürze.

Getreide

Getreide gehört zu den uralten Grundnahrungsmitteln. Schon in der Urzeit haben Menschen die verschiedenen Körner einfach von den wildwachsenden Pflanzen gesammelt. Der Getreideanbau kam erst, als die Menschen angefangen haben, sesshaft zu werden: in Vorderasien bereits im 9. Jahrtausend v. Chr., in Europa erst fünf Jahrtausende später.

Zu den ältesten Getreidearten gehören Weizen und Gerste. Weizen wurde schon von den alten Ägyptern sehr geschätzt. Für die alten Griechen und Römer war er die Hauptnahrungsquelle. Nur die Armen und Sklaven mussten sich mit Gerste begnügen. Lange Zeit wurde Weizen vor allem in Mittelmeerraum kultiviert, im Unterschied zu Nordeuropa, wo vorwiegend Roggen und Hafer angebaut wurden. Getreide wurde früher in erster Linie als Brei und erst später als Brot gegessen.

---

* Bis auf wenige Ausnahmen: Algen und Plankton im Meer.

Der tägliche Brei

Getreidebrei gehörte seit dem Beginn des Ackerbaus zu den täglichen Speisen. Zubereitet wurde er vor allem aus Hirse, Gerste und Hafer. Der populärste war der Haferbrei, der in Europa sehr lange Zeit am Morgen gegessen wurde. Als *Porridge* ist er bis heute in der britischen Küche als Frühstück beliebt. Jeder Getreidebrei wärmt angenehm den Magen, hält lange satt und ist sehr einfach zu kochen. In weiten Teilen der Welt wird Getreidebrei auch heute gerne gegessen (Afrika, Asien).

Das tägliche Brot

Schon in der Antike gehörte Brot zu den wichtigsten Nahrungsmitteln. „Das Universum beginnt mit dem Brot", hieß es damals. Die Armen und die Sklaven aßen ein grobes Brot aus Gerste, die Gutbetuchten dagegen Weizenbrot, das vor allem als feines Weißbrot begehrt war. Alltäglich geworden ist das Brot in Europa erst seit dem 12.-13. Jahrhundert. Noch im 10. Jahrhundert haben „selbst vornehme Mönche nicht jeden Tag Brot bekommen" (Borst 2001, S.196). Bis ins 18. Jahrhundert hinein war die Beschaffenheit des Brotes vom sozialen Stand abhängig. Die Armen aßen Roggenbrot aus vollem Korn, die hellen Weizenbrote waren den Reichen vorenthalten und galten als Zeichen des gesellschaftlichen Status. Heutzutage ist das Angebot an verschiedenen Brotsorten enorm groß: Es gibt weiße wie dunkle Brote aus Auszugsmehlen verschiedenen Grades und Vollkornbrote aus Vollkornmehl.

Das Brot gibt es ungesäuert und gesäuert. Das ungesäuerte ist aus einem Brei entstanden, der einfach auf Steinen gebacken wurde. Es ist das Fladenbrot, das bis heute weltweit gegessen wird als: *Chapati, Puri, Naan, Pita, Maze, Tortillas* u. v. a. Auch in Europa wurde es lange neben dem Sauerteigbrot gebacken. Das Geheimnis des gelockerten Brotes – Sauerteig – wurde zwar schon von den alten Ägyptern entdeckt. Das Sauerteigbrot aber kam erst im 9. Jahrhundert mit den „Kegelöfen", die das Backen von Brotlaiben ermöglicht haben.

Brot wird bis heute von vielen noch als heilig und als Symbol der Barmherzigkeit betrachtet. Es ist noch nicht so lange her, dass die Laibe vor dem Essen mit Ehrfurcht gesegnet wurden. Neben Menschen, die angefangen haben Brot (aus erlesenen Zutaten) selbst zu backen und sich an seinem Duft, der dann durch das Haus zieht, zu erfreuen, gibt es andere, die Brot nur als Dickmacher betrachten und aus ihrer Küche verbannen.

Getreide und seine Inhaltsstoffe

Getreide ist eines der wichtigsten Grundnahrungsmittel. Seine Inhaltsstoffe sind sehr ausgewogen und ergänzen sich gegenseitig. Getreidekörner enthalten viel Stärke (Kohlenhydrate), hochwertiges, leicht verdauliches Eiweiß, Fett mit einem hohen Gehalt an ungesättigten Fetten, Ballaststoffe und Vitalstoffe, darunter viele Vitamine, Mineralien, Spurenelemente und sekundäre Pflanzenstoffe. Die B-Vitaminen helfen sofort bei der Umwandlung von Stärke. (Um die Stärke aufzunehmen, muss der Körper sie zuerst in einfache Zucker spalten.) Unter den vielen Mineralien befinden sich Kalzium, Magnesium sowie Natrium und Kalium (in demselben Verhältnis zueinander wie in den Körperzellen).

Jedes Getreidekorn besteht aus Mehlkörper, Keim und Schale. Die Stärke steckt in dem Mehlkörper, der 83 Prozent der Körnermasse ausmacht. Die Vitalstoffe befinden sich vor allem in dem Keim und in der innersten Schicht der Schale – Aleuronschicht. Die äußeren Randschichten ergeben die Kleie.

Nach den alten fernöstlichen Ernährungslehren besitzt Getreide eine sehr hohe Lebenskraft und gehört zu den harmonischen, thermisch neutralen Lebensmitteln. Sie nährt den Körper und baut ihn auf; stärkt das Herz und die Muskeln, harmonisiert die Organe (Weizen – Leber und Galle, Hirse – Magen und Milz) und schwemmt Gifte und überflüssige Flüssigkeit aus dem Körper aus. In der traditionellen Chinesischen Medizin wird Getreide für Entgiftungskuren benutzt – für Frühlingskuren Weizen, Dinkel und Grünkorn, für Herbstkuren Reis und Gerste.

Vollkorn- und Weißmehl
Es gibt viele Anhänger des ganzen Korns und welche, die das weiße Mehl bevorzugen. Vollkorn befürworten vor allem Vollwertköstler und Makrobiotiker. Das weiße Mehl ist aus vielen regionalen Küchen bekannt. Vollkornmehl wird wegen seiner Inhaltsstoffe gepriesen, Weißmehl wegen der Bekömmlichkeit (vgl. Banis 2004, S. 73, 398).

Das ganze Korn ist einerseits reich an Inhaltsstoffen in seiner ursprünglichen Form, andererseits schwer verdaulich. Seit der Mensch auf das Korn gekommen ist, wird es deswegen zerrieben, gemahlen, gedarrt, gekocht und gebacken – alles, um die Inhaltsstoffe aufzuschließen und somit für den menschlichen Stoffwechsel aufnehmbar zu machen. Dem Ziel dient auch (natürlicher) Sauerteig: Dank der Sauerteigfermentation werden die Randschichten für den menschlichen Stoffwechsel aufgeschlossen und somit bekömmlich gemacht. So gebackenes Vollkornbrot wird von dem Menschen leichter verstoffwechselt.

In seiner Geschichte wurde Roggen für Vollkornbrot genommen, Weizen dagegen gerne zu weißem Mehl gemahlen. Auch die heilige Hildegard empfahl in ihren Kraftkeksen (Energiekeksen) das Feinmehl (kein Vollkorn) zu nehmen, was Dr. Hertzka in seinem Buch „Kleine Hildegard-Hausapotheke" ausdrücklich betont (Hertzka 1994, S. 153).

Am Ende muss jeder für sich entscheiden, was zu seinem Stoffwechsel besser passt oder welches Mehl er zu welcher Speise nimmt. Roggenbrot schmeckt z. B. als Vollkornbrot angenehm herzhaft, Spaghetti genauso gut als Hartweizen- und als Vollkornspaghetti. Teigtaschen dagegen bevorzugen Weißmehl, obwohl sie auch als Vollkornteigtaschen mit vielen verschiedenen Farcen gefüllt werden können.

Getreidesorten

Zu den bekanntesten Getreidesorten gehören: Weizen, Roggen, Gerste, Hafer, Hirse, Reis und Mais. Zu den weniger bekannten: Dinkel, Grünkorn, Amaranth und Quinoa. Auch Buchweizen wird zum Getreide gezählt, obwohl er kein Getreide, sondern ein Knöterichgewächs ist. Zu den weltweit meist angebauten Getreidearten gehören Weizen, Reis und Mais.

Weizen

Weizen ist eine der ältesten Getreidearten überhaupt und wird heutzutage am meisten angebaut, vor allem in Europa, Nordamerika und Westasien. Die Weizenkörner enthalten reichlich Kohlenhydrate (etwa 75 Prozent), hochwertiges Eiweiß (etwa 10 Prozent) und viele Vitalstoffe. Seine Ballaststoffe (Kleie) sind nicht löslich. Weizen hat den höchsten Klebergehalt (Gluten) unter dem Getreide und dementsprechend die besten Backfähigkeiten. Zu Mehl gemahlen kann er sehr vielseitig verwendet werden: um Brot, Plätzchen und Kuchen zu backen sowie für verschiedenste Teigwaren.

Nach der heiligen Hildegard erwärmt der Weizen den Menschen und ist „so vollkommen in sich, dass er keine Ergänzungsstoffe braucht" (zit. nach Strehlow 2003, S. 48). Das aus Weizen hergestellte Brot ist „gut für gesunde und kranke" Menschen (ebd. S. 48f).

Es gibt verschiedene Arten von Weizen: Hartweizen, der im Gebiet rund um das Mittelmeer angebaut wird und den Weichweizen, der in den kälteren Regionen Europas zu Hause ist. Der Weichweizen gilt als Brotgetreide und wird für Vollkornbrot, Misch- und Weißbrot sowie für unzählige Brötchensorten benutzt, Hartweizen dagegen für Teigwaren.

Dinkel

Dinkel war noch vor 100 Jahren in Europa weit verbreitet. Er ist inhaltsvoller als Weizen, in erster Linie ist er reicher an Kalzium. Was ihn interessant für viele macht, ist seine besonders gute Verträglichkeit. Dinkel ist das Lieblingsgetreide der heiligen Hildegard, die ihn für „das beste Getreidekorn" hielt, weil dessen heilende Kräfte gegen viele Beschwerden eingesetzt werden können. Dr. Strehlow, Leiter des Hildegard Kurhauses, empfiehlt seinen Patienten, Dinkel dreimal täglich zu essen: als Brei, Nudeln, Spätzle oder einfach als Suppe mit Dinkelgrieß. Seiner Meinung nach ist der robuste Dinkel „bis heute das reinste Lebensmittel, weil er ohne Chemie wachsen kann" (Strehlow 2003, S. 35). Dinkelkost verursacht keine Allergien, sie steigert das Allgemeinbefinden, die Leistung- und Konzentrationsfähigkeit. „Lockere Zähne festigen sich, arthritische Gelenkschmerzen verschwinden" (ebd. S. 39, 42).

Dinkel ist milder in Geschmack als Weizen und wird in der Küche genauso wie dieser verwendet. Ein Teil vom Dinkel wird noch unreif geerntet, gedörrt und geräuchert und als *Grünkern* angeboten. Er enthält zwar weniger Vitamine, ist aber leicht bekömmlich und reich an Mineralien vor allem Kalium, Phosphor und Magnesium. In der Vollwertküche wird er gerne für Bratlinge, Pizzaböden und Aufläufe benutzt.

Roggen war das Grundnahrungsmittel der Slawen und Germanen und wird bis heute vor allem in den nördlichen Regionen Europas angebaut. Da er robust und sehr genügsam ist, wurde er im Mittelalter auch in den wärmeren Regionen neben dem Weizen dazu gesät, um das Risiko einer Missernte zu reduzieren.

Roggen ist kräftiger und würziger im Geschmack als Weizen und wird in erster Linie als Brotgetreide verwendet, für Roggen- wie Mischbrote. Ein Roggenbrot trocknet nicht so schnell aus, deswegen wird Roggenmehl gerne Weizenbroten zugemischt.

Roggen enthält ein sehr wertvolles Eiweiß, das vollwertiger sein soll als das von Weizen. Er ist außerdem ein sehr guter Eisen-, Kalzium- und Folsäurelieferant. Auch Roggen enthält viel Kleber (Gluten), der aber zum Aufgehen Säure braucht, deshalb werden Roggenbrote mit Sauerteig gebacken. Nach der heiligen Hildegard ist Roggenbrot vor allem für gesunde Menschen geeignet. Menschen mit schwachem Magen sollen von Roggenbrot Abstand nehmen, „weil sie es nicht verdauen können". Als besonders empfehlenswert sollte das Brot für Menschen sein, „die zu stärkerem Fettansatz neigen, weil es sie kräftig macht und ihre Speckpolster mindert" (zit. nach Strehlow 2003, S. 50).

Hafer wird am häufigsten in nördlichen Gebieten angebaut, da er eine kühle und feuchte Witterung bevorzugt. Bis zum 18. Jahrhundert war er die am meisten gegessene Getreideart in Europa, in erster Linie als Haferbrei, der vielen Menschen lange Zeit als Hauptnahrung diente.

Hafer ist sehr nahrhaft: Er ist nicht nur das eiweißreichste Getreide, sondern enthält auch leicht verdauliche Kohlenhydrate und Fett, das reich an ungesättigten Fettsäuren ist. Sein Eiweiß enthält besonders viele essenzielle Aminosäuren (unter anderen Arginin – „Substanz der Jugendlichkeit"). Hafer liefert viele Vitamine (u. a. Biotin) und Mineralien wie Kalzium, Kalium, Phosphor, Magnesium, Eisen und Silizium sowie viele Ballaststoffe, von denen der Großteil löslich ist. Dank der besonderen Ballaststoffe lässt er sich herrlich zu Haferschleim kochen, der als Aufbau- und Schonkost gerne gegessen wird.

Hafer wirkt stärkend, aufbauend und beruhigend. Er nährt und beruhigt das Herz. Laut Hildegard von Bingen fördert Hafer „ein freundliches Gemüt und eine helle Aufgeschlossenheit (Intelligenz), die Haut wird schön und das Fleisch kernig gesund" (zit. nach Strehlow 2003, S. 48). Als Urtinktur (*avena sativa*) hilft er gezielt bei Schlafstörungen. Die „Hafertropfen" haben keine Nebenwirkungen.

Hafer ist als Körner, Grütze, Grieß, Mehl und vor allem als Flocken zu kaufen, die auch ein Hauptbestandteil der meisten Müslimischungen sind.

Hirse ist das mineralstoffreichste unter den Getreiden. Die kleinen gelben Körner sind zudem reich an Kohlenhydraten und hochwertigem Eiweiß, dass zahlreiche essenzielle Aminosäuren enthält. Hirse ist auch Ballaststoffreich und glutenfrei. Besonders reich sind die kleinen Körner an

Kieselsäure (Silizium), die für jedes Lebewesen unentbehrlich ist: Sie gibt dem Körper Elastizität, festigt das Bindegewebe, aktiviert das Immunsystem und kommt den Haaren, Nägeln und Haut sowie Zähnen, Knochen und Gelenken zugute. Hirse wirkt regenerierend und ausgleichend auf den Körper, sie gibt ihm Kraft und Geschmeidigkeit. Hirse wir allen empfohlen, die sich über biegsame Gelenke bis ins hohe Alter erfreuen wollen.

Die kleinen Hirsekörner können, genauso wie Reis, als Beilage gegessen werden. Ein Zusatz von Hirsemehl macht Backwaren knuspriger, vor allem die Mürbeplätzchen. Besonders gerne wird Hirse für süße Speisen verwendet.

Reis ist eine uralte Kulturpflanze aus Ostasien, die fast die Hälfte der Weltbevölkerung ernährt. Angebaut wurde er schon im 4. Jahrtausend v. Chr. in Thailand. Nach Europa kam der Reis aber erst im 16. Jahrhundert und wurde lange Zeit nur von den oberen Schichten genossen, da er recht kostspielig war.

Reis liefert viele Kohlenhydrate und ein hochwertiges Eiweiß, das alle acht essenzielle Aminosäuren enthält. Er ist glutenfrei und gut bekömmlich. Als Naturreis (Vollkornreis) ist er reich an Vitamin B1 und B2 und somit gut für Nerven und Haut. Reis enthält auch zahlreiche Mineralstoffe und Spurelemente unter anderem Kalium, Magnesium und Eisen und wirkt entwässernd und entgiftend.

Beim Reis unterscheidet man zwischen Langkorn-, Mittel- und Rundkornreis. Langkornreis bleibt nach dem Kochen locker und trocken, Mittel- und Rundkornreis werden dagegen klebrig. Beide sind als Naturreis (Vollkornreis, Braunreis) oder weißer Reis zu kaufen. Der Naturreis wird nur entspelzt und behält somit seine mineralstoff- und vitaminreiche Frucht- und Samenschale (Silberhäutchen). Er schmeckt dadurch würziger und aromatischer als der weiße Reis, der geschliffen und poliert wird. Bei dem parboiled Reis wird ein Teil der Vitalstoffe ins Reiskorn gepresst, bevor es geschliffen wird. Der dunkelbraune Wildreis ist kein Reis, sondern eine Wildgetreideart, die dem Reis aus optischen und geschmacklichen Gründen zugemischt wird. Sehr geschätzt werden Basmati- und Jasminreis, der letzte des lieblichen Dufts wegen. (Schnellkochreis ist nichts anders als Weißreis, der vorgekocht und getrocknet bzw. gefriergetrocknet wird.)

Die Traditionelle Chinesische Küche betrachtet Reis als neutral und süß. Aus der Sichtweise der alten Medizin wirkt er harmonisierend und stärkend auf die Lebensenergie wie den mittleren Erwärmer.* Die europäische Volksmedizin empfahl den Reis schon immer bei Durchfall. Reis wird sehr gerne als Beilage und als Hauptgericht (Risotto, Sushi) zubereitet. Außerdem wird er gerne für Füllungen genommen und als Milchreis oder Reisschleim** gekocht. Reis am besten in wenig Wasser kochen, sonst schüttelt man am Ende wertvolle Inhaltsstoffe weg. Für ein Teil Reis nimmt man – beim Weißreis zwei Teile (1:2), beim Naturreis zweieinhalb Teile (1:2,5) Wasser.

Mais ist nach Weizen und Reis die drittwichtigste Getreidepflanze. Nach Europa kam er mit Kolumbus aus Südamerika, wo er früher die wichtigste Anbaupflanze der alten Hochkulturen war. Auch heutzutage bildet er die Grundlage der meisten südamerikanischen Küchen. (Mais ist reich an Kohlenhydraten, Beta-Karotin und Mineralien Magnesium und Zink). Sein Eiweiß ist nicht so wertvoll, wie bei den anderen Getreidesorten, da ihm zwei der essenziellen Aminosäuren fehlen, deswegen wird er in Südamerika traditionell mit Bohnen gegessen, um es auszugleichen. Mais wird gerne zu Mehl und Grieß gemahlen und als Polenta (Italien) und Tortillas (Südamerika) gegessen. Aus den Körnern wird auch Maiskeimöl gewonnen. Mais wird als Körnermais und als Gemüsemais angebaut. Als Gemüse wird der *Zuckermais* gegessen.

Buchweizen ähnelt mit seinen dreieckigen Früchten den Bucheckern in Kleinformat. Er enthält ein hochwertiges Eiweiß und ist sehr reich an Mineralstoffen, besonders an Eisen, Kalium und Magnesium. Buchweizen liefert auch *Lysin*, eine Aminosäure, die in Getreide kaum vorkommt. Lysin ist wichtig für das Wachstum bei Kindern und für die geistige Leistungskraft. Als einzige unter den Getreidesorten enthält er *Rutin* – ein Flavonoid, das die Kapillargefäße schützt und kräftigt.

---

* Zu mittlerem Erwärmer gehören Magen, Milz und Bauchspeicheldrüse.
** Reisschleim (Reis Congee) wird in China bis heute gerne jeden Tag zum Frühstück gegessen. Man kocht den Reis im Verhältnis 1:10 (100 g Reis – 1 L Wasser). Nach dem Aufkochen lässt man den Congee auf kleinster Flamme 3-4 Stunden weiter köcheln. Man kann für 3-4 Tage vorkochen und den Reisschleim im Kühlschrank aufbewahren, aber immer warm essen. So gekocht stärkt der Reis das Immunsystem, entgiftet die Organe und nährt und harmonisiert den Körper.

Buchweizen wird als ganze Körner oder gebrochen angeboten. Er schmeckt am besten, wenn die Körner vor dem Kochen geröstet werden. Zu Mehl gemahlen wird Buchweizen zu kleinen Pfannkuchen oder Kuchen gebacken. In der japanischen Küche wird er zu Buchweizennudeln (*Soba*) verarbeitet. Der Ayurveda empfiehlt den Buchweizen dem etwas schweren und trägen Kapha-Typ, da er nährend, aber nicht schwer ist.

Gerste ist eine anspruchslose uralte Kulturpflanze, die früher überall angebaut wurde und vor allem den Armen als Nahrung diente. Gerste ist reich an Nähr- und Ballaststoffen, besonders den löslichen. Sie lässt sich deswegen hervorragend zum *Gerstenschleim* kochen, der nicht nur von der Tibetischen Medizin gerne für die Magen-Darm Stärkung empfohlen wird. Gerste ist als ganze Körner (Nacktgerste), Graupen, Perlgraupen, Grütze und Flocken zu bekommen. Sie wird im Verhältnis 1:4 gekocht, 1 Teil Gerste braucht 4 Teile Wasser, außer man kocht eine Gerstensuppe. Besonders gut schmeckt gekochte Gerste mit Pilzen oder als Risotto (*Orzotto*) mit viel Gemüse.

Früher kochte man aus Naturgerste *Gerstenwasser**, ein heilsames, stärkendes Getränk, das man *warm* gerne Kranken, Schwachen und Kindern gab. *Gerstenwasser* wirkt entgiftend und harmonisierend und ist gut für das Immunsystem. In England wird es als *Barley Water* im Handel angeboten. Die Traditionelle Chinesische Medizin kennt den *Gerstentee*, der eine entschlackende und die Mitte stärkende Wirkung hat. In Japan und Korea wird er bis heute getrunken.

Amaranth wurde schon von Azteken und Inkas kultiviert. Die Minikörner sind reich an hochwertigem Eiweiß und Vitalstoffen. Sie enthalten die Aminosäure *Lysin*, die in größeren Mengen nur in Buchweizen vorkommt. Amaranth ist glutenfrei, seine Körner lassen sich als Beilage oder in Suppen zubereiten. Auch *Quinoa* ist eine uralte Pflanze, die in den Anden bis heute kultiviert wird. Sie enthält besonders hochwertiges Eiweiß und viele Vitalstoffe. Ihr Gehalt an Eisen und Magnesium ist fast so hoch wie bei Amaranth. Zubereitet wird Quinoa ähnlich wie Amaranth.

---

* Etwa 80 g Gerstenkörner werden in 2 L Wasser auf kleiner Flamme 1 Stunde und 30 Minuten gekocht, dann abgeseiht und mehrmals am Tag getrunken. Man kann das Getränk eventuell mit etwas Honig süßen.

Urgetreide

Zu den alten Sorten, die wieder entdeckt und angebaut werden, gehören neben dem *Kamut*, der in Nordamerika angebaut wird, *Emmer* und *Einkorn*. *Emmer* galt schon als ausgestorben, als es wegen seiner Resistenz gegen Schädlinge von Bio-Bauern wiederentdeckt wurde. Genauso robust ist der *Kamut* (*Khorasan-Weizen*), ein Urgetreide aus dem Orient, dessen Körner doppelt so groß wie die des Weizen sind. Den Emmer wie den *Khorasan-Weizen* kann man genauso zum Kochen wie zum Backen nutzen. Der Unterschied ist, dass das ursprüngliche, unveränderte Getreide nussiger und herzhafter im Geschmack ist. Auch *Einkorn* ist ein Urgetreide, das vom wilden Weizen abstammt. Weil sein Ertrag gering ausfällt, wird er nur selten eingebaut.

Hülsenfrüchte

Hülsenfrüchte nennt man die getrockneten Samen von Erbsen, Bohnen, Linsen, Kichererbsen und Sojabohnen. Auch Erdnüsse zählen zu den Hülsenfrüchten. Hülsenfrüchte gehören zu den ältesten, seit Jahrtausenden bekannten Kulturpflanzen. Hülsenfrüchte sind die besten pflanzlichen Eiweißlieferanten und somit besonders wertvoll für Menschen, die sich vegetarisch ernähren.

In vielen Teilen der Welt gehören die Hülsenfrüchte bis heute zu Grundnahrungsmitteln. In Südamerika bildeten sie die Ernährungsgrundlage der alten Indianerkulturen und auch heute noch gehören sie zu den Hauptnahrungsmitteln in Mittel- und Südamerika. Sie werden auch genauso wie früher mit Mais und Gemüse zubereitet.

Auch in Asien werden sie gerne gegessen: In der indischen Küche, die größtenteils vegetarisch ist, gehören sie zu jeder Mahlzeit. Es sind die sogenannten *Dals*, die aus Linsen, Bohnen oder Erbsen gekocht werden. In Japan und China sind es vor allem die vielen Sojaprodukte. In Japan, wo sehr wenig Fleisch gegessen wird, gehört Miso und Tofu zu den Nahrungsmitteln, die neben den Fischen, Eiweiß liefern. In China werden außer Tofu auch Bohnenpasten hergestellt, die als Füllungen oder Würzpasten dienen.

In Europa sind die Hülsenfrüchte in allen traditionellen europäischen Küchen vertreten: In Italien ist es das berühmte *Risi e Pisi*, in Frankreich die beliebten *Cassoulet* und *Pistu*, in England das traditionelle Erbsenpüree, das auch in anderen Ländern gerne gegessen wird. Heutzutage haben die Hülsenfrüchte in Europa jedoch viel an Popularität eingebüßt. Sie werden oft als schwer verdaulich empfunden. Sie sind jedoch auch heutzutage von großer Wichtigkeit, weil sie viel Eiweiß liefern.

Zu den Hülsenfrüchten, die meistens gegessen werden, gehören vor allem die Bohnen, die in verschiedensten Größen und Farben angeboten werden. Bohnenanbau ist aus ökologischer Sicht sehr empfehlenswert, denn er wirkt sich positiv auf die Beschaffenheit des Bodens aus, denn die Bohnen (wie auch andere Hülsenfrüchte) reichern ihn mit Stickstoff an. Nach einer alten indianischen Tradition werden Bohnen immer zusammen mit Mais angebaut, um der Ermüdung des Bodens vorzubeugen.

Hülsenfrüchte und ihre Inhaltsstoffe

Hülsenfrüchte sind wertvolle Lebensmittel mit einem hohen Nährwert. Sie gehören zu den eiweißreichsten Pflanzen überhaupt und sind reich an Vitalstoffen. Neben dem vielen Eiweiß liefern sie auch leicht verdauliche, komplexe Kohlenhydrate und eine Menge Ballaststoffe.

Unter den Vitalstoffen sind viele Vitamine, vor allem der B-Gruppe – davon besonders viel von dem Herz und Nervenvitamin B1 und Folsäure. Bei den Mineralien und Spurenelementen sind es vor allem Kalzium, Kalium und Eisen sowie Kupfer, Zink und der freie Radikalen-Fänger Selen. Die Hülsenfrüchte sind zudem reich an Phytoöstrogenen – pflanzlichen Stoffen, die östrogenähnliche Wirkung haben (siehe S. 46). Deren positive Wirkungen erfahren vor allem die asiatischen und südamerikanischen Frauen, die viele Sojaprodukte oder Bohnen- und Kichererbsen-Gerichte zu sich nehmen. Die Phytoöstrogene werden beim Kochen nicht zerstört.

Hülsenfrüchte enthalten auch große Mengen Saponine, Hemmstoffe, die Viren im Schach halten können und zudem pilzhemmend sind. In größter Konzentration befinden sie sich in Sojabohnen und Kichererbsen (in niedrigeren Konzentrationen auch in Getreide, Samen und manchem Gemüse). Hülsenfrüchte enthalten zwar Purine, aber auch Molybdän, dem nachgesagt wird, dass es einen zu hohen Harnsäurewert verhindern kann.

Hülsenfrüchte haben viele heilsame Kräfte: Sie sind herzfreundlich und gut für die Knochen, sie schützen die Zellen und unterstützen das Immunsystem, sind zudem wohltuend für die Nerven. Die tibetische Ernährungslehre hält alle Hülsenfrüchte für günstig für den Körper, da sie ihn in allen Bereichen stärken. In Ayurveda gehören Mungobohnen zur Schon- und Heilkost. Hülsenfrüchte sind zudem lagerfähig. Bis ein Jahr gelagert behalten sie alle ihre Vitalstoffe.

Hülsenfrüchte und Vegetarier – Das pflanzliche Eiweiß

Immer dort, wo es nicht viel Fleisch zu essen gab oder aus religiösen Gründen darauf verzichtet wurde, hat sich der Mensch das Eiweiß von den Pflanzen geholt, meistens von den Hülsenfrüchten.

Das körpereigene Eiweiß wird aus Aminosäuren gebildet. Von den 20 Aminosäuren, die der Körper dafür benötigt, kann er nur einen Teil selbst herstellen. Der Rest kommt aus der Nahrung und wird essenzielle (unentbehrliche) Aminosäuren genannt. Der Mensch kann sich die fehlenden Aminosäuren entweder von verschiedenen Tierprodukten (Fleisch, Eier, Milch) oder von den Pflanzen holen. Der Unterschied bei Pflanzeneiweiß liegt darin, dass obwohl sie sich die essenziellen Aminosäuren selbst aufbauen können, keine von ihnen alle zusammen enthält. Die pflanzlichen Aminosäuren ergänzen sich jedoch gegenseitig und liefern auf die Weise ein sehr hochwertiges Eiweiß. Deswegen werden weltweit bis heute die Hülsenfrüchte in traditionellen Kombinationen mit Getreide gegessen: In Südamerika Bohnen mit Mais (in Brasilien mit Reis) und in den hochgelegenen Tälern in den Anden Kartoffeln mit Quinoa. Die vielen Vegetarier in Asien (v. a. Indien) verlassen sich auf Hülsenfrüchte mit Brot, die sie mit Gemüse „aufpäppeln". In Japan und China werden seit Jahrhunderten diverse Sojaprodukte hergestellt, welche mit Reis und Gemüse kombiniert werden.

Bei einer ausgewogenen Ernährung mit Getreide, Hülsenfrüchten, Gemüse und Obst stehen dem Körper alle nötigen Aminosäuren in ausreichender Menge zu Verfügung. Es besteht auch keine Notwendigkeit sie in diesen Kombinationen oder an demselben Tag, zu essen. Es reicht völlig, es innerhalb von 1-2 Tagen zu tun.

Die Verträglichkeit von Hülsenfrüchten

Werden die Hülsenfrüchte nicht besonders gut vertragen, gibt es verschiedene Gewürze, die Abhilfe schaffen. Darunter befinden sich: Kümmel, Dill, Fenchel, Thymian, Ingwer, Bohnenkraut, Bockshornklee, Curry, Kurkuma, Koriander und auch das ayurvedische *Hing*. Weltweit werden die Hülsenfrüchte mit ihnen gekocht und gewürzt.

Hülsenfrüchte und ihre Sorten

Bohnen

Bohnen wurden schon von der Heiligen Hildegard empfohlen, die sie für „eine gute Speise für gesunde und kräftige Menschen" hielt (zit. nach Strehlow 2003, S. 71). Bohnen gibt es weltweit in vielen verschiedenen Arten. Bei uns gehören neben den vielen weißen Sorten auch die Dicken Bohnen (Saubohnen), Schwarzen Bohnen, Wachtel- und die roten Kidneybohnen zu den bekanntesten. Zu den kleinsten Bohnen zählen die Mungo- und Azukibohnen, die in Asien sehr beliebt sind.

Die meisten der Bohnen kamen erst im Mittelalter nach Europa, im Unterschied zu den *Dicken Bohnen*, die schon seit der Steinzeit gegessen wurden. Bis die Kartoffeln kamen, gehörten die Saubohnen sogar zu den Hauptnahrungsmitteln. Die Dicke Bohnen werden meistens unreif geerntet und frisch zubereitet, weil sie getrocknet schwer verdaulich sind. Die Saubohnen enthalten neben viel Eiweiß, Kohlenhydraten und Ballaststoffen, reichlich Eisen und Vitamine, vor allem der B-Gruppe. Sie sind sehr nahrhaft und wohltuend für die Nerven.

Besonders delikat schmecken die kleinen *Azuki-* und *Mungobohnen*. Die Azukibohnen sind sehr beliebt in Japan, die Mungobohnen in Indien, wo sie zu vielen verschiedenen *Dals* (Pürees) verarbeitet werden. Am leichtesten und für jeden verträglich sind die kleinen Bohnen, wenn man sie als geschält und halbiert kauft. In Ayurveda gehören sie in dieser Form sogar zur Heil- und Schonkost.

In China werden aus Bohnen verschiedene Pasten hergestellt. Die rote Bohnenpaste wird aus roten Azukibohnen, die schwarze aus fermentierten schwarzen Bohnen, Chili und Knoblauch hergestellt. Die fermentierten schwarzen Bohnen werden auch getrocknet angeboten. Sie sind genauso intensiv im Geschmack wie die schwarze Bohnenpaste.

Bohnen werden in vielen traditionellen Küchen zusammen mit Getreide wie Reis, Hirse und Mais zubereitet. Die meisten (v. a. weiße Bohnen) werden für Eintöpfe und Suppen genommen, die Wachtel- und Kidneybohnen für Salate. Fast alle Bohnen müssen vor dem Kochen eingeweicht werden, gewöhnlich über Nacht. Da Bohnen mild und mehlig sind, können sie gut den Geschmack von Kräutern wie Soßen annehmen (v. a. die Perlbohnen).

Bohnen sind, wie alle Hülsenfrüchte, sehr reich an Nähr- und Vitalstoffen. Sie nähren den Körper und helfen ihm, gesund zu bleiben.

Sie sind gut für Herz, Nerven und gesunde Zellen und wirken darüber hinaus auch antiallergen: Sie helfen dem Immunsystem in der Balance zu bleiben und nicht übertrieben (allergisch) zu reagieren. Bohnen gehören zu den wichtigsten Ballaststofflieferanten. Ihre vielen Ballaststoffe vermögen unter anderem die Fettaufnahme zu reduzieren. Nach der Tibetischen Medizin geben Bohnen dem Sperma und den Eizellen mehr Kraft.

Erbsen

Die bekanntesten Erbsenarten sind *Palerbsen* (Schalerbsen), *Markerbsen* (grüne junge Erbsen) und *Zuckererbsen* (Erbsenhülsen). Die Markerbsen und Zuckererbsen werden als Gemüse gegessen. Die Palerbsen werden getrocknet, geschält (Schalerbse) oder ungeschält, ganz und halbiert angeboten. Ungeschälte Erbsen sind schwerer verdaulich, enthalten dafür aber viele Ballaststoffe. Man sollte sie am besten etwa 6 Stunden einweichen und sehr weich kochen. Palerbsen bekommt man als gelbe oder grüne zu kaufen. Sie unterscheiden sich kaum im Geschmack.

Erbsen werden vor allem als Suppe oder Püree gekocht. Optimal ergänzen sie sich mit Weizen und Roggen und werden mit Vorliebe mit Majoran gewürzt, was sie leichter verdaulich macht.

Erbsen enthalten neben viel Eiweiß, Kohlenhydraten und Ballaststoffen, auch viele Mineralstoffe, Spurenelemente und sind reich an B-Vitaminen, v. a. Biotin (über 70 Prozent des Tagesbedarfs) und Folsäure. Erbsen gehören zu den besten Eisen- und Kupferlieferanten und gelten deswegen bei Blutarmut als Heilmittel, weil sie für gute Blutbildung sorgen. In vielen Ländern gelten Erbsen bis heute als Fruchtbarkeitssymbol, was nicht verwunderlich ist, da sie viel Zink enthalten, das die Fortpflanzungsfähigkeit steigert. Dank dem reichlich vorhandenen Zink und Kupfer unterstützen Erbsen den Stoff- und den Bindegewebestoffwechsel. Kupfer hilft auch, die Knochen stabil zu halten. Erbsen, wie alle Hülsenfrüchte, enthalten auch Purine (28mg/100g), aber auch große Mengen Molybdän, das gegen zu hohe Harnsäuremengen hilft. Wie alle Hülsenfrüchte sind sie gut fürs Herz, Immunsystem und gesunde Zellen. In der Tibetischen Medizin werden Erbsen gegen zu viel Schleim empfohlen. Außerdem sind Erbsen dafür bekannt, dass sie einem die Mücken vom Leibe halten.

Kichererbsen

Die Kichererbse verträgt gut Trockenheit, deswegen wird sie gerne in warmen und niederschlagsarmen Gebieten kultiviert. Kichererbsen werden auf die gleiche Weise wie Erbsen zubereitet. Sie werden aber auch gerne zu Mehl gemahlen. In Ayurveda gelten sie als wertvoll und sehr stärkend (werden vor allem dem Kapha-Menschen* empfohlen). Die heilige Hildegard hielt die Kichererbsen sogar für gesünder als Erbsen: „Die Kichererbse ist warm und angenehm und leicht zu essen. Sie vermehrt nicht die üblen Säfte" (zit. nach Strehlow 2003, S.73).

Neben viel Eiweiß, Kohlenhydraten und Vitalstoffen enthalten Kichererbsen auch Hemmstoffe, welche den (in den Körper eingedrungenen) Viren und Pilzen es unmöglich machen, sich weiter zu vermehren.

Erdnuss

Die Erdnüsse gehören zu den tropischen Hülsenfrüchten. Ursprünglich kommen sie aus Südamerika, heutzutage werden sie jedoch weltweit kultiviert. Die Samen werden gerne geröstet und als „Nüsse" verzehrt oder zu Erdnussbutter (gemahlene Erdnüsse plus Erdnussöl) verarbeitet. Aus den ungerösteten Samen wird Erdnussöl hergestellt (siehe S. 126).

Linsen

Linsen gehören zu den ältesten Kulturpflanzen. Genauso wie Kichererbsen lieben sie Wärme und vertragen sehr gut Trockenheit. Linsen gibt es in vielen verschiedenen Sorten. Die bekanntesten sind die *grünen Tellerlinsen* (geschält gelb). Sehr delikat schmecken die geschälten *roten Linsen*. Auch die kleinen französischen *Puy-Linsen* und die *Berglinsen* haben ihre Liebhaber. Die schwarzen *Beluga Linsen* gelten als edel und werden in besten Restaurants serviert. Die roten Linsen eignen sich besonders für Pürees. In Indien werden sie als die allgegenwärtigen *Dals* zubereitet. Puy- und Beluga Linsen werden gerne für Salate genommen.

Linsen sind sehr lange haltbar und sehr nahrhaft. Neben den vielen Kohlenhydraten enthalten sie eine Menge Eiweiß, und sind reich an Mineralstoffen und Spurenelementen wie Eisen, Kupfer, Zink und Selen sowie Kalium und Magnesium. Dazu kommen die Vitamine der B-Gruppe, vor allem B1, B6, Biotin und Folsäure sowie die Ballaststoffe.

---

* Kapha-Menschen: langsam, groß, schwer gebaut mit Neigung zur Fettlebigkeit

Linsen enthalten Purine (115 mg /100 g), sind aber auch sehr reich an Molybdän, das zu hohe Harnsäurewerte verhindert.

Der Verzehr von Linsen ist sehr empfehlenswert für Lernende, weil sie die Gehirnfunktionen unterstützen und für Frauen wegen des Gehalts an Phytoöstrogenen, die hormonell ausgleichend wirken. In der Tibetischen Medizin gilt die Linse als ausgewogen. Sie stärkt den Körper und wärmt ihn auf sanfte Weise.

Sojabohne und Sojaprodukte

Die Sojabohne ist genauso wie die Linse eine sehr alte Kulturpflanze und weltweit die am meisten produzierte Hülsenfrucht. Sojabohne ist mild im Geschmack und weniger mehlig als andere Bohnen. Sie hat den höchsten Eiweißgehalt unter den Pflanzen und ist reich an Vitalstoffen und Mineralien, besonders an Lezithin, hilft deswegen bei Gedächtnis- und Konzentrationsschwäche sowie Lernschwierigkeiten. Sojabohnen und Sojaprodukte enthalten die meisten Phytoöstrogene, sekundäre Pflanzenstoffe, die östrogenähnliche Wirkungen haben (siehe S. 46). Besonders gut aufgenommen werden sie aus fermentierten Sojaprodukten wie Miso, Sojasoße u. v. a.

Sojasoße

Sojasoße gehört zu den bekanntesten Sojaprodukten. Seit Tausenden von Jahren dient sie als Würzmittel für asiatische Gerichte. Bis heute wird sie in Asien in traditionellen Brauverfahren aus eingeweichten und gekochten Sojabohnen und Salzwasser auf natürliche Weise hergestellt. Die lange Fermentation in Holzfässern bewirkt, dass die Soße ihr charakteristisches, vollmundiges Aroma entwickelt. Sojasoße enthält viel Glutamat, das die Aromen und den Geschmack der Speisen verbessert. In den traditionell gegorenen Soßen ist es natürlichen Ursprungs.

Die chinesischen Sojasoßen (*see yau*) werden in drei Aufgüssen hergestellt. Von dem ersten bekommt man eine dicke, schwere, dunkle und sehr kräftig schmeckende Soße. Die aus dem zweiten ist mittelbraun und intensiv im Geschmack. Es ist die Soße, welche meistens benutzt wird. Für helle Speisen nimmt man die Soße aus dem dritten Aufguss, weil sie mild ist und von heller Farbe. Aus der Sojasoße werden in China viele andere Soßen zubereitet. Die bekannteste ist die *Hoisinsoße*, auch Entensoße genannt, die süßlich-pikant schmeckt. Die chinesischen Sojasoßen unterscheiden sich von den indonesischen und japanischen und sollten am besten im Original gekauft werden (in China, Hongkong, Singapur, Taiwan oder Thailand produziert).

Die japanische *Shou-Sojasoße* ist klar und hell. Sie schmeckt leicht und delikat. Im Unterschied zu den chinesischen wird sie aus Sojabohnen und Weizenkörnern hergestellt, welche mit Schimmelpilzsporen *kokkin* beimpft werden. Während der langen Fermentation in Zedernholzfässern entwickelt sich dank dem Pilz der *umami* Geschmack, ein Geschmack, der unnachahmlich ist und soviel wie „wohlschmeckend" bedeutet.

Von Sojasoße gibt es viele regionale Varianten: Im Ostjapan wird eine dunkle und kräftige Sojasoße hergestellt, im Westjapan eine helle, süßliche. Die im Westen bekannteste japanische Marke ist die *Kikkoman* Sojasoße, die eine 350 jährige Tradition hinter sich hat. Die Kikkoman Sojaoße wird über 6 Monate fermentiert und hat ein ausgezeichnetes Aroma. In Japan werden aus der Sojasoße auch Marinaden hergestellt. Sie bestehen außer der Sojasoße aus Reisessig, Reiswein, Gewürzen und der japanischen Brühe *Dashi*. Man unterscheidet *Teriyaki* und *Sukiyaki* Marinaden.

Die indonesische Sojasoße heißt *Kecap*. Sie hat eine dickere Konsistenz und wird meistens gesüßt. Heutzutage wird Sojasoße auch außerhalb Asiens industriell hergestellt. Sie hat jedoch „nicht die geringste Ähnlichkeit mit dem Original" (chinesischer Koch Lo).

Tofu

Tofu stammt aus China und Japan, wo er seit Hunderten von Jahren gegessen wird. Hergestellt wird Tofu aus *Sojamilch*, das aus gekochten Sojabohnen und Wasser hergestellt wird, und ist nichts anderes als Sojaquark. Wird als Gerinnungsmittel traditionelles *Nigari* zugesetzt, enthält der Tofu über 20 Prozent mehr Kalzium als Milch.

Tofu ist reich an hochwertigem, leicht verdaulichem Eiweiß und enthält eine Reihe von Vitaminen, vor allem B-Vitaminen (unter anderem Biotin und Folsäure) sowie Mineralien Kalzium, Kalium, Magnesium und Eisen. Tofu ist cholesterin- und laktosefrei und kalorien-, fett- und salzarm. Im Unterschied zu Fleisch wirkt Tofu abkühlend. Genau wie viele andere Sojaprodukte enthält Tofu Stoffe, welche östrogenähnliche Wirkungen haben (Phytoöstrogene).

Tofu hat fast keinen Eigengeschmack. Deswegen wird er gerne mariniert und roh, gebraten, gekocht, frittiert oder pfannengerührt gegessen. In China bekommt man Tofu auch als getrocknete Streifen und als *Sojakäse*. Der Käse wird durch *Fermentieren* von Tofu produziert, was ihn auch leichter verträglich macht. Der Tofu-Käse ist von einem intensiven Geschmack und wird in zwei Farben angeboten – dunkelbraun und rot. Die rote Sorte ist sehr scharf, weil der Käse mit Chili angereicht wird. Beide Arten werden oft als Gewürz verwendet. Auch in Japan werden verschiedene Tofusorten angeboten, einer davon ist der *Kinugoshi-Tofu*, der in der traditionell vegetarischen Region um Kyoto zu bekommen ist.

Sojabohnenpasten

Die Sojabohnenpasten gehören in Asien zu den Grundnahrungsmitteln. In Japan ist es *Miso* – eine dicke Sojapaste, die vor allem als Grundlage für Suppen und als Würzmittel benutzt wird. Auf traditionelle Weise hergestellt, wird sie mit Milchsäurebakterien und den Schimmelpilzsprossen *koji* beimpft und mindestens ein Jahr in Holzfässern fermentiert. *Miso* ist das älteste Gewürz Japans und in vielen Sorten erhältlich. Es variiert im Geschmack und Farbe: Es gibt weißes, rotes und schwarzes Miso und auch welches, das mit Zusatz von Getreide oder ganz aus Vollreis hergestellt wird. Besonders hoch geschätzt wird das *Hatsho-Miso*, eine schwarze Paste, die bis zu drei Jahren fermentiert wird. *Miso* schmeckt nicht nur gut, es wirkt sich auch positiv auf die Verdauung und die Darmflora und somit auch auf das Immunsystem aus.

Tempeh kommt aus Indonesien. Die fermentierte Sojapaste ähnelt im Geschmack dem uns bekannten Schimmelkäse. Tempeh ist eiweißreich und wird zum Kochen, Braten und Frittieren benutzt. Auch in China wird eine Sojapaste aus fermentierten Sojabohnen, Salz und Mehl hergestellt. Sie ist von brauner Farbe und wird zum Würzen von Fleisch, Fisch, Suppen und Gemüse benutzt.

Sojablätter

Es ist eine besondere Spezialität aus China, die genauso wie Reisblätter zum Einpacken von Gemüse benutzt wird. Die kleinen Päckchen werden gedämpft, geschmort oder frittiert. Die Herstellung ist ganz einfach: Man stellt gekochte Sojamilch zur Seite und wartet ab, bis sich eine Haut (ähnlich wie bei Kuhmilch) bildet. Die Milchhaut wird abgehoben und getrocknet.

Sojafleisch
Sojafleisch ist ein denaturiertes, industriell hergestelltes Fertigprodukt. Es gibt jedoch mittlerweile Firmen, die Sojamark in mechanischen Verfahren herstellen.

Sojamehl
Sojamehl wird aus geschälten Sojabohnen gewonnen. Das Mehl hat einen hohen Eiweiß- und Fettgehalt und wird als Vollmehl und fettarm angeboten. Beim Kuchenbacken wird Sojamehl als Ei-Ersatz benutzt (statt 1 Ei – 25 g Sojamehl und 50 ml Wasser).

Sojabohne und Gentechnik
Beim Kauf von Sojabohnen ist es empfehlenswert, die Bohnen aus ökologischem Anbau zu bevorzugen und das aus vielen Gründen: Zum einen werden die Sojabohnen sonst in Monokulturen angebaut, zum anderen ist ein Großteil davon genmanipuliert.

Die Sojabohne gehört zu den ersten gentechnisch veränderten Pflanzen, die schon 1996 in den USA angebaut wurden. Bis heute ist die Frage, ob die gentechnisch veränderten Nahrungsmittel für den Menschen genauso gesund sind wie die herkömmlichen, nicht zufrieden stellend beantwortet.

Die Befürworter gehen davon aus, dass die gentechnisch veränderten Produkte genauso gut verträglich sind, wie die herkömmlichen. Zudem sollten sie ertragsreicher und resistenter sein gegen Krankheitserreger und Schädlingsbefall. Die Gegner sprechen von Monokulturen, welche die Ökosysteme vernichten (u. a. Rodung der Regenwälder in Südamerika), den Boden auslaugen, die Biodiversität, die Artenvielfalt der Pflanzen wie der Tiere schmälern und von vielen Ernten, die durch Pflanzenkrankheiten oder Schädlinge vernichtet wurden (Indien). Sie weisen auf Unverträglichkeiten[*] hin, welche die neuen Pflanzen mit sich bringen: wie z. B. die Allergien, die die alpha-Amylase-Tripsin (ATI), die in Hochleistungsweizen verstärkt vorkommt, verursacht.

Dazu kommen noch „unkalkulierbare Risiken". Selbst die Wissenschaftler geben zu, dass sie „nichts oder nur wenig über mögliche subtile Wechselwirkungen zwischen Genen und ihrer Umgebung" wissen (Gessler, Spiegel 50/2005, S. 158). In einer 10 Jahre dauernden Studie mit

---

[*] Siehe unter: www.uni-mainz/ de/presse/ 74731.php

Gentech-Erbsen, hatte sich herausgestellt, dass die veränderten Hülsen-früchte nicht nur den Insekten den „Garaus" machten, sondern auch Mäusen „übel" zusetzten. Der Journalist Philip Bethge, der im Spiegel darüber berichtet hatte, formuliert es so: „Gentechpflanzen bilden mitunter Stoffe, mit denen niemand gerechnet hat" (ebd.) Auch der Pflanzenphysiologe Richard Firn ist derselben Meinung: „Wer manipu-liert, erhält zwangsläufig unvorhersagbare Ergebnisse" (ebd.).

Darüber hinaus bewirkt die Gentechnik, dass die Artenvielfalt schrumpft, denn die vielen alten regionalen Sorten verdrängt werden. Die Industriekonzerne gewinnen immer mehr an Marktmacht: Die Bauern müssen das Saatgut und die Pestizide bei deren Firmen kaufen, weil die aus den gentechnisch veränderten Pflanzen entstandenen Samen steril sind. Zudem reagieren die Pflanzen nur auf bestimmte (firmeneigene) Pestizide. (Im Gegensatz zu den einheimischen Saatsorten, die weitgehend resistent gegen regionale Krankheiten und Schädlinge sind und mit denen die Bauern bis dahin gut zu Recht kamen.)*

Mit der Gentechnik wird zudem sogenannte „grüne Piraterie"** betrieben: Die seit Jahrtausenden bekannten Pflanzen werden gentechnisch verändert und als eigene Schöpfung betrachtet. So ist es unter anderem dem Basmatireis, Neem, und Kurkuma ergangen.***

Überall in der Welt sind viele Menschen gegen die gentechnischen Produkte und die Monokulturen, besonders viele in Asien. In vielen Bewegungen wie Navdanya, Reasearch Foundation of Science, Technologie und Ecology in Indien (gegründet von der alternativen Nobelpreisträgerin Vandana Shiva) und Masipang auf den Philippinen, Gami Sewa Samiti in Sri Lanka und Seikatsu Club in Japan sowie die weltweiten Bewegungen wie The Work That Reconnects, Green Earth Foundatio u. v .a. m. kämpfen sie nach dem Motto „Mensch vor Profit",

---

* Vgl. „Vandana Shiva über biologische Vielfalt", in: www.bio-markt.info/berichte/ 5078/ Vandana-Shiva.html sowie „Shivas Bioniere", in: www.spiegel.de/Spiegel/ Spiegelwissen/ d-67337631.html
** Vgl. Vandana Shiva: „Biopiraterie. Kolonialismus des 21. Jahrhundrsts. Eine Einführung", Münster 2002 sowie Andreas Riekenberg u. a.: „Grüne Beute. Biopiraterie und Widerstand", Frankfurt 2005 oder unter www.biopiraterie.de/fileadmin/pdf/gruene-beute.pdf/
*** Vgl. Christine Godt: „Von der Biopiraterie zum Biodiversitätsregime", in: Zeitung für Umweltrecht 2004, S. 202-204 oder unter: www.uni-oldenburg.de/.../ Von_der_ Biopiraterie_zum_Biodiversitätregime.p…

um die Erhaltung der Pflanzenvielfalt und die nachhaltige, organische Landwirtschaft. Mit dem Kauf natürlicher (nicht genveränderter) Lebensmittel werden sie auch von jedem Einzelnen unterstützt.

Nüsse und Samen

Früher spielten Nüsse uns Samen weit größere Rolle in der Versorgung der Menschen als heute. Schon bei den Sammlern und Jägern sehr geschätzt, halfen sie Zeiten zu überstehen, in denen es am Essen mangelte, denn sie waren nahrhaft und ließen sich gut lagern. Folglich waren die Nussbäume sehr verbreitet, besonders im Mittelalter. Wie wichtig sie damals für die Ernährung waren, zeigt auch, dass sie der Abgabe des Zehnten unterworfen waren.

Neben den Nüssen spielten auch die verschiedenen Samen eine bedeutende Rolle. Aus den fettreichen Hanfsamen, Leinsamen und sogar aus den Bucheckern, wurde Öl ausgepresst, um das Angebot an dem begehrten Fett zu erweitern. Hanf wurde damals überall kultiviert und auch als Samen gegessen. Die Bucheckern wurden als Mehlzusatz benutzt, der half das Mehl länger zu lagern, was wegen der oft herrschenden, kleinen wie großen Kriege, von großer Wichtigkeit war.

Zu den Nüssen, die wir auch heute gerne essen, gehören: Haselnüsse, Walnüsse, Mandeln, Pinienkerne, Pistazien sowie die tropischen Nüsse: Paranüsse, Cashewkerne, Kokosnüsse und Erdnüsse. Bei den Samen und Kernen sind es: Sonnenblumenkerne, Kürbiskerne, Leinsaat, Sesamsamen und Mohn.

Nüsse wie Samen sind sehr nahrhaft, da sie in konzentrierter Form alles enthalten, was die neue Pflanze an Aufbaumaterial benötigt. So sind sie allesamt sehr reich an Vitaminen (besonders den B-Vitaminen), Mineralien und Fetten, die reich an essenziellen Fettsäuren sind (außer Kokosnuss). Die fettreichsten sind Macadamianuss, Paranuss, Walnuss und Haselnuss, viel weniger Fett enthalten Mandeln und Erdnüsse. Wegen des vielen Fetts werden die Nüsse leider schnell ranzig, auch ungeschält halten sie nicht länger als ein Jahr. Deswegen sollten die geschälten Nüsse möglich frisch und unversehrt sein, besonders Erd- und Paranüsse.

Nüsse werden in der Vollwerternährung als sehr empfehlenswert eingestuft, denn sie sind herzfreundlich, wohltuend für die Nerven und gelten allgemein als Hirnnahrung (Studentenfutter). Die Traditionelle Chinesische Medizin ordnet Nüsse dem Element Erde zu. Sie gehören somit zu den süßen Lebensmitteln und können das Bedürfnis nach Süße stillen. Für den Ayurveda gehören Nüsse zu den *sattvischen*, also besonders vorteilhaften Lebensmitteln. Der alten Lehre nach sind sie reich an Energie, aufbauend und ausgleichend – wirken zudem verjüngend auf den Körper, sein Nervensystem und seinen Geist. Es wird empfohlen, die Nüsse frisch oder leicht geröstet zu essen. Stark geröstet und gesalzen gelten sie als *tamasisch* (nicht empfehlenswert). Als besonders empfehlenswert gelten Mandeln, Pinienkerne und Walnüsse. Nüsse am besten nur in kleinen Mengen essen, da sie etwas schwer sind (sehr konzentriert).

Walnüsse

Der Walnussbaum wurde von den Römern nach Europa gebracht und wird gerne bis heute in (großen) Gärten kultiviert und das nicht nur der Nüsse wegen. Denn auch seine Blätter und die noch jungen, grünen Nüsse werden sehr geschätzt. Die heilkräftigen Blätter, die sehr reich an Flavonoiden sind, können als Tee und Aufguss zubereitet werden. Sie wirken blutreinigend, zusammenziehend und entzündungshemmend (hilfreich bei Zahnfleischentzündung, Ekzemen und Akne). Zudem gelten sie als Insekten-Vertreiber und wurden deswegen früher gerne zu Hause ausgelegt (auch in Betten). Aus den unreifen grünen Nüssen wird Magenbitter hergestellt.

Die Walnüsse gehören bis heute zu den sehr geschätzten Lebensmitteln. Laut Dr. Strehlow, dem Leiter des Kurhauses Hildegard in Allensbach, „lassen sie die Muskeln wachsen, stärken die Knochenbildung und regen den Stoffwechsel an" (Strehlow 2003, S. 63). Die Nüsse sind nämlich sehr nahrhaft: Neben den vielen, Vitaminen (B1, B2, B6, E), liefern sie besonders viel Eisen, reichlich Lezithin und essenzielle Fettsäuren wie Alpha-Linolensäure (Omega-3-Fettsäuren) und Linolsäure (Omega-6-Fettsäuren) und sind somit besonders nerven-, gefäß- und herzfreundlich. Die frischen naturbelassenen Walnüsse schmecken sehr aromatisch. Ihre Schale hat eine braune Farbe, da sie nicht gebleicht werden.

Haselnüsse

Die Haselnusssträucher wachsen meistens wild, werden aber auch gerne kultiviert. Sie sind wie alle Nüsse mineralstoffreich und liefern zahlreiche Vitamine, davon viel Vitamin E und Biotin. Die Nüsse werden nicht nur traditionell zu Weihnachten gegessen, sondern auch zu Nugat und Nuss-Nugat-Creme verarbeitet. Auch Kuchen, Schokolade, Eis und Müsli werden sie gerne zugegeben.

Mandeln

Obwohl die Mandel den Nüssen zugeordnet wird, ist sie botanisch gesehen eine Steinfrucht wie Aprikose, Kirsche und Pflaume. Von Mandeln gibt es drei Arten: die süßen, die bitteren und die Krachmandel. Gegessen werden nur die Süßmandeln und die Krachmandeln, die den süßen sehr ähneln. Die bitteren kommen nicht in den Handel, da sie das Gift Amygdalin enthält. Obwohl die Mandeln meistens entsteint angeboten werden, wird der süße Kern trotzdem genug von der braunen Samenhülle geschützt.

Mandeln werden als sehr wertvoll angesehen und von Heilkundigen verschiedener Richtungen und Weltanschauungen wärmstens empfohlen: Schon zwei Mandeln täglich gegessen, schützen den Körper und helfen ihm in der Balance zu bleiben, da sie präbiotisch wirken (siehe S. 205).

Mandeln sind eiweißreich und liefern viele verschiedene Vitamine und Mineralien, insbesondere Vitamin E und Kalzium. Sie kommen dem Herz, den Knochen und den Nerven zugute, schützen zudem die Zellen und als Hirnnahrung helfen Lernenden sich besser zu konzentrieren. Mandeln wirken wohltuend auf die Harnwege und die Nieren, besonders wenn sie als Mandelmilch getrunken werden.

Aus der Sicht der Traditionellen Chinesischen Medizin stärken die Mandeln die Lebensenergie (Qui) und das Blut, helfen bei Verschleimung und lindern Husten. Auch die heilige Hildegard war sehr angetan von Mandeln. Sie empfahl die Kerne zu essen als Unterstützung für Leber und Kräftigung der Lunge, weil sie „den Menschen in keiner Weise belasten oder austrocknen, sondern ihn stärken" (zit. nach Strehlow 2003, S. 62).

Esskastanien (Maronen)

Die Esskastanie gehört zu heimischen Nussarten und ist in warmen Teilen Europa seit der Römerzeit zu Hause. Früher wurden die Maronen sehr geschätzt, da sie in Notzeiten als sogenanntes Baumbrot, die Zeiten der Knappheit zu überstehen halfen. Deswegen wurde die Esskastanie von Karl dem Großen zum Kultivieren empfohlen. Menschen, die keinen Garten besaßen, durften sie sogar auf staatlichem Boden pflanzen.

Obwohl die Esskastanie der Rosskastanie ähnelt, ist sie mit ihr botanisch nicht verwandt.

Maronen sind sehr nahrhaft. Sie enthalten neben den hochwertigen Kohlenhydraten viele Mineralien (Eisen, Zink, Kupfer, Mangan, Magnesium, Kalium, Kalzium) und Vitamine, insbesondere Vitamin A, E, Vitamine der B-Gruppe und reichlich Vitamin C. Was sie für viele interessant macht, ist, dass sie verhältnismäßig kalorienarm und glutenfrei sind.

Laut der hl. Hildegard ist die Esskastanie besonders wirkungsvoll, denn sie hat die Kraft, dem Körper neue Energie zu geben, seine Widerstandkraft zu stärken und sei besonders wohltuend für Herz, Milz und Magen: „Der Kastanienbaum ist sehr warm und hat (…) eine große Kraft (…) gegen jede Schwäche (auch Immunschwäche), die im Menschen ist" (zit. nach Strehlow 2003, S. 66). Die Äbtissin riet die Maronen roh und zu Mehl gemahlen als Stärkung fürs Herz zu essen, gekocht bei „leer gewordenem Kopf" (ebd.), für die Leber empfahl sie den Edelkastanienhonig.

Edelkastanien werden gerne gebacken gegessen, sind aber auch getrocknet und als Mehl zu bekommen. Interessant ist, dass ein Spazierstock aus Edelkastanienholz nicht nur die Hand erwärmt, sondern auch den ganzen Körper kräftigt und die Gedächtnisleistung verbessert (vgl. Hertzka 1998, S. 278).

Die tropischen Nüsse

Auch die tropischen Nüsse werden gerne gegessen. Zu den kalorienreichsten gehört die *Paranuss*. Sie enthält über 60 Prozent Fett und ist sehr eiweißreich. Sie liefert viele Vitamine (v. a. B-Gruppe) und Mineralstoffe wie Magnesium, Kupfer und Selen. Die Nuss sollte besser nicht entsteint gekauft werden, da sie sehr anfällig für Schimmelpilze ist.

Besonders mild schmecken *Cashewkerne*. Auch sie sind sehr reich an Mineralstoffen (u. a. Magnesium und Kupfer) und Vitaminen, vor allem der B-Gruppe (B1 und Biotin). *Macadamianüsse* haben den höchsten Fettgehalt aller Nüsse und bieten neben den vielen ungesättigten Fettsäuren auch Mineralien (Kalium und Kalzium) sowie zahlreiche B-Vitamine.

Die größten unter den tropischen Nüssen sind die *Kokosnüsse*. Sie enthalten viel Fett, das zwar reich an gesättigten Fettsäuren ist, von dem jedoch mehr als die Hälfte aus Laurinsäure besteht (siehe S. 115). In Ayurveda werden die Kokosnüsse als sattvisch – harmonisch und gesundheitsbringend, eingestuft. Die Kokosnüsse gehören in vielen Gegenden der Welt zu den bedeutendsten Nahrungsmitteln. Gegessen werden das Fruchtfleisch (getrocknet als Kokosflocken) und die Kokosmilch.

Pistazien sind schon seit mehr als 5000 Jahren bekannt. Sie enthalten viele Mineralien, vor allem Eisen, Kupfer und Magnesium und sind reich an Vitamin B1 und Biotin. Sie werden gerne Kuchen und Eis zugegeben, da sie angenehm nussig schmecken und eine schöne grüne Farbe haben.

Piniennüsse (Pinienkerne) sind Samen des Pinienbaums (eine Kiefernart). Sie sind sehr fetthaltig und reich an Mineralien (Eisen, Kupfer, Magnesium) sowie Vitamin B1 und Biotin. Die kleinen Samen werden in der italienischen Küche für *Pesto* benutzt. Die Kerne sind nicht gerade preisgünstig, da sie aus den Zapfen per Hand geholt werden müssen.

Erdnüsse sind biologisch gesehen Hülsenfrüchte. Sie sind eiweißreich, enthalten essenzielle Fettsäuren (Linolsäure), viel Vitamin E, Biotin, Kalium und Magnesium. Da die Nüsse, genau wie Paranüsse, sehr anfällig für Schimmelpilze sind, wird geraten, nur makellose Nüsse zu kaufen. Erdnüsse werden gerne zu Erdnussbutter und Erdnussöl verarbeitet.

Kürbiskerne und Sonnenblumenkerne
Beide Samen sind eiweiß- und fettreich, enthalten viele Mineralien wie Magnesium, Kalium, Zink, Kupfer und Eisen und bieten zudem viel Vitamin E.

Kürbiskerne liefern neben dem vielen Magnesium, Kalium, Zink, Kupfer und Mangan auch *Beta-Sitosterin* (Phytosterol/Phytosterin). Ein Stoff, der reifen Männern empfohlen wird, da er die Prostata in ihre Schranken weist.* Empfohlen werden etwa 20 Kerne pro Tag. Weniger bekannt ist, dass die Körner auch Frauen sehr zugutekommen, da die Kürbiskerne *Lignane* (Phytoöstrogen) enthalten, die eine östrogenähnliche

---

* Mehr darüber unter: www.zentrum-der-gesundheit.de/kuerbiskerne.htm/

Wirkung haben (genauso gut wirkt Kürbiskernöl, siehe S. 123). Kürbiskerne sind nicht nur ein traditionelles Heilmittel bei Blasen- und Prostataleiden, sie wurden früher auch als ein bewährtes Mittel gegen Würmer empfohlen (auch den Bandwurm). Die heilsamen Kräfte der Kerne waren schon den Ureinwohnern Amerika bewusst, die sie für ein Heilmittel hielten, das ein langes Leben garantiert.

Sonnenblumenkerne sind reich an Magnesium und Kalium sowie essenziellen Aminosäuren, liefern zudem Omega-6-Fettsäure. Frisch geknabbert schmecken sie angenehm nussig.

Leinsamen

Lein (Flachs) gehört neben dem Hanf zu den ältesten Faser- und Ölpflanzen. Angebaut wird er schon seit der Steinzeit. Die Samen sind besonders reich an Omega-3-Fettsäuren (die essenzielle Alpha-Linolensäure) sowie Ballast- und Schleimstoffen. Sie enthalten zudem viele Vitamine (u. a. E, Biotin) und Mineralien (Kalium, Kalzium, Magnesium und Eisen).

Dank ihrer Inhaltsstoffe wirkt Leinsamen schützend und entzündungshemmend auf die Schleimhäute. Für die Darmschleimhaut wird ein kalt angesetzter Leinsamentee empfohlen.* Leinsamen sind ein altes Hausmittel zu Verbesserung der Verdauung, da sie sicher gegen Verstopfung helfen.

Flohsamen

Gegen Verstopfung hilft genauso gut der von der heiligen Hildegard empfohlene Flohsamen (Spitzwegerichsamen), der noch quellfreudiger ist. Er soll zudem die Kraft haben, die Stimmung aufzuhellen.

Hanfsamen

Neben den Leinsamen wurden früher auch Hanfsamen als Nähr- und Heilmittel geschätzt. Die heilige Hildegard preist den Samen als „leicht verdaulich und nützlich, (da) er die Verschleimung beseitigt, die schlechten Säfte vermindert und die guten kräftigt" (zit. nach Strehlow 2003, S. 51).

---

* 1 Tl Leinsamen mit 1 Glas kaltem Wasser aufgießen, über Nacht quellen lassen, abseihen und dann schluckweise trinken.

Sesamsamen

Die winzigen Körner gehören zu den mineralreichsten Lebensmitteln. Besonders reich sind sie an Kalzium und Magnesium, enthalten aber auch viel Eisen, Zink, Mangan und Kupfer. Darüber hinaus bieten sie auch Vitamine B1 und Biotin und sind fett- und eiweißreich, weswegen sie gerne für Ölgewinnung genutzt werden. Sesamöl, wird besonders in Ayurveda sehr geschätzt.

Sesamsamen werden gerne über Brötchen, Fladenbrote und anderes Gebäck gestreut. Sie sind auch ein Bestandteil von Konfekt – *Halva* und Sesamkekse, die viele Liebhaber haben. In der arabischen Küche werden sie zu *Tahini* verarbeitet. Die Paste, die als Würzmittel und Soßenbinder benutzt wird, ist auch in der japanischen (*Negiroma*) und chinesischen Küche zu Hause. Sesam ist auch der Grundbestandteil von Humus, dem Kichererbsenbrei.

In der japanischen Küche wird ein makrobiotisches Würzmittel *Gomasio* (Sesamsalz) zubereitet. Nach dem Gründer der Makrobiotik George Ohsawa gehört auf 5-7 Teile gerösteter Sesam 1 Teil Salz (man kann aber auch nach eigenem Geschmack salzen). Beide Zutaten werden im Mörser zermahlen und luft- und lichtgeschützt aufbewahrt. Die Würze schmeckt auch sehr gut aufs Butterbrot gestreut. Gomasio soll beim Würzen gekochter Speisen nicht mitgekocht werden.

Man bekommt die Sesamsamen in geschälter und ungeschälter Form. Die ungeschälten haben einen viel größeren Gehalt an Inhaltsstoffen. Geröstet werden sie nicht nur sehr aromatisch, sondern auch leichter resorbierbar.

Mohnsamen

Schon den alten Ägyptern bekannt, werden die angenehm nussig schmeckenden winzig kleinen, blauen Samen bis heute in vielen traditionellen Küchen verwendet, allem voran für Mohnkuchen, Mohnhefeteilchen oder als Brotgewürz. Wegen ihrer beruhigenden Wirkung wurden sie in der Volksheilkunde weltweit eingesetzt. Die Mohnsamen liefern reichlich Kalzium, Magnesium, Eisen, Zink, Kupfer und Mangan sowie Vitamin B1 und Biotin.

Gemüse

Seit Urzeiten sammelte der Mensch wild wachsende Wurzeln, Blätter und Stängel. Die Kultivierung des einst wilden Gemüses hatte vor etwa 2000 v. Chr. begonnen. So bauten bereits die alten Ägypter einiges an: Dicke Bohnen, Kürbisse, Zwiebel, Knoblauch, Melonen und Kohl; die Mayas kultivierten Mais und Bohnen.

Viele der Gemüsesorten haben eine sehr lange Geschichte, andere dagegen befinden sich auf unserem Speiseplan erst seit relativ kurzer Zeit. So wurde z. B. die wilde Form von Pastinake schon von den Sammlern und Jägern gegessen, manches Gemüse wie Blumenkohl, Kohlrabi, Wirsing, Spinat, Spargel und Blattsalat fand dagegen erst im Laufe des Mittelalters den Weg von südlichen Ländern in den Norden. Im 16. Jahrhundert wurde dann die Auswahl um Bohnen, Tomaten, Kartoffeln und Mais ergänzt, die mit den spanischen und portugiesischen Eroberern aus Südamerika kamen. Obwohl es bei den Kartoffeln und Tomaten noch einige Zeit dauerte, denn anfangs wurden sie als eine botanische Attraktion in botanischen Gärten bewundert, ihrer schönen Blüten oder Früchte wegen. Als Gemüse wurden sie erst später angebaut.

Gemüse hat im Laufe der Geschichte als Lebensmittel nie so einen hohen Stellenwert genossen wie Fleisch und Getreide, denn der Mensch war darauf ausgerichtet, sich am Leben zu erhalten und bevorzugte deswegen eine energiereiche Kost – Fleisch und Getreide.*

Gemüse liefert relativ wenig Kohlenhydrate, Eiweiße und Fette, ist aber enorm reich an Vitalstoffen: Vitaminen, Mineralstoffen, Spurenelementen, Ballaststoffen und den sekundären Pflanzenstoffen. Die Vitalstoffkonzentration nimmt zu mit der Reife der Pflanze. Gemüse wird gerne gekocht, gedünstet, gebraten, aber auch roh gegessen (Kartoffeln, grüne Bohnen und Auberginen dürfen nur gekocht gegessen werden). Durch den Kochvorgang werden die Nährstoffe besser aufgespalten und das Gemüse kann dadurch besser verstoffwechselt werden. Manche Inhaltsstoffe werden erst dann frei gegeben (u. a. Beta-Karotin und Lykopin). Besonders empfehlenswert ist Dünsten und kurzes Anbraten (Wokgemüse).

---

* Von „Pflanzenkost und Milchprodukten" haben sich in Europa lange Zeit die Bauern ernähren müssen, die „nur einmal im Jahr ihr Schlachtfest mit Schweinefleisch" hatten (Borst 2004, S. 196).

Rohkost

Ein Großteil der Gemüse wird gerne als Rohkost gegessen. In erster Linie sind es die Blattsalate, Gurken und Tomaten. Als Bestandteil eines Menüs gereicht, bereichern sie vor allem das Mittagsessen. Die Meinungen und Empfehlungen gehen bei Rohkost weit auseinander. Den Rohköstlern und den Anhängern der anthroposophischen Ernährungslehre, der Evers-Diät und Schnitzer-Kost stehen entgegen die Fürsprecher der Traditionellen Chinesischen Medizin, der Ernährungslehre der großen Heilerin Hildegard von Bingen und die Makrobiotiker. Wo die Ersten Rohkost als Nahrungsgrundlage empfehlen (bis zu 100 Prozent Rohkost – u. a. Walter Sommer, Norman Walker), meiden andere das Rohe seit Menschengedenken (z. B. Chinesen), oder finden es als nicht empfehlenswert (heilige Hildegard, Makrobiotiker).

Die Rohkostbefürworter halten Ernährung mit roher Pflanzennahrung für die gesündeste Art, sich zu ernähren und manche von ihnen werden sogar steinalt dabei (wie Dr. Norman Walker). Ihre Argumente: Der Mensch ist ein Pflanzenfresser, der in seiner Geschichte ganze Epochen von rohen Pflanzen, Früchten, Samen und Nüssen gelebt hat. Rohkost ist zudem „die einzig lebendige Kost" (Diamond 1992, S. 183f) – natürlich, unverändert und ursprünglich, eben so, wie die Natur sie geschaffen hat. Durch Kochen wird der Nährstoffreichtum – die Vitalstoffe, zerstört. Die einst vitale Nahrung wird tot gekocht.

Die Befürworter des Kochvorgangs halten dagegen das Kochen für unentbehrlich: Durch die Hitzeeinwirkung werden die Nährstoffe besser aufgespalten. Das Essen wird dadurch leichter verdaulich und kann besser verstoffwechselt werden. – Was nutzt ein hoher Gehalt an Nährstoffen, wenn sie für den Körper nicht assimilierbar sind.

Die 3000 Jahre alte Traditionelle Chinesische Medizin hält Rohkost grundsätzlich für schädlich, da sie Energiemangel verursachen kann. Aus ihrer Sicht ist Rohkost nicht nur kalt im Sinne von niedriger physischer Temperatur, sondern wirkt auch energetisch abkühlend. Dem zufolge kühlt sie zu sehr die Mitte (den Dreifachen Erwärmer) – Magen, Milz, Leber und Galle. Vor allem die Milz leidet darunter, denn es kommt zu einem Mangel an Milz-Energie (Milz-Qi), was zuerst die Milz und dann den Körper schwächt. (Auch zu viel an sauren Milchprodukten (Joghurt) und Südfrüchten kann Energiemangel verursachen, da sie auch abkühlend wirken.) Zu wenig Energie im Körper äußert sich als Müdigkeit, Interessenlosigkeit, Konzentrationsmangel, Trägheit oder gar Unbehagen. Der Körper friert und verlangt nach viel Schlaf oder langen Ruhepausen, oft nach Süßigkeiten. Bei genug Energie strotzt er dagegen vor Vitalität und Stärke; kommt mit dem Leben, wie mit den äußerlichen Einflüssen (kaltes Wetter, verschnupfte Umgebung usw.) bestens zurecht.

Auch die heilige Hildegard war der Meinung, dass der Mensch Rohkost meiden soll, da sie sonst der Milz – welche sie als den großen Beschützer des Herzens sah – schadet. Sie empfahl die Blattsalate und anderes Rohgemüse, vor dem Essen zu beizen – mit Essig, Öl, Salz, Dill und Knoblauch (vgl. Strehlov 2003, S. 79).

Rohkost wird tatsächlich nicht von allen vertragen. Seine Verträglichkeit ist von der Jahreszeit (wird man der Hitze oder Kälte ausgesetzt), der Menge, Tageszeit sowie der Konstitution des einzelnen Menschen abhängig. In größeren Mengen gegessen, lässt sie manche Salatgenießer deutlich ihre abkühlende Wirkung spüren, denn das rohe, kalte Gemüse kühlt den Magen ab und lähmt so sein Verdauungsfeuer. Wird traditionell zuerst warme Suppe und erst dann die Rohkost zusammen mit wärmenden Speisen gegessen, wird die energetische Wirkung ausbalanciert. Der Körper profitiert davon – besonders in den kalten Monaten.

Auch von Mensch zu Mensch ist die Verträglichkeit von Rohkost verschieden. Die chinesische Ernährungslehre unterscheidet den warmen Yang-Menschen, dem immer warm ist und der von Energie nur so strotzt. Und den Yin-Menschen, dem meistens kalt ist und der mit kalten Händen und Füßen durch das Leben geht und eher müde und skeptisch als zufrieden und vital wirkt. Der warme Yang-Mensch kann schneller Rohkost vertragen als der sowieso schon ständig frierende Yin-Mensch.

Achtet man auf die energetische Beschaffenheit der Lebensmitteln, kann man leicht die energetischen Defizite ausgleichen. Was viele auch intuitiv tun: Sie essen bei Kälte gekochte, warme, gut gewürzte (thermisch heiße) Speisen, bei heißem Wetter dagegen eher Kaltschalen und Salate. In den traditionellen Küchen wird bis heute den Jahreszeiten entsprechend gekocht: im Winter warm, nährend und herzhaft, im Sommer dagegen leicht und kühl.

Saisongemüse

Früher war es eine Selbstverständlichkeit, Saisongemüse aus der Umgebung zu kaufen. Die Speisen und der Mensch profitierten davon: Saisongemüse ist frisch und ausgereift, folglich ist auch sein Gehalt an Vitalstoffen viel größer als bei importiertem oder Gewächshausgemüse. Erntefrisches Gemüse zuzubereiten, erfreut die Sinne mit ihrem prallen, lebendigen Aussehen und frischem Aroma. Saisongerecht gekauft, sorgt es für Abwechslung und hebt die Jahreszeiten hervor, sodass sie voll ausgekostet werden können. (Was nicht immer zu Verfügung steht, wird auch mehr geschätzt.) Klimamäßig sind regionale Produkte besser unserem Leben angepasst: Sie wachsen und gedeihen in demselben Lebensraum wie wir. Kaufen wir das Gemüse aus der Region, werden darüber hinaus lange Transportwege erspart, was ökonomisch und ökologisch sinnvoll ist.

Gemüsesorten

Zwiebelgemüse

Zwiebel, Knoblauch, Schnittlauch, Lauch und Bärlauch haben einen charakteristischen beißendscharfen Geschmack, für den die Sulfide verantwortlich sind. Sulfide sind Vitalstoffe, die das Zwiebelgemüse in unterschiedlich großen Konzentrationen enthält. Bei Zwiebelschneiden treiben sie vielen schnell die Tränen in die Augen.

Zwiebel

Schon im alten Ägypten bekannt und geschätzt, gehört die Zwiebel in jede Küche: als Gemüse, Gewürz und als Heilmittel. Ihre Größe und Schärfe variiert von Sorte zu Sorte. Die größten und mildesten sind die Gemüsezwiebeln, die kleinsten die Perlzwiebeln, auch Silberzwiebeln genannt. Recht klein sind auch Schalotten und Frühlingszwiebeln. Die letzten werden noch unreif geerntet und nebst Blättern zubereitet. Die meist gegessene ist die gelbe Küchenzwiebel (auch in weiß und rot zu bekommen), die besonders gut zu Fleisch und Fleischsoßen passt, die dadurch herzhafter und aromatischer schmecken. Als Gemüse wird sie gerne gefüllt gebraten.

Zwiebel ist sehr heilwirksam. Neben Knoblauch und Honig gehört sie zu den „bekanntesten Naturarzneien". Sie ist reich nicht nur an Vitamin C und Beta-Karotin sowie Mineralien wie Zink, Fluor, Chrom und Kalium, sondern auch an den sekundären Pflanzenstoffen: unter anderem Allicin, einem Vitalstoff (Sulfid), der beim Zwiebelschneiden vielen schnell die Tränen in die Augen treibt. Nicht umsonst nennt sagt der Volksmund über sie: „Hat sieben Häute, beißt alle Leute". Ihrer tränenreichen Wirkung zum Trotz ist die Zwiebel dem Menschen gut gesinnt, denn sie enthält viele Substanzen, die dem Menschen helfen, zuallererst das Quercetin, ein Flavonoid, der sehr reichlich in der Zwiebelschale vorkommt und stark entzündungshemmend ist. Werden Zwiebelschalen in Hühnersuppe mitgekocht, helfen beide, mit einer Erkältung schnell fertig zu werden. Auch die Traditionelle Chinesische Medizin empfiehlt die Zwiebel bei Erkältungskrankheiten.

Die Zwiebel ist zudem ein „vorzügliches Herzmittel" und kommt auch den Zähnen und den Knochen zugute: Sie hält die Gefäße jung, lindert Schmerzen und Schwellungen und unterstützt die Verdauung, insbesondere die Eiweißverdauung. Es wird deswegen empfohlen Fleisch immer mit Zwiebeln zuzubereiten. Auch nach der Traditionellen Tibetischen Medizin regt die Zwiebel die Verdauung an, da sie energetisch heiß ist.

Ein altbewährtes Heilmittel ist der Zwiebelhustensaft.* Er löst den Schleim und hilft beim Abhusten. Eine in der Mitte durchgeschnittene Zwiebel hilft bei Insektenstichen. Schnell an die Stelle gepresst, bringt sie Erleichterung: Die Schmerzen und die Schwellung gehen zurück. In der Fachliteratur wird auch geraten, bei einem Stich in der Mundhöhle, auf dem Weg zum Arzt eine Zwiebel zu kauen.

Die Wirksamkeit der Zwiebel ist schon von alters her bekannt. Geschätzt haben sie deswegen genauso die alten Ägypter wie auch der Begründer der Schulmedizin, Hippokrates. In alten Kräuterbüchern wird sie als ein Allheilmittel angepriesen. In Zeiten der großen Seuchen wurde sie nicht nur vorbeugend gegessen, sondern auch an die Tür gehängt, in dem Glauben, sie habe die Kraft diese abzuwenden.

Speisezwiebel gib es das ganze Jahr über, da sie sich sehr gut lagern lässt. Frische Schalotten sind im Juni auf dem Markt, die Perlzwiebeln im August und die Frühlingszwiebeln (hiesige), wie der Name auch besagt, sind im Frühling da.

---

* Eine große Zwiebel klein würfeln, mit 2 El Zucker oder noch besser Honig vermengen. In einem Becher zugedeckt 24 Stunden warm stehen lassen. Teelöffelweise einnehmen.

Knoblauch

Der Knoblauch kommt genauso wie die Zwiebel aus dem alten Ägypten und sollte wie diese den Pyramidenerbauern ermöglichen, gesund und stark zu bleiben. Er besteht aus Haupt- und Nebenzwiebeln, Knoblauchzehen genannt. Der viel größere Gemüseknoblauch ist im mediterranen Raum zu Hause. Viel milder und nur aus einer Zwiebel bestehend, wird er gerne als Gemüse gegessen, gedünstet oder gebraten. Viele traditionelle Küchen sind ohne Knoblauch fast unvorstellbar. Gerade sein größter Makel, der Geruch, macht ihn so unentbehrlich, denn er verleiht den Gerichten ein unnachahmliches südländisches Flair, verfeinert den Geschmack und gibt den Speisen eine pikante Note. Knoblauch passt genauso gut zu Fleischgerichten, Soßen, Suppen und Eintöpfen wie zu Salaten, Quark und Butter.

Was den Knoblauch so wertvoll macht, sind nicht nur sein Geschmack und Aroma, sondern auch seine Heilwirkungen, die seit Urzeiten bekannt sind. Nicht nur die alten Ägypter, sondern auch die antiken Ärzte haben ihn deswegen geschätzt. Im Mittelalter wurde der Knoblauch in ganz Europa bekannt. In alten mittelalterlichen Kräuterbüchern beschreibt man ihn nicht nur als Mittel gegen viele Beschwerden, sondern auch als ein Aphrodisiakum, der *„lust zu den ehlichen wercken"** macht. Die Menschen glaubten zudem lange Zeit, dass Knoblauch schützende Kräfte besitze. Bei den Germanen soll er gegen böse Geister und Dämonen helfen, später im Mittelalter kamen noch die Vampire dazu: Als Bannmittel wurden damals ganze Knoblauchzöpfe über die Türe und in die Fenster gehängt. Diese schützende Wirkung ist auch heute bekannt und zwar unter den Naturheilkundigen, die in der Blütentherapie (die kalifornischen Blütenessenzen) seine Essenz gegen negative Schwingungen und Energien und für mehr Widerstandskraft einsetzen. Viele Gärtner setzen den Knoblauch vorbeugend zwischen andere Kulturen, um sie gesund zu erhalten.

Knoblauch ist reich an *Allicin* und *Ajoen*. Wirkstoffe, die ihn zwar bei vielen unbeliebt machen, die jedoch dem Menschen gut gesonnen sind: Sie helfen die Gefäße frei und elastisch, das Blut fließend und das Herz jung zu halten. Sie stärken die Immunabwehr, sodass auch die Schnupfenviren großen Respekt von ihnen haben. Die beiden Wirkstoffe

---

* Leonard Fuchs (ein Arzt aus dem 16. Jh.) zit. nach: EU.L.E.N.-Spiegel 4/1998, S. 5 zu finden unter: www.euleew.de/images/EULEN-SPIEGEL/1998/1998-4_i_web_EULE.pdf

verleihen dem Knoblauch eine ausgeprägte antibiotische Wirkung, welche durch Einlegen in Essig noch gesteigert werden kann. Wird der Knoblauch zerquetscht, entsteht mehr *Allicin*. Wird er in Öl erwärmt mehr *Ajoen*. Den Fachbüchern nach sollte man in medizinischem Sinne 1-2 Knoblauchzehen täglich verspeisen. Am besten ist der frische Knoblauch geeignet, da das *Ajoen* in den Tabletten und desgleichen nicht vorkommt. Auch die heilige Hildegard empfahl, den Knoblauch so zu essen.

Um den lästigen Geruch, zu neutralisieren, werden viele Ratschläge erteilt: Man soll Weizen, Gerste, grünes Gemüse, vor allem aber Petersilie danach essen. Viele schwören auf Gewürznelken (1-2 nach dem Essen kauen). Der Tipp kommt aus dem alten China. Wer damals beim Kaiser vorstellig sein sollte, musste in seinem Angesicht Nelken kauen, um ihn mit frischem Atem zu erfreuen.

Knoblauch gibt es ganzjährig, da er ein Wintergemüse ist und sich gut lagern lässt. Der Gemüseknoblauch ist im Sommer an manchen Gemüsemärkten zu bekommen.

Lauch (Porree)

Lauch wurde genauso wie Zwiebel und Knoblauch schon von den alten Ägyptern gern verspeist. Heutzutage wird er vor allem in Europa angebaut. Gegessen wird er roh und gekocht, als Gemüse oder als Bestandteil der Suppengemüse. Verzehrt wird vorzugsweise der weiße Schaft, die Blätter kommen dann in die Suppe. Am zartesten schmeckt der Sommerlauch, der auch aromatischer ist als der Winterlauch.

Lauch enthält viele Mineralstoffe und Spurenelemente und ist reich an Vitamin C. Er regt die Verdauung an, unterstützt das Immunsystem und ist ein Freund der Harnblase, denn er kann die Mikroben, die sich dahin verirren, zerstören. Seine Schärfe kommt, genau wie bei Zwiebel und Knoblauch, von dem herz- und gefäßfreundlichen Allicin. Lauch wird das ganze Jahr über angeboten – zuerst der Sommerlauch, dann der Herbst- und Winterlauch.

Knollen- und Wurzelgemüse

Knollen- und Wurzelgemüse sind die nahrhaftesten Gemüsesorten. Was auch nicht verwunderlich ist, da die unterirdisch wachsenden Teile der Pflanze als Vorratsspeicher dienen. Mit Ausnahme von Sellerie und Wurzelpetersilie werden nur die Speicherorgane der jeweiligen Pflanze, die Knollen und Wurzeln, verzehrt.

Kartoffeln

Kartoffeln gehören in vielen Regionen der Welt zu den Grundnahrungsmitteln. Nach Europa kamen sie schon im 16. Jahrhundert, von den spanischen Eroberern aus Südamerika mitgebracht. Jahrzehnte lang wurden sie jedoch als botanische Neuigkeit betrachtet und ihrer schönen Blüten wegen gepflanzt. Erst seit dem 18. Jahrhundert wurden sie als Gemüse großflächig angebaut.

Was die Spanier damals mitgenommen haben, war keine Wildart, sondern eine Kulturkartoffel, die von den Inkas schon seit eineinhalb Jahrtausenden gezüchtet wurde. Für die Andenbewohner waren Kartoffeln ein Hauptnahrungsmittel. Sie entwickelten sogar ein Trockenverfahren, welches die Kartoffeln (*papa seca*, *chuno*) fast unbegrenzt haltbar machte. Auf diese Weise konnten sie sich vor den Auswirkungen einer Missernte schützen.

In Europa sind Kartoffeln erst mit der Zeit ein Volksnahrungsmittel geworden. Sie halfen, die damals immer noch grassierenden Hungersnöte zu verhindern, es sei denn, die Erdäpfel fielen selbst der Kartoffelfäule zum Opfer. Das Wissen der Inkas über das Trockenverfahren kam leider mit den Kartoffeln nicht mit.

Kartoffeln gehören zu den nährstoffreichsten Lebensmitteln. Obwohl sie vor allem als Stärkelieferanten gelten, sind sie auch eine gute Eiweißquelle, denn sie liefern ein hochwertiges Eiweiß. Auch ihre Kohlenhydrate sind sehr wertvoll: Gekocht sind sie leicht verdaulich und werden gerne auch Genesenden gegeben (meistens als Püree). Erkaltet enthalten sie eine resistente Stärke, die nicht in Dünndarm, sondern erst in Dickdarm verdaut werden kann. Dabei entstehen Fettsäuren, die die Dickdarmzellen nähren und die Schleimhaut aufbauen. Auf diese Weise sorgt die resistente Stärke für gesunde Darmzellen* und nährt dabei auch die gesundheitsförderlichen Darmbakterien (siehe S. 29).

Kartoffeln machen lange satt und versorgen den Körper mit wichtigen Vitaminen, Mineralien und vielen Ballaststoffen. Besonders reich sind sie an Kalium und wirken dadurch entwässernd und entschlackend. Da sie basisch sind, helfen sie auch bei Sodbrennen, da sie die Magensäureproduktion hemmen.

---

* Mehr darüber in: www.ugb.de/exklusiv/fragen-service/resistente-starke/?resistentestaerke...

Aus der Sicht der Traditionellen Chinesischen Medizin und deren Ernährungslehre gehören Kartoffeln zu den „wenigen Gemüse, die das Nieren-Yin stärken" (Flaws 1998, S. 114).

Kartoffeln wurden früher oft mit Milch gegessen, was eine wertvolle Kombination ist, da sich die Nährstoffe sehr gut ergänzen. Kocht man die Knollen in der Schale, behalten sie die meisten Inhaltstoffe (viele befinden sich unter der Schale). Am besten erst nach dem Kochen nachsalzen (mit Stein- oder Meersalz). Das Kochwasser kann man als Trunk behalten, denn es enthält viele wertvolle Inhaltsstoffe. (Mit etwas Dill und einer Prise Salz schmeckt es hervorragend.) Als Pommes am besten nur ab und zu essen, weil sie dann dreimal mehr Kalorien haben als sonst.

Kartoffeln gibt es in vielen verschiedenen Sorten, welche abwechselnd das ganze Jahr über zu bekommen sind. Im Frühjahr sind es die neuen Kartoffeln, die von vielen als Delikatesse betrachtet werden. Sie sollten stets frisch gekauft werden, weil sie gerade dann einen hohen Gehalt an Vitamin C haben. (Die ganz frischen Knollen sind prall und ihre Schale lässt sich problemlos abreiben.) Im Sommer und im Herbst gibt es die späteren Sorten, von denen viele sich auch zur Lagerung eignen.

Die Kartoffelsorten haben unterschiedliche Formen, Farben und Kocheigenschaften. Man bekommt große und kleine Kartoffeln – die weiß, gelb, braun, rötlich und sogar blau sein können. Für Salate werden am liebsten die festkochenden Sorten genommen, die nicht zerfallen und sich mühelos in Scheiben oder Würfel schneiden lassen. Für Salzkartoffeln und Kartoffelspeisen wie Kloße, *Gnocchi* und Kartoffel-puffer eignen sich die vorwiegend festkochenden Sorten. Für cremige Suppen und Pürees hingegen die mehligen.

Kartoffeln lassen sich gut lagern: immer dunkel, trocken, luftig und am besten etwas kühl. Entdeckt man *grüne Stellen*, müssen sie großzügig weggeschnitten werden, genau wie die Keime, denn beide enthalten Solanin, eine giftige Substanz, die beim Kochen nicht zerstört wird.

Möhren (Gelbe Rüben, Mohrrüben, Karotten)

Möhren sind sehr reich an Vitaminen und Mineralien. Es gibt kein anderes Gemüse, das so viel Beta-Karotin enthält. Allerdings müssen sie mit etwas Fett gedünstet werden, erst dann geben sie das Beta-Karotin frei. Außerdem enthalten sie die Vitamine K, B1, B2, C und Folsäure. Die Wintermöhren haben mehr Beta-Karotin, die jungen Sommermöhren mehr Folsäure. Möhren gehören neben den Kartoffeln zu den wichtigsten Kaliumlieferanten und enthalten darüber hinaus noch Kalzium, Eisen, Magnesium und Selen.

Möhren sind ein wahrer Segen. Dank ihrem Reichtum an Pektinen helfen sie schnell auf natürliche Weise gegen Durchfall und wirken heilsam bei verschiedenen Magenbeschwerden. *Kleinen Kindern wird bei Durchfall schon immer erfolgreich ein Möhrenpüree* gegeben.* (Babys bekommen es zusammen mit Milch in einer Milchflasche.) Auch Genesenden wird gerne Karottenmus serviert.

Möhren schützen und entschlacken den Körper. Sie stärken das Immunsystem und sorgen für ein gesundes Herz und freie, biegsame Gefäße. Sie sind gut für die Zellen, halten die Haut jung und tragen auch zu gutem Aussehen von Haaren und Nägeln bei. Sie unterstützen zudem die Hormonbildung von Testosteron und Progesteron, den männlichen und den weiblichen Hormonen und werden den zukünftigen Vätern wärmstens empfohlen.** (Im Mittelalter wurden sie als Aphrodisiakum gepriesen.) Möhren sind gut auch für die Augen: Sie verhindern die Nachtblindheit und halten die Augen fit.

Möhren sind ein Wintergemüse, das sich gut lagern lässt und so das ganze Jahr über erhältlich ist. Sie werden roh (sehr fein gerieben), gekocht und als Saft (am besten frisch ausgepresst) genossen. Es ist empfehlenswert sie immer mit ein wenig Fett zu essen.

Rote Bete (Rote Rübe)

Rote Beten werden in Europa bereits seit dem Mittelalter kultiviert. Gegessen werden die Rüben vor allem als Gemüse oder Suppe. Dass sie gekocht besser sind als roh, wusste schon die heilige Hildegard.

Die Rüben sind stark basisch und sehr reich an sekundären Pflanzenbiostoffen (Fflavonoiden) und Folsäure. Auch der Gehalt an anderen Vitaminen ist hoch (vor allem C, B1 und B2). Sie bieten dazu viel an Mineralien wie Mangan, Kupfer und Kalium, etwas weniger an Eisen, Magnesium, Chrom und Zink. Enthalten zudem auch Silizium und zwar

---

* Karottensuppe nach Moro: 500 g Möhren, 1 L Wasser , 3 g Salz. Die Möhren werden *Minimum 60 Minuten* gekocht, püriert und dann warm mehrmals täglich dem Kind gegeben. Mehr darüber unter: www.netmoms.de/magazin/gesundheit/durchfall-bei-kindern/ karottsuppe-nach-moro
** Schon Hippokrates empfahl, die Möhren zusammen mit Wein gegen Unfruchtbarkeit zu essen.

in einer leicht assimilierbaren Form. Wachsen die Rüben in einer Gegend mit genug Selen in der Erde, haben sie auch davon ganze Menge.

Rote Beten werden oft als ein Jungbrunnen angepriesen: Sie regenerieren die Zellen, festigen die Knochen, die Haut und das Bindegewebe. Sie helfen den Gefäßen, biegsam zu bleiben und entgiften die Leber. Zudem stärken sie das Immunsystem und fordern die Galle, mehr Gallenflüssigkeit zu produzieren. Schon in der Antike wurden sie als blutbildend angesehen.

Zum Essen eignen sich am besten feste kleine Rüben oder Bio-Rüben. Grob gerieben und mit ein wenig Oliven- oder Rapsöl gedünstet, enthalten sie die meisten Inhaltsstoffe. Es ist vorteilhaft sie dann, mit Zitronensaft anzumachen. Wer den frischen Rübensaft trinken möchte, soll eine Stunde abwarten und schluckweise austrinken: Der Saft ist so energetisch aufgeladen, dass es einem leicht schwindelig davon werden kann.

Rote Beten sind ein Wintergemüse und ganzjährig erhältlich. Im Frühsommer werden sie auf den Gemüsemärkten samt Blättern angeboten. Daraus lässt sich ein Gemüse oder eine Sommersuppe zubereiten, die an heißen Tagen auch kalt gegessen werden kann.

Petersilie

Petersilie hat einen hohen Heilwert, der schon in der Antike bekannt war. Die weißen Wurzeln gibt es als Wurzel- und als Blattpetersilie, bei der man zwischen glatten und krausen wählen kann. Die Wurzeln gehören in vielen traditionellen Küchen zu Suppengemüse, die Blattpetersilie wird mit Vorliebe über Speisen gestreut.

Petersilie ist sehr reich an Vitalstoffen. Sie enthält viel Vitamin C (v. a die Blattpetersilie), Folsäure, Niacin, Beta-Karotin und Vitamin E sowie Mineralien: Kalium, Eisen und Kalzium; relativ viel enthält sie auch von dem Spurenelement Mangan. Dazu kommen die vielen sekundären Pflanzenstoffe wie Flavonoide, Chlorophyll und Aromastoffe (Terpene).

Petersilie wirkt entwässernd, entgiftend und blutbildend, darüber hinaus stärkt sie den Stoffwechsel und das Immunsystem; häufig gegessen, senkt sie den Blutdruck. Zerstoßene Petersilienblätter helfen äußerlich bei Prellungen und Verstauchungen. Wegen ihrer Uterus stimulierenden Wirkungen, sollte die Petersilie jedoch in der Schwangerschaft nicht in großen Mengen gegessen werden.

Petersilie kann man leicht zu Hause kultivieren. Dazu topft man einfach ein paar Petersilienwurzeln in einen Blumentopf ein.

Pastinake
Pastinake ist ein uraltes Gemüse, das der Wurzelpetersilie sehr ähnelt. Früher viel gegessen, wurde sie mit der Zeit von der Möhre verdrängt. Nur in Frankreich und Skandinavien gilt sie als Delikatesse, sonst wird sie eher selten zubereitet.

Das Gemüse ist sehr reich an Pflanzenfasern und Mineralien (Kalium, Mangan, Zink) und enthält viel Folsäure. Es schmeckt am besten nach dem ersten Frost, da die Stärke dann in Zucker umgewandelt wird. Gegessen wird die Pastinake geschmort als Beilage zum Fleisch.

Sellerie
Sellerie gibt es als Stangen- und Knollensellerie. Der erste kommt aus der mediterranen Küche, die viel robusteren Knollen gehören in Europa zu dem wichtigsten Freilandgemüse.

Sellerie, vor allem Knollensellerie, ist reich an Vitaminen, Mineralstoffen und sekundären Pflanzenstoffen sowie ätherischen Ölen. Beide Sorten regen den Stoffwechsel an und sind blutdrucksenkend. (Dazu werden von den Kundigen zwei Stangen am Tag empfohlen.) Der Knollensellerie hat auch leicht harntreibende und entzündungshemmende Wirkungen und unterstützt darüber hinaus auch die Ausscheidung von Harnsalzen. Stangensellerie wird vor allem für Rohkostplatten genommen. Knollensellerie ist ein Bestandteil der Suppengemüse, wird aber gerne auch roh gegessen (Waldorfsalat). Nach der hl. Hildegard soll gekochter Sellerie dem Menschen „gesunde Säfte" machen.

Rettich
Rettich gibt es in vielen verschiedenen Formen und Sorten. Der bekannteste ist der lange weiße *Speiserettich* (Radi). Der schwarze Winterrettich ist viel kleiner und schärfer im Geschmack. Der größte unter den Rettichen ist *Daikon-Rettich*, der ein wichtiger Bestandteil der japanischen Küche ist. Der kleinste ist der Monatsrettich, eine niedliche Form des Rettichs, der gewöhnlich *Radieschen* genannt wird und gerne mit einem Butterbrot oder in Salaten gegessen wird.

Rettich kommt ursprünglich aus Vorderasien und war schon den alten Chinesen und Ägyptern bekannt. Auch die Germanen wussten den Rettich und seine Heilwirkungen zu schätzen. Lange Zeit wurde er vor allem wegen seiner Heilkräfte angebaut und hatte seinen Platz in allen mittelalterlichen Klöstergärten.

Seinen Geschmack und seine Heilwirkungen verdankt das Gemüse den sekundären Pflanzenstoffen wie Senfölen und Bitterstoffen. Von alters her wird der Rettich vor allem gegen Husten und Erkältung empfohlen und als frisch gepresster Saft oder Sirup eingenommen. Den schleimlösenden Sirup kann man ganz leicht zu Hause herstellen.*

Der Rettich regt einerseits die Verdauung an, reinigt den Darm und die Leber und fördert den Gallenfluss, andererseits ist er schwer verdaulich, sodass er besonders als Rohkost nicht für alle geeignet ist. Auch die heilige Hildegard empfahl ihn nur den gesunden Menschen. Der Rettich enthält viel Vitamin C und ist reich an Kalium, Eisen, Kalzium und Phosphor.

Den weißen Speiserettich gibt es als Sommer- und als Winterrettich. Den kugeligen *Schwarzen Rettich* gibt es erst ab Herbst zu kaufen. Die kleinen *Radieschen* sind (als hiesiges Freilandgemüse) im Frühling zu bekommen. Alle Arten werden vor allem roh verzehrt, können aber auch in Butter gedünstet werden.

Meerrettich
Meerrettich ist ein Verwandter des Rettichs und in Europa schon seit dem Mittelalter bekannt. In früheren Zeiten wurde er den Seeleuten mitgegeben, um dem Skorbut auf langen Seereisen vorzubeugen. Was uns heute nicht wundert, da er sehr reich an Vitamin C ist. Er enthält zudem viele B-Vitamine und Mineralien wie Kalium und Kalzium.

Was ihn so wirkungsvoll macht, ist sein Gehalt an natürlichen Antibiotika (*Benzylsenföl*), deren Vorteil gegenüber den chemischen ist, dass sie die Nutzbakterien schonen und nur die krankmachenden an der Vermehrung hindern. Besonders vorteilhaft ist der Meerrettich für die Atem- und Harnwege (bei gesunden Nieren), die er zu reinigen vermag – vor allem von Schleim und Bakterien. Er hilft zudem die Harnsäure auszuschwemmen, stimuliert den Stoffwechsel und stärkt das Immunsystem.

Verarbeitet werden vor allem die Wurzeln, am besten frisch ausgegraben, fein gerieben und mit Zitronensaft und Salz angemacht. So

---

* Ein Winterrettich wird in dünne Scheiben geschnitten, mit Honig vermischt und zugedeckt über Nacht stehen gelassen. Eine andere Methode ist, den Rettich auszuhöhlen, mit Zucker oder mit Honig aufzufüllen und ein paar Stunden ziehen lassen. Der Sirup wird teelöffelweise eingenommen.

zubereitet wird er entweder pur oder mit Sahne gegessen. Man kann ihn auch unter geriebene (gekochte) Rote Bete mischen. Beliebt ist ebenfalls eine Meerrettichsoße, die meistens mit Rindfleisch gegessen wird. Junge Meerrettichblätter kann man in Salaten verwenden, auf den großen wurden früher Brote gebacken.

Schwarzwurzel

Die Schwarzwurzel kommt ursprünglich aus Spanien und ist ein altes Gemüse, das im Mittelalter vor allem zu Heilzwecken gegessen wurde. Sonst war die Wurzel den Menschen nicht nahrhaft genug (sie ist sehr kalorienarm). Als Gemüse wird es erst seit dem 16. Jahrhundert angebaut. Die Wurzel ist reich an Pflanzenfasern, Spurenelementen und Mineralstoffen. Das Gemüse entgiftet die Leber und hilft den Knochen, stabil zu bleiben. Es regt die Verdauung an und baut die Purine ab, was sehr empfehlenswert für die Fleischesser ist.

Am besten schmecken die Wurzeln mit etwas Butter gedünstet. Es empfiehlt sich, beim Schälen Gummihandschuhe zu tragen, sonst klebt die heraustretende Milch unangenehm an den Händen. Man kann auch die Wurzeln in der Schale kochen und erst dann pellen. Die Schwarzwurzel ist ein Wintergemüse und wird oft Winterspargel genannt.

Speiserüben

Speiserüben gibt es in vielen verschiedenen Formen. Die bekanntesten sind die kleinen kugeligen *Mairüben* und die großen *Weißen Rüben*, auch *Herbstrüben* genannt. Das Lieblingsgemüse der alten Römer wird heutzutage vor allem in Frankreich gerne gegessen. Am feinsten schmeckt die *Teltower Rübchen*, eine kleine Rübe aus der Hildegard-Küche, die gerne karamellisiert wird. Die Speiserübe wird oft als Blattgemüse angebaut. Extra dicht ausgesät, bildet sie lange Stiele, die als *Stielmus (Rübstiel)* bekannt sind und als Gemüsebeilage gegessen werden. Alle Speiserüben sind kalorienarm und werden im späten Frühling und im Sommer geerntet.

Kohlrüben, Steckrüben (Erdrübe, Wruke)

Die von alters her bekannte Rübe ist ein sehr bescheidenes Gemüse, das normalerweise nicht oft gegessen wird und eher als Futter dient. In seiner Geschichte hatte sie allerdings oft die Versorgung der Hunger leidenden Menschen übernommen. Die Rüben sind sehr reich an Kalzium und

Vitamin C. Sie werden sehr groß und schwer (bis 1,5 kg) und lassen sich gut für den Winter lagern.

Topinambur

Topinambur ist eine ausdauernde Sonnenblumenart mit essbaren Knollen und wird deswegen auch Knollensonnenblume genannt. Sie wächst bis 3 Meter hoch und erfreut den Gärtner zusätzlich mit schönen Blumen. Heute fast unbekannt, wurde sie früher als Gemüse sehr geschätzt, da sie sehr anspruchslos und winterhart ist. Ursprünglich aus Nordamerika kommend, ist Topinambur in Europa seit dem 17. Jahrhundert heimisch. Topinambur wird wie Kartoffeln zubereitet und schmeckt ähnlich wie Artischocke – woher der andere Name, Erdartischocke, kommt. Die Knolle ist fett- und kalorienarm, reich aber an Vitamin B1, Kalium, Eisen, Kupfer und vor allem an *Inulin*, einem Kohlenhydrat, das nicht zu Einfachzuckern, sondern zu Säuren abgebaut wird. *Inulin* gehört zu den Präbiotika (siehe S. 2020) und hilft dem Körper, die Darmflora gesund zu halten und somit das Immunsystem zu stärken. In größeren Mengen kommt *Inulin* vor auch in Zwiebeln, Chicorée, Spargel und Getreide. Topinambur dämpft das Hungergefühl.

Stängelgemüse

Zu der Gruppe der Stängelgemüse gehören der weiße und grüne Spargel, Rhabarber, Chicorée, Artischocke und Fenchel.

Spargel

Spargel ist bis heute ein Saisongemüse und somit eine Delikatesse geblieben, die den Gaumen von Mai bis Juni erfreut. Der Spargel gehörte immer schon auf die festliche Tafel, bei den römischen Kaisern angefangen. In Südeuropa ist der Spargel schon bereits seit 2000 Jahren bekannt, weiter nach Norden gelangte er erst im Mittelalter. Begehrt wird vor allem der weiße Spargel. Durch aufgeschüttete Erde von der Sonne geschützt und per Hand gestochen, bevor er das Licht sieht, behält er seine bleiche Farbe. Der grüne Spargel braucht nicht so viel Aufwand und kann sogar maschinell geerntet werden. Da er die Sonne zu sehen bekommt, schmeckt er kräftiger als der weiße.

Spargel enthält eine Vielzahl an Vitaminen, wertvollen Mineralstoffen und sekundären Pflanzenstoffen und ist sehr kalorienarm. Neben den Vitaminen C, B2, E, K und Folsäure bietet er vor allem Kalium, Kalzium,

Eisen und Mangan. Spargel versorgt die Menschen im Frühling mit frischen Vitaminen und hilft, den Körper zu entschlacken. Darüber hinaus schenkt er ein gutes Aussehen und tiefen Schlaf. Geerntet wird er von Ende April bis zum 24. Juni.

Rhabarber

Rhabarber gehört zu den ältesten Pflanzen und wurde von den alten Chinesen schon 2700 v. Chr. kultiviert. Das richtig sauer schmeckende Gemüse wird für Kuchen, Marmeladen und Kompotte verwendet. Sein saurer Geschmack kommt nicht von viel Vitamin C (wovon er nicht besonders viel enthält), sondern von den Fruchtsäuren – Apfel- und Zitronensäure.

Rhabarber gehört zu den an *Oxalatsäure* reichsten Gemüsen und wird deswegen von vielen gemieden. Die Oxalatsäure steckt jedoch vorwiegend in den Blättern, der Oxalatsäuregehalt in den Stangen wird erst nach dem 21. Juni hoch.

Rhabarber ist ein guter Vitaminspender: Er bietet im Frühling immerhin etwas von frischem Vitamin C und eine Vielzahl an B-Vitaminen; liefert auch Mineralien wie Kalzium, Kalium und Magnesium. Wirkt zudem entgiftend und vitalisierend. Zubereitet werden die Stiele, von denen zuvor die Haut abgezogen wird. Geerntet wird Rhabarber nur bis zum 21. Juni (siehe oben).

Artischocke

Artischocke ist eine Blütenknospe, von der die Blütenblätter und der fein schmeckende Boden verzehrt werden. Die Pflanze selbst kann bis 2 Meter groß werden und braucht deswegen viel Platz im Garten. Artischocke gehört wie der Spargel zu einem Delikatessgemüse und war bereits in der Antike sehr beliebt. In mediterranen Ländern beheimatet, findet sie auch im übrigen Europa viele Genießer.

Artischocken sind reich an Vitaminen und Mineralien, vor allem Vitamin C und den B-Vitaminen sowie Eisen und Magnesium. Was sie jedoch am wertvollstem macht, ist ihr Gehalt an dem sekundären Pflanzenstoff Cynarin – einem Bitterstoff, der sich sehr günstig auf Leber und Galle auswirkt. Von dem Stoff profitieren auch die Zellen, die regeneriert und somit verjungt werden. In seiner Geschichte wurde die Artischocke lange Zeit für ein Aphrodisiakum gehalten und unter anderem von Heinrich VIII. und Madam Pompadour gern gegessen.

Die Artischocke wird im August und September geerntet. Kaufen sollte man nur die festen Knospen mit grünen Blättern. Gegessen wird das Gemüse mit den Fingern. Die Blätter werden von außen abgezupft und ausgelutscht.

Chicorée

Chicorée ist nichts anderes als ein Spross der Zichorie, einer Kulturform der Wegwarte, deren Wurzeln seit über 100 Jahren für den Winter in Sand eingegraben und dunkel gehalten werden, bis die gelben Sprossen erscheinen. Nach etwa sechs Wochen können sie geerntet werden. Sie sind etwas bitter im Geschmack, vor allem am Keil, der abgeschnitten werden kann. (Werden sie dem Licht ausgesetzt, bekommen sie eine grüne Farbe und „verbittern" schnell.)

Chicorée ist sehr reich an Pflanzenfasern. Neben den Bitterstoffen enthält er Beta-Karotin und Folsäure. Chicorée fördert die Verdauung und trägt zudem zur Entgiftung bei, da er Schwermetalle binden und ausschwemmen kann.

Chicorée ist ein Wintergemüse und wird roh oder gedünstet gegessen. Die Sprossen werden von November bis März geerntet.

Fenchel

Fenchel ist die Lieblingspflanze der hl. Hildegard. Sie hielt sie für ein Universalheilmittel, besonders für Frauen und Kinder. In ihren Werken heißt es, er mache den Menschen „fröhlich und vermittelt ihm gute Durchblutung (...) und gute Verdauung" (zit. nach Strehlow 2003, S. 64).

Fenchel ist eine wärmende und trocknende Pflanze, die beruhigend, schleim- und krampflösend sowie entzündungshemmend wirkt. Sie wird gerne in der Kinderheilkunde als Tee und Fenchelhonig angewendet – vor allem bei Blähungen, Bauchkolik, Bauchkrämpfen und Husten. Fenchel hilft auch bei Augenentzündung. Stillende Frauen schätzen seine Milchfluss fördernde Wirkung.

Seine Knollen werden als Gemüse verwendet, seine Samen dienen als Gewürz und als heilsamer Fencheltee. Als Gemüse ist er im Sommer und Herbst zu bekommen, als Gewürz und Fencheltee das ganze Jahr über.

Kohlgemüse

Zu dem Kohlgemüse gehören viele Sorten, die verschieden in Form und Geschmack sind: Weißkohl, Rotkohl, Spitzkohl, Wirsing, Grünkohl, Blumenkohl, Brokkoli und der kleine Rosenkohl sowie Kohlrabi. Gegessen werden von dem Kohlgemüse nicht nur die Blätter (Weißkohl bis Grünkohl) sondern auch Blütenstände (Blumenkohl und Brokkoli), Knospen (Rosenkohl) und Knollen (Kohlrabi). Neben den von alters her bekannten Sorten gibt es auch den Chinakohl und den Pak-Choi-Kohl, der erst seit dem Anfang des 20. Jahrhunderts in Europa bekannt ist.

Kohlgemüse gehört in vielen traditionellen europäischen Küchen zum Herbst- und Wintergemüse und war früher ein wichtiger Vitamin- und Mineralstoffspender: Manche Sorten enthalten genauso viel Vitamin C wie Orangen (Weiß-, Grün- und Blumenkohl) oder sogar das Doppelte davon (Rosenkohl). Das Gemüse enthält zudem zahlreiche sekundäre Pflanzenstoffe wie Flavonoide, Sulfide und Senföle und darüber hinaus auch viele Ballaststoffe. Kohlgemüse ist bekannt für seine Heilwirkungen und das bereits seit der Antike. Auch heutzutage wird es von den Sach- und Heilkundigen wärmstens empfohlen – vor allem wegen der Zellen schützenden Wirkung (Brokkoli).

Weißkohl (Weißkraut)

Weißkohl ist ein sehr robustes Gemüse, das sich im Garten nicht gerne den Platz mit anderen teilt. So kann er ungeniert von dem Mineralienreichtum des Bodens profitieren. Das macht ihn reich an Mineralien wie Kalium, Kalzium, Eisen, Zink, Mangan und Selen. Obwohl gerade beim Selen die Voraussetzung erfüllt sein muss, dass der Boden selenreich ist. Der Kohl ist auch reich an Vitamin C, K, Beta-Karotin und B-Vitaminen, darunter vor allem B1, B2 und Folsäure und   enthält auch zahlreiche sekundäre Pflanzenstoffe wie Flavonoide, Sulfide und Senföle sowie sehr viele Ballaststoffe.

Weißkohl ist nicht nur ein seit alters bekanntes Gemüse, das früher traditionell im Herbst und Winter reichlich gegessen wurde, sondern auch ein wirkungsvolles Heilmittel. Schon in der Antike wurde er deswegen gepriesen und auch später als heilbringend angesehen. Besonders heilsam ist der Rohsaft: Dank seiner bioaktiven Stoffen (u. a. Anti-Ulkus-Faktor) wirkt er schützend und heilend auf die Schleimhäute in Magen und Darm und vermag auch bei saurem Aufstoßen zu helfen. Äußerlich helfen die Blätter bei verschiedenen Haut- und Gelenkproblemen, da sie entgiftend wirken. Dafür werden die Kohlblätter zerwalkt und als Kompresse angelegt.

Weißkohl wird jedoch nicht von jedem gut vertragen. Besonders mit Fett gekocht führt er zu unangenehmen Sensationen (Blähungen). Abhilfe schaffen verschiedene Kräuter und Gewürze, die mitgekocht werden: Lorbeerblätter, Piment, Pfeffer, Chili und Kümmel sowie Majoran, der erst später zugegeben wird. Das macht den Kohl viel leichter verdaulich. Viele vertragen den Kohl besser roh als Salat mit Salz und Essig (oder Zitronensaft) und Öl gebeizt oder als *Sauerkraut* (siehe S. 204f).

Weißkohl bekommt man als jungen Weißkohl im Frühsommer und als Winterweißkohl im Herbst. Der Sommerweißkohl ist nicht so dicht geschlossen und schmeckt viel milder und aromatischer, kann aber nicht so lange gelagert werden wie die Wintersorten. Eine Unterart des Weißkohls ist der *Spitzkohl*, der viel zarter ist und besonders gut als Rohkost schmeckt.

Rotkohl (Rotkraut, Blaukraut)
Rotkohl ist eine Kopfkohlsorte mit blauvioletten Blättern und ein wertvolles Wintergemüse. Sein Gehalt an Inhaltsstoffen und seine Heilwirkungen sind mit dem des Weißkohls vergleichbar. Rotkohl hat eine zellschützende Wirkung, baut die Darmflora auf und regeneriert die Darmschleimhaut. Von vielen Kundigen wird er als das selenreichste Gemüse gepriesen.

Rotkohl wird meistens gekocht oder gedünstet als Beilage zu verschiedenen Braten gegessen, besonders gern zu Gänsebraten. Das Kraut schmeckt besonders gut, wenn es in Butterschmalz oder in Gänseschmalz geschmort wird. Rotkohl gibt es als Frühkohl, der im Sommer und Herbst zu bekommen ist und den späten Kohl, der für den Winter gelagert wird. Beim Kaufen gilt: je kleiner desto besser. Die langsamer wachsenden Köpfe sind nährstoffreicher. Rotkohl kann genauso wie Weißkohl eingesäuert werden.

Wirsing
Der in lockeren, gekräuselten Köpfen wachsende Wirsing kommt ursprünglich aus Italien und wird in manchen Ländern auch „italienischer Kohl" genannt. Wirsing schmeckt herzhafter als Weißkohl, inhaltlich ist er jedoch mit ihm vergleichbar. Wirsing hat dieselbe zellschützende, entgiftende und regenerierende Wirkung.

Wirsing gibt es in frühen und späten Sorten. Seine dunkelgrünen Blätter eignen sich vorzüglich für Rouladen, schmecken aber genauso gut gedünstet oder gekocht.

Grünkohl
Grünkohl ist ein robustes Wintergemüse, das dem Frost trotzt und kann deswegen den ganzen Winter über aus dem Garten geholt werden. Nach den ersten Frosttagen schmeckt er sogar viel besser, weil die Kohlstärke unter dem Frosteinfluss in Zucker umgewandelt wird. Grünkohl ist sehr reich an Vitaminen (v. a. Vitamin C), Mineralien und sekundären Pflanzenstoffen wie *Phenolsäuren* und *Glucosaminen*, die sich dem Zellschutz verschrieben haben. Er wirkt regenerierend und entgiftend auf den Körper und versorgt ihn zudem mit Kalzium: Eine Portion Grünkohl bietet genauso viel Kalzium wie zwei Gläser Milch.

Grünkohl bekommt man den ganzen Winter über. Traditionell wird er mit herzhaftem Fleisch und Würsten geschmort. Ist er mal gekocht, sollte er nicht mehr aufgewärmt werden.

Rosenkohl
Vom Rosenkohl werden nur seine Seitenknospen gegessen, die nach dem ersten Frost noch besser schmecken, da sie dann an Zuckergehalt gewinnen.

Der Kohl ist zwar klein, aber sein Gehalt an Vitaminen und Mineralien ist beachtlich: Er ist sehr reich an Vitamin C, K und Vitamin B1 sowie Folsäure, liefert zudem reichlich Beta-Karotin, Magnesium, Mangan, Eisen und Zink. Rosenkohl sorgt für mehr Vitalität und Geistesfrische, stärkt das Bindegewebe und das Immunsystem und schützt und verjüngt die Zellen. Der Rosenkohl ist den ganzen Winter über bis zum Vorfrühling zu bekommen.

Kohlrabi (Stängelrübe)
Kohlrabi ist eine Kulturform des Kohls, die ursprünglich aus Mitteleuropa kommt. Die jungen Knollen schmecken frisch und zart und werden vor allem roh verzehrt, können aber auch gedünstet gegessen werden.

Der Kohlrabi ist sehr kalorienarm und wirkt wie die anderen Kohlsorten vorteilhaft auf das Herz und das Immunsystem. Er hilft auch bei der Zellerneuerung und verbessert die Konzentration.

Kohlrabi liefert reichlich Vitamine und Mineralstoffe, darunter vor allem Kalium, Kalzium, Magnesium und Eisen. Unter den Vitaminen sind es in erster Linie Vitamin C und Folsäure. Darüber hinaus enthält er auch Senföle sowie viele Ballaststoffe.

Am besten schmecken die kugeligen Sorten, die violetten zarter als die weißen. Der Kohlrabi ist lagerfähig und kann längere Zeit im Kühlschrank aufbewahrt werden. Wird er gedünstet, sollte er später nicht aufgewärmt werden.

Brokkoli

Obwohl schon von den alten Römern geschätzt, wurde der Brokkoli in vielen Ländern erst seit einiger Zeit recht populär. Zu verdanken hat er das seinen Heilwirkungen – in erster Linie der zellschützenden Wirkung, die ihn zu einem der gesündesten Gemüse machen. Denn der Brokkoli hat viel zu bieten: Neben dem hohen Gehalt an Vitaminen (besonders den Antioxidantien Vitamin C und Beta-Karotin) sowie Mineralien Kalzium und Magnesium, ist er vor allem reich an sekundären Pflanzenstoffen. Unter denen sich neben *Querzetin*, auch die neu entdeckten bioaktiven Substanzen – *Sulforaphane* und *Isothiocyanate* befinden, denen eine starke zellschützende Wirkung nachgesagt wird. So hilft der Brokkoli vor allem den Zellen, jung und vital zu bleiben, indem er sie schützt, kräftigt und regeneriert. Davon profitieren das Herz, die Gefäße und das Immunsystem. Brokkoli wirkt zudem blutbildend und entgiftend, hebt die Stimmung und vitalisiert den Körper. Des Öfteren gegessen schützt er die Haut vor zu viel Sonnenstrahlung.

Brokkoli wird vor allem im Mittelmeerraum angebaut, da er viel Wärme braucht. Deswegen bekommt man den hiesigen Brokkoli nur in Hochsommer, sonst kommt er aus den südlichen Ländern. Brokkoli ist kein lagerfähiges Gemüse, im Kühlschrank sollte er nicht länger als 2 Tage aufbewahrt werden. Außer in grün, gibt es ihn auch in weiß, gelb und violett. Beim Kauf sollte man auf festgeschlossene Blütenknospen achten. Gegessen wird der Brokkoli meistens in gegarter Form (bissfest), dabei werden die Blütenstiele geschält und zuerst in den Topf gegeben.

Blumenkohl

Blumenkohl ist ein Raupenliebling, deswegen wurde früher jedes Stück vor der Zubereitung 15 Minuten in Essigwasser gehalten. Heute ist der „Raupenbefall" ein Zeichen, dass er biologisch gezüchtet wurde.

Gegessen wird beim Blumenkohl der Blütenstand, den es in weiß und grün gibt. Dabei ist grün die ursprüngliche Farbe, die zurückgezüchtet wurde.

Blumenkohl enthält viele Vitamine und Mineralien, unter anderem die Folsäure sowie Kalium und Magnesium und ist reich an sekundären Pflanzenstoffen, vor allem an *Glucosinaten* (Senföle). Der grüne Blumenkohl ist gehaltvoller als der weiße.

Wie der Brokkoli (und anderes Kohlgemüse) wirkt auch Blumenkohl schützend auf die Zellen, besonders die Schleimhautzellen. Er kräftigt das Immunsystem und wirkt leicht entwässernd. Gegessen wird er roh (gebeizt) und gekocht. Sollte er im Kühlschrank aufbewahrt werden, bietet sich eine Umwicklung aus Papier an. So bleibt er drei Tage frisch. Geerntet wird er von Frühsommer bis Spätherbst.

Chinakohl

Wie der Name auch sagt, kommt das Gemüse aus China, wo es seit Jahrhunderten verwendet wird.

Chinakohl ist sehr kalorienarm und reich an Vitamin C und Folsäure. Im Unterschied zu den anderen Kohlarten ist er sehr leicht verdaulich. Chinakohl schmeckt sehr mild und wird gerne für verschiedene Füllungen, aber auch als Gemüse oder Salat genommen. Im Kühlschrank, in Papier eingewickelt, hält er sich bis zu zwei Wochen. Am besten Blatt für Blatt verwenden.

Auch Chinakohl wird milchsauer eingelegt. In der traditionellen koreanischen Küche wird bis heute *Kimchi** gemacht: Ähnlich wie das Weißkohl für das Sauerkraut wird das Chinakohl gesalzen und fermentiert dann dank der Milchsäurebakterien. Anders sind nur die Zutaten: Chilipulver, Knoblauch, Ingwer und fermentierte Fischsoße. *Kimchi* ist gut für den Magen und für das Immunsystem und soll jedem zu einem gesunden Körper verhelfen.

Die ursprüngliche Form des Chinakohls ist der *Pak-Choi,* der seit Jahrhunderten in China angebaut wird. Er ist sehr reich an Vitamin C und kalorienarm. Gegessen werden die Blätter und die Blattstängel roh oder gedünstet.

---

* Schon der im 6. Jh. v. Chr. lebende Konfuzius soll den *Kimchi* sehr geschätzt haben.

Fruchtgemüse

Fruchtgemüse gibt es in allen Größen, Formen und Farben. Dazu gehören genauso die winzigen Peperoni wie die stattlichen, riesengroßen Kürbisse. Dazwischen liegen Paprika, Tomaten, Auberginen, Gurken, Zucchini und Mais.

Paprika

Paprika kommt ursprünglich aus Südamerika. Es ist ein wärmeliebendes Gemüse und wurde lange Zeit nur in den südlichen Ländern (v. a. Spanien und Ungarn) angebaut. Paprika gibt es in vielen verschiedenen Sorten, die man in drei Gruppen ordnen kann: Gemüse-, Tomaten- und Gewürzpaprika. Gemüsepaprika ist in vielen Farben zu bekommen: meistens rot, gelb und grün, aber auch weiß, violett und orange. Die grünen Schoten schmecken etwas herb. Sie sind noch nicht so ausgereift wie die roten und gelben, die fruchtig und leicht süßlich schmecken. Gemüsepaprika wird gedünstet als Gemüse und roh als Salat gegessen. Tomatenpaprika wird vor allem zu Paprikamark verarbeitet. Die Schotten sind von roter Farbe und süßlich im Geschmack. Als Gewürzpaprika bezeichnet man die ganz kleinen, scharfen Pfefferschoten.

Paprika gehört zu den gesündesten Gemüsesorten und wird oft als Vitaminbombe bezeichnet, vor allem wegen seines sehr hohen Gehalts an Vitamin C (vier mal mehr als Zitrone) und Beta-Karotin (rote und gelbe Sorte) – den bekanntesten Antioxidantien. Die bunten Schoten enthalten außerdem viel von Vitamin E, B1, B2, B6, Folsäure und Niazin. Sie bieten verhältnismäßig wenig Mineralstoffe, enthalten aber viel bis enorm viel von dem Polyphenol – *Capsaicin*. Der Scharfstoff ist besonders in den Kernen hoch konzentriert. Die roten Paprikaschoten beinhalten mehr Vitamine als die gelben und grünen.

Paprika gibt dem Essen einen kräftigen, würzigen Geschmack, der die Verdauung und den Stoffwechsel anregt (besonders den Eiweißstoffwechsel), die Durchblutung fördert, leicht das Blut verdünnt, die Zellen schützt und das Immunsystem stärkt. Wird Paprika roh gegessen, dann behält er das ganze Vitamin C. Wird er dagegen mit etwas Fett gedünstet, wird das Beta-Karotin frei gegeben.

Kaufen soll man die Schoten prall und glänzend. Im Kühlschrank halten sie sich bis 4-5 Tage. Dank ihrer dicken Schale behalten sie ihre Vitamine recht lange, trocknen aber schnell aus. Freilandpaprika ist vom Spätsommer bis zum Herbst zu bekommen.

Tomaten

Noch um die Jahrhundertwende waren sich viele nicht sicher, ob der „Paradiesapfel" essbar wäre. Das schon von den Azteken kultivierte Gemüse, wurde in Europa lange Zeit nur als Zierpflanze angebaut. Heutzutage gehören Tomaten zu den beliebtesten Gemüsesorten und werden weltweit kultiviert.

Tomaten bieten große Mengen an Vitamin C und Betacarotin, enthalten auch viel Folsäure und verschiedene Mineralien, unter anderem Eisen, Magnesium und Kalzium. Sie liefern reichlich sekundäre Pflanzenstoffe, unter anderem Flavonoide, Phenolsäuren und Terpene. Charakteristisch für die Tomaten sind große Mengen an *Lykopin*,* einem Karotinoid, dessen Menge in gekochten Tomaten viel größer ist als in rohen: Lykopin befindet sich in den Zellwänden und wird erst unter Einwirkung von Hitze frei gegeben.

Reife Tomaten haben eine stark antioxidative Wirkung: Sie schützen die Zellen, kräftigen das Herz und stärken das Immunsystem. Regelmäßig gegessen, helfen sie jung und aktiv zu bleiben. Aus der Sicht der Traditionellen Chinesischen Medizin sind sie energetisch kühl und können somit Hitze gut neutralisieren. Es wird empfohlen, die Tomaten in Sommer roh im Winter gedünstet oder gekocht zu essen.

Tomaten sind sonneliebende Pflanzen und ein ausgesprochenes Sommergemüse. Als Freilandtomaten sind sie von Ende Juli bis Oktober zu bekommen – aromatisch und fruchtig, sonst als Tomatenmark, Tomatensaft sowie getrocknet und in Dosen.

Frische Tomaten sollten immer ausgereift verzehrt werden. Sie enthalten dann mehr an Vitaminen und sekundären Pflanzenstoffen und schmecken aromatischer. Es ist empfehlenswert, sie immer mit ein wenig Fett (Olivenöl) zu essen. Grüne Tomaten sollten nicht verzehrt werden, da sie Solanin enthalten.

Auberginen

Das aus dem tropischen Teil Indiens stammende Gemüse braucht viel Wärme, um zu gedeihen und zu reifen. In Europa wird es deswegen vor allem in Mittelmeerraum angebaut und ist somit ein Bestandteil vieler traditioneller Küchen rund um das Mittelmeer.

---

* Lycopin hat eine schützende Wirkung auf die Gefäße und auf das Herz. Viel Lycopin enthalten v. a. Tomaten, Hagebutten und Wassermelonen.

Auberginen sind sehr kalorienarm, haben aber die Tendenz, sich mit Öl voll zu saugen. Am besten in nur ein wenig Öl anbraten und zugedeckt dünsten.

Aubergine ist reich an Mineralstoffen und leicht bitter im Geschmack. Ihre Bitterstoffe wirken sich günstig auf Leber und Galle aus. Aus der Sicht der Traditionellen Chinesischen Medizin ist die Aubergine kühl, deswegen auch hilft sie, die innere Hitze zu kühlen. Vor allem Frauen sollen jedoch nicht übermäßig viel davon essen, da sie bei manchen von ihnen den Uterus schädigen kann (vgl. Flaws 1998, S. 203).

Aubergine wird *nur gekocht* (geschmort, gebraten, gebacken) gegessen und nie roh. Die Körner werden mitgegessen. Kaufen sollte man sie im reifen Zustand: prall und dunkelviolett.

Gurken

Gurken gehören zu den ältesten Gemüsesorten und waren schon 400 Jahre v. Chr. bekannt, zuerst im alten Indien und Ägypten, später auch im antiken Griechenland und Rom. Im Mittelalter wurde die Gurke in ganz Europa kultiviert und ging dann mit den spanischen Eroberern nach Amerika. Gurken sind ein wärmeliebendes Gemüse. Um zu gedeihen, brauchen sie viel Sonne, Feuchtigkeit und ein ruhiges, windgeschütztes Plätzchen.

Gurken haben einen sehr hohen Wassergehalt und sind stark basisch. Sie sind reich an Kalium und enthalten außerdem ein Eiweiß spaltendes Enzym Erepsin. Sie wirken entwässernd, entschlackend und entsäuernd und auf der energetischen Ebene stark abkühlend. Sie sind sehr kalorienarm und von einem erfrischenden Geschmack, weswegen sie meistens roh verzehrt werden.

Äußerlich haben Gurken eine hautpflegende Wirkung, die schon in der Antike bekannt war. Eine Gurkenmaske verschönert die Haut: Sie gibt ihr die Feuchtigkeit, die sie braucht und lindert die Spannung. (Bei einem Sonnenbrand lindert sie die Hitze.) Gurken sind als Freilandgurken den ganzen Sommer zu bekommen, von Juni bis Oktober.

Zucchini

Die gurkenähnlichen Zucchini sind botanisch gesehen kleine Kürbisse. Im 15. Jahrhundert aus Mexiko nach Europa mitgebracht und lange Zeit in Italien kultiviert, werden sie in ganz Europa immer populärer. Sie sind sehr mild im Geschmack, leicht verdaulich und kalorienarm.

Die Zucchini sind reich an Vitamin C und Beta-Karotin und enthalten viel Kalium, Magnesium und Eisen. Sie entwässern, entsäuern, entgiften und entschlacken. Sie tun nicht nur den Schleimhäuten, sondern auch den Muskeln, dem Herz und dem Immunsystem gut. Gegessen werden sie roh oder gedünstet. Das Gemüse wird vor allem in Mittelmeerraum angebaut, gedeiht aber auch in Mitteleuropa.

Schmecken die Zucchini deutlich bitter, *sollten sie nicht verzehrt werden,* weil sie dann die giftigen *Cucurbitacine* enthalten können.

Kürbis
Kürbis gehört zu den ältesten Kulturpflanzen. Schon von Mayas, Inkas und Azteken angebaut, kam er mit den Spaniern im 16. Jahrhundert nach Europa. Den Kürbis gibt es in vielen verschiedenen Sorten – von dem ganz kleinen Zierkürbis bis zu dem Riesenkürbis, der bis 50 Kilo schwer sein kann.

Kürbis liefert reichlich Beta-Karotin, enthält auch viel Vitamin C, B und E sowie Mineralien Kalium, Eisen, Kupfer und Magnesium. Kürbis fördert die Verdauung, reguliert den Wasserhaushalt und stärkt das Immunsystem. Da er sehr wenig Kalorien hat und entgiftend und ausschwemmend wirkt, wird er gerne beim Abspecken gegessen. Die hl. Hildegard befand den Kürbis „zum Essen gut", die Traditionelle Chinesische Medizin betrachtet ihn als energetisch ausgewogen und gut für die Lebensenergie (*Qui*).

Kürbis wird sehr vielseitig verwendet: Gegessen wird genauso das Fleisch wie die Kerne (siehe S. 167), aus welchen auch das gut schmeckende Kürbisöl gewonnen wird. Aus dem Kürbisfleisch werden Suppen, Gemüse sowie Kuchen zubereitet. Ein Leckerbissen ist für viele der marinierte Kürbis, der gerne zu Fleisch serviert wird.

Vor allem in Afrika werden aus Kürbis verschiedene Gebrauchs-gegenstände gemacht: Gefäße, Trinkschalen und sogar Instrumente (Rasseln). Zu dem Halloweenfest verwandelt er sich in Nordamerika in einen Lampion und versucht die bösen Geister zu vertreiben. Die ganz kleinen Zierkürbisse werden im Herbst zu Dekorationszwecken benutzt.

Die Gemüsekürbisse sind ab August bis Dezember zu bekommen. Sie sollten reif, fest, frisch und sein. Ein reifer Kürbis klingt hohl beim Anklopfen.

Melonen

So werden die Früchte der tropischen Kürbisgewächse genannt. Im Unterschied zum Kürbis sind sie sehr saftig und werden stets roh gegessen. Man unterscheidet *Wasser-* und *Zuckermelonen*. Die ersten sind viel größer und ihre dicke grüne Schale beherbergt ein rosarotes saftiges Fruchtfleisch. Die reifen *Wassermelonen* erkennt man an braunen Körnern und der Intensivität der rosa Farbe. (Blassrosa deutet den unreifen Zustand an.) Wird die Melone als ganze gekauft, hilft es, darauf zu klopfen. – Hört es sich wie eine Trommel an, ist die Melone reif.

Eine aufgeschnittene Wassermelone hält sich im Kühlschrank nicht länger als einen Tag und sollte sorgfältig abgedeckt werden, da sie andere Gerüche leicht aufnehmen kann.

Die *Zuckermelonen* sind viel kleiner und in reifem Zustand angenehm süß duftend. Die bekanntesten Sorten sind die ovalen Honigmelonen und die runden Ogen-, Cantalupe- und Galiamelonen. Alle Zuckermelonen sind reich an Kalium, enthalten auch viel von den Antioxidantien Beta-Karotin und Vitamin C. Die Wassermelonen enthalten weniger von den gesundheitsfördernden Inhaltsstoffen, kompensieren dies aber mit einem sehr hohen Wassergehalt (93 Prozent).

Alle Melonen sind kalorienarm und sehr leicht verdaulich. Es ist vorteilhaft, sie auf leeren Magen zu essen, da sie nur eine sehr kurze Zeit brauchen, um den Magen zu passieren. Nach einer opulenten Mahlzeit verspeist, bleiben sie gezwungenermaßen viel länger darin und fangen dann zu gären an. Die Melonen erfrischen den Körper, in dem sie ihn mit Wasser und Energie versorgen und darüber hinaus entsäuern und entschlacken. Viele der Melonensorten gedeihen auch in Südeuropa, vor allem die Wassermelonen.

Blattgemüse

Aus botanischer Sicht gehören zu dem Salatgemüse verschiedene Pflanzengattungen und -familien: Korbblüter (Kopfsalat und Co.), Kreuzblüter (Endivie, Rucola), Baldriangewächse (Feldsalat) und Wegwarte (Radicchio). Am besten schmecken sie als Freilandgemüse, haben dann auch inhaltlich mehr zu bieten.

Besonders Spinat und Mangold sind sehr empfindlich, wenn es um deren Gehalt an Vitaminen geht, deswegen ist regionales Einkaufen von Vorteil, denn frisch verarbeitete einheimische Ware, die noch am gleichen Tag verarbeitet wird, behält am besten ihre Nährstoffe.

Blattsalate

Alle Blattsalate sind ballaststoffreich und wahre Vitamin- und Mineralspender. Sie sind reich an Vitamin C sowie Kalzium und Magnesium. Die roten Sorten bieten besonders viel Beta-Karotin und Folsäure – die grünen Chlorophyll. Die Blattsalate verbessern den Eiweißstoffwechsel und die Sauerstoffzufuhr zu den Zellen. Sie stärken das Immunsystem, das Herz und die Nerven.

Die einheimischen Freilandsalate sind von Mai bis Oktober zu bekommen, nur der Romanasalat wird erst ab August geerntet. Alle Salate sollten ausgiebig gewaschen, aber nicht gewässert werden, sonst verlieren sie viel von ihrem Vitamingehalt. Die Blattsalate werden vor allem roh gegessen, können aber auch gedünstet und gefüllt werden. Im Winter und Vorfrühling bekommt man Blattsalate nur als Treibhausware. Man kann es umgehen, indem man Rohkostsalate aus Weißkohl, Rotkohl oder Sauerkraut zubereitet.

Feldsalat (Rapunzel)

Feldsalat wurde früher auf den Feldrändern gesammelt. Heutzutage wird er in zwei Sorten kultiviert und erfreut sich immer größerer Beliebtheit. Man kann den Salat mit großen und langen oder kleinen und dunkelgrünen Blättern bekommen. Beide haben ein angenehmes Nussaroma.

Feldsalat ist sehr reich an Folsäure und Magnesium. Der Salat wirkt blutbildend und vitalisierend. Seine Wirkungsweise erhöht sich noch, wenn er mit Zitronensaft und etwas Öl zubereitet wird.

Feldsalat will zügig gewaschen und frisch zubereitet werden, sonst welkt er schnell. Als Freilandgemüse ist er von Herbst bis Frühjahr zu bekommen, meistens als Importware.

Endivie

Endivie ist eine Verwandte des Chicorées. Schon in der Antike bekannt, kam sie im Mittelalter nach Europa und wurde vor allem in der Mittelmeerregion angebaut.

Charakteristisch für Endivie ist das Bleichen, um die Blätter zarter und milder zu machen. (Die Blätter werden drei Wochen vor der Ernte zusammengebunden.) Endivie gibt es in zwei Sorten: Die glatte Winterendivie, die bitterer im Geschmack ist und die krause *Batavia*, die viel milder schmeckt.

Endivie ist reich an Folsäure, Vitamin C und Provitamin A und ist ein guter Mineralspender. Der bittere Geschmack verrät, dass sie Bitterstoffe enthält (siehe auch S. 46), deswegen ist sie empfehlenswert für Leber und Galle. Die ungebleichte Endivie enthält mehr Vitamine und Bitterstoffe als die gebleichte. Endivie wird roh als Salat oder gedünstet als Gemüse gegessen. Zu bekommen ist sie im Herbst und Winter.

Radicchio
Inhaltlich ähnelt Radicchio der Endivie. Die kleinen attraktiven Köpfe mit den roten, weiß gerippten Blättern schmecken leicht bitter und werden gerne verschiedenen Salaten zugegeben.

Gartenkresse
Gartenkresse wird gerne im Winter zu Hause kultiviert. Viel braucht sie nicht – einen Teller und etwas Wasser. Nach drei Tagen keimt sie schon und kann die Sprossen mit der Schere geschnitten werden. Als Würzmittel sorgt sie für einen Schub von Vitamin C, von dem sie reichlich enthält. Sie bietet auch viele Mineralien und Senföle, die eine antibiotische Wirkung haben. (Unter den *Sprossen* sind die *Mungobohnen-* und die *Sojasprossen* die bekanntesten.)

Neben der Gartenkresse gibt es noch die *Brunnenkresse* und die *Kapuzinerkresse*. Die erste braucht fließendes Wasser, um zu gedeihen. die zweite wird als Blumenschmuck kultiviert. Ihre Blumen, Blätter und Samen sind jedoch essbar. Die Samen werden oft unreif gesammelt und genauso wie Kapern zubereitet.

Rucola
Rucola (Rauke) ähnelt im Geschmack der Gartenkresse, denn sie entstammt derselben Pflanzenfamilie wie Endivie, Garten- und Brunnenkresse und war schon den alten Römern bekannt. Kultiviert wird sie vor allem in den Mittelmeerländern, wo sie oft auch wild anzutreffen ist. Obwohl sie Wärme liebend ist, gedeiht sie im Sommer auch in kühleren Regionen. Rucola ist leicht harntreibend und hat eine antibiotische Wirkung. Die vielen Senföle geben ihr einen stark würzigen Geschmack.

Spinat und Mangold
Mangold ist herber im Geschmack als Spinat und als Blatt- oder Stielmangold zu bekommen. Die rote Sorte ist eine Zierde des

Gemüsegartens. Beide Pflanzen sind reich an Mineralstoffen und Spurenelementen, enthalten auch viel von den schützenden Karotinoiden, vor allem Lutein, das gut für Augen ist; liefern zudem Vitamine C, K und Folsäure. Beide enthalten *Oxalatsäure*, welche das Kalzium bindet, sodass der Körper es nicht mehr aufnehmen kann. Am besten kann man es umgehen, indem man kalziumreiche Speisen getrennt isst. Spinat und Mangold fördern die Blutbildung, stärken das Immunsystem und halten die Zellen, die Schleimhäute und das Herz jung. Beide Pflanzen sollten nicht aufgewärmt werden

Sauerampfer
Es ist eine grüne Blattpflanze, die auch heutzutage gerne wild gesammelt wird für Suppen, Salate und die grüne Soße. Als Kulturpflanze ist er vor allem in privaten Gärten anzutreffen. Die Pflanze hat einen angenehmen sauren Geschmack. Inhaltlich ähnelt sie dem Spinat.

Erbsen und Mais als Gemüse
Als Gemüse werden die frischen grünen Erbsen sowie die Erbsenschoten gegessen. Die *grünen Erbsen* (Markerbsen) werden unreif geerntet und enthülst angeboten. Die *Zuckerschoten* werden gesammelt, bevor sich die Samen ausgebildet haben. Da beide selten zu bekommen sind, gelten sie als ein Leckerbissen. Markerbsen werden ab Juni bis August geerntet, die Zuckerschoten schon im Mai bis Juni.

Die grünen Erbsen sind reich an Nukleinsäuren, welche die Fähigkeit haben, den Körper dauernd zu erneuern und somit zu verjüngen.

Zuckermais als ganze Maiskolben ist frisch nur im Sommer zu bekommen, sonst als Dosenmais.

Grüne Bohnen
Die Grünen Bohnen werden als niedrige Busch- oder kletternde Stangenbohnen kultiviert und als Prinzess-, Delikatess- oder Brechbohnen angeboten. Neben den Grünen Bohnen gibt es auch die gelben *Wachsbohnen*, die angenehm mild schmecken. Die meisten Sorten sind heutzutage fadenlos.

Grüne Bohnen enthalten viel Vitamin C, K und das hautfreundliche Biotin; in kleineren Mengen liefern sie manche der B-Vitamine und Beta-Karotin. Sie bieten auch viele Mineralien wie Kalium, Mangan, Kalzium, Magnesium, Eisen und Molybdän sowie Chrom und Kupfer. Besonders interessant ist der hohe Gehalt von Molybdän und Kupfer. Molybdän baut die Purine ab, wobei es noch von Mangan unterstützt wird. Zudem enthalten grüne Bohnen auch viele sekundäre Pflanzenstoffe wie Nukleinsäuren (siehe Erbsen) und Bioflavonoide. Die grünen Bohnen sind gut für die Figur: Sie sind kalorienarm, sehr balastoffreich und wirken entgiftend und entwässernd. Dank Biotin verleihen sie der Haut und den Haaren ein gutes Aussehen.

Grüne Bohnen können als Gemüse, Salat und in Suppen gegessen werden. Milchsauer eingelegt, dienen sie als Vorrat für den Winter. Als heimische Ware sind sie von Juni bis Oktober zu bekommen. Alle grünen (und gelben) Bohnen dürfen *nur gekocht* gegessen werden.

Viel seltener werden *Dicke Bohnen (Saubohnen)* gegessen. Von den seit Jahrtausend kultivierten Bohnen werden nur die pastellgrünen Kerne verzehrt, in Butter geschmort oder in wenig Wasser gekocht. Bei dem Enthülsen soll auch der kleine Ansatz an jeder Bohne entfernt werden, sonst schmeckt das Gemüse bitter. Wie alle Bohnen können auch dicke Bohnen zusammen mit Bohnenkraut gekocht werden. Die Aussaat findet vielerorts schon im Februar statt. Geerntet wird von Juni bis Juli.

Vielfalt bewahren – Das (fast) vergessene Gemüse

Es gibt viele regionale Gemüsesorten, die fast vergessen worden sind. Werden sie wiederentdeckt und angebaut,* erhalten sie die einstige Gemüsevielfalt in der Region. Die alten Sorten sind robuster und widerstandsfähiger als die neuen Sorten, denn sie sind den regionalen Wetterbedingungen bestens angepasst (siehe auch S. 159). Da sie samenfest sind, kann man sie jedes Jahr erneut säen, ohne sich um neue Samen kümmern zu müssen, es reicht, die Samen bis dahin zu bewahren.

Zu dem alten Gemüse gehören viele verschiedene Gemüsesorten, die schmackhaft, vitamin- und mineralreich sind. Sie bereichern unser Speisezettel nicht nur geschmacklich, sondern oft auch durch ihr außergewöhnliches Aussehen wie z. B. die violetten Möhren. Seitdem sie gegessen werden, werden sie angebaut und kultiviert.

---

* Es gibt Vereine, die Saatgut-Archive für die alten Sorten anlegen und pflegen, um die Vielfalt der einstigen Sorten zu bewahren (Arche Noah, VERN, Arche des Geschmacks). Mehr darüber in: www.zentrum-der-gesundheit.de/altes-saatgut-erhalten-ia.html

Wer Spinat mag, kann auch auf anderes spinatartiges Gemüse greifen: Baumspinat, Guter Heinrich und Erdbeerspinat. Alle drei schmecken ähnlich wie Spinat und können wie er zubereitet werden. Den *Baumspinat* kann man in jedem Garten pflanzen. Es ist eine einjährige Pflanze, die leicht zu kultivieren ist. Sie braucht auch nicht besonders viel Platz, da sie nach oben wächst (bis 1,50 Meter hoch). Ab Juni kann man den ganzen Sommer über die jungen schmackhaften Blätter sammeln. Der *Gute Heinrich* ist ein Dorfgemüse, was bedeutet, dass es früher in einem Dorf überall wuchs und wurde da gesammelt, wo man ihn fand. Das Gemüse schmeckt wie Spinat und soll bei Blutarmut wirksam sein. Von dem *Erdbeerspinat* pflückt man die Blätter, die wie Spinat zubereitet werden. Die erdbeerähnliche rote Früchte kann man als Tischdekoration benutzen.

Als Dekoration für Salate eignet sich auch das *Eiskraut*. Seine wie mit Wasserperlen umrandeten Blätter wirken sehr dekorativ und können mitgegessen werden. Auch mit *Portulak* lassen sich (nicht nur) Salate dekorieren.

Zu den ungewöhnlichen Salatgemüsen gehört auch der *Mönchbart*. Ein Krähenfuss-Wegerich, der mit seinen langen grünen Stielen nicht nur bemerkenswert aussieht, sondern auch so schmeckt, nämlich knackig und fleischig. Zusammen mit Spaghetti serviert, sieht das Gemüse besonders dekorativ aus. Es ist ein saisonales Gemüse und nur von März bis Juni zu bekommen. Die Palette an Wintersalaten kann man mit *Zuckerhut* erweitern. Man kann den Salat mit der kegelförmigen Kopfform roh wie gegart oder überbacken essen.

Im Frühling ist die Zeit des *Stielmus* (Rübstiel). Es sind die Blätter der Weißen Rübe, die als Gemüse früher sehr geschätzt waren. Später kommen die verschiedenen Rüben: *Steckrüben*, *Teltower Rübchen*, die hübschen weißen *Mairüben*, *Navetten* und die milden *Butterrüben*.

Auch von dem Kohl gibt es viele regionale Sorten. Besonders gut verträglich ist der *Ur-Kohl*. Da er milder schmeckt als der Weißkohl, eignet er sich sehr gut für Rohkost-Salate.

Spät im Herbst kommt der *Schwarze Rettich*, der entschieden schärfer als der Weiße Rettich ist und die *Gelbe Bete*, die milder und süßer schmeckt als die Rote Bete sowie die vielen bunten Sorten der Mohrrübe wie die sehr süße und aromatische Duwiker und die runde Ochsenherz Möhre sowie die weißen (Vorform der orangen) und violetten Möhren, die Nachkommen der orangen und der schwarzen Ur-Möhre sind.

Wildgemüse

Als Wildgemüse bezeichnet man Pflanzen, die bis heute in ihrer ursprünglichen Form wachsen. Um sie von den Kulturpflanzen zu unterscheiden, werden sie auch heute noch oft allgemein als Unkraut bezeichnet. Das Wildgemüse ist sehr robust und genügsam. Es wächst völlig ungeachtet an Wiesen, Wegrainen, Bächen und Flussufern sowie auf brachliegenden, verwilderten Äckern und Schüttplätzen und natürlich überall zwischen dem Kulturgemüse.

Der Nährstoffgehalt des Wildgemüses ist immer noch derselbe wie in den Zeiten der Jäger und Sammler und somit um ein Vielfaches größer als von dem Kulturgemüse. Seine Nährstoffzusammensetzung weckt heutzutage immer mehr Interesse – unter anderen von den Anhängern der Paleo-Diät*, die das wilde Gemüse als die natürliche, artgerechte Nahrung – die Ursprungsnahrung des Menschen betrachten. Auch aus der Sicht der Makrobiotik** soll der Mensch, um so mehr von den Lebensmittel essen, je weiter sie „auf dem entwicklungsgeschichtlichen Stammbaum, von ihm entfernt" sind (Grell 1982, S. 14).

Zu den bekanntesten Wildgemüsen gehören: Bärlauch, Brunnenkresse, Bibernelle, Engelwurz, Kümmel, Pastinake, Sauerampfer und Portulak. Allesamt werden genauso gerne gesammelt, wie im Garten kultiviert. Manche davon sogar seit sehr langer Zeit wie Pastinake, Sauerampfer, Kümmel und Engelwurz. In den Gärten oft anzutreffen, aber immer noch als Unkraut betrachtet, sind Taubnessel, Löwenzahn, Wegerich und Melde.

Melde

Im Mittelalter wurde sie landläufig wild gesammelt und gerne kultiviert, bis sie vom Spinat verdrängt wurde. Das Gemüse ist reich an Vitamin C, wirkt blutreinigend und stärkt die Abwehrkraft. Von der hl. Hildegard wurde sie für eine „gute Verdauung" empfohlen. Ihre wilde Form wurde früher vor allem von armen Bauern, deren Vorräte im Frühjahr zur Neige gingen, gesammelt und gegessen.

---

* Paleo-Diät wird auch Steinzeitdiät genannt (siehe auch S. 84).
** Makrobiotik kommt aus Japan. Sie interpretiert die Welt als „das Ergebnis des Zusammenwirkens zweier gegensätzlicher Kräfte, Yang und Yin" (Grell 1982, S. 9), was sich auch in ihrer Ernährungsweise spiegelt. Das Grundnahrungsmittel der Makrobiotik ist das Getreide.

Wegerich

Der in alten Kräuterbüchern oft gepriesene Wegerich, zählte sehr lange Zeit zu den wichtigsten Heilpflanzen. Früher in Europa zu Hause, ist er heutzutage als Spitz- und Breitwegerich weltweit anzutreffen. In Amerika wurde er von Indianern „Fußstapfen des weißen Mannes" genannt, da er Amerika, an den Fußsohlen der Eroberer klebend, erreicht hatte. Diese Art der Verbreitung spiegelt sich auch in seinem lateinischem Namen *Plantago* (Sohle).

Breitwegerich ist innerlich blutreinigend, äußerlich unterstützt er die Blutstillung und Wundheilung. Der Spitzwegerich wird bis heute gerne als Hustenmittel eingenommen, da er schleimlösend wirkt. Früher wurden dem Wegerich neben den heilenden auch magische Kräfte zugesprochen (Orakelpflanze). Man kann die Pflanze als Gewürz für Suppen und Salate verwenden. Dafür werden die jungen Blätter gesammelt, die viel Vitamin A enthalten.

Brennnessel

Seit alters wussten die Menschen um die Heilwirkungen der Pflanze, schon in der Antike wurde sie sehr geschätzt, als Heilmittel wie als ein schmackhaftes Gemüse. Die Pflanze ist sehr reich an Vitamin C, Beta-Karotin und anderen Karotinoiden (Lutein) sowie Mineralien wie Eisen, Kalium und Kalzium; darüber hinaus enthält sie Kieselsäure, Flavonoide und sogar ungesättigte Fettsäuren. Nach der Kräuterkundigen Maria Treben ist Brennnessel „unsere beste blutreinigende und gleichzeitig blutbildende Heilpflanze" (Treben 1995, S. 14). Es ist noch nicht so lange her, dass sie im Frühling als Gründonnerstagssuppe gegessen wurde, um die Frühjahrsmüdigkeit zu vertreiben.

Brennnessel hat die Kraft allen, die müde und erschöpft sind, zu helfen: Sie stärkt das Immunsystem, entschlackt den Körper und wirkt sich auch sonst positiv aus auf den Körper, vor allem auf Leber, Galle, Milz, Blutgefäße und Harnwege. Dank Kieselsäure strafft und kräftigt sie das Bindegewebe und gibt dem Körper neue Kraft, Vitalität und gutes Aussehen.

Junge Brennnesselblätter können als Gemüse oder Suppe und sogar als Rohkost gegessen (sehr klein geschnitten oder gewalzt) sonst als Tee getrunken werden. Die heilige Hildegard empfahl eine Brennnesselsuppe für den Magen zu kochen. Äußerlich wird Brennnessel bei rheumatischen

Schmerzen empfohlen: Die schmerzenden Stellen werden einfach mit frischen Brennnesselzweigen geschlagen.

Von den Heilwirkungen der Brennnessel ließen die Menschen auch ihre Tiere profitieren: Die Bauern gaben sie den Kühen für bessere Milchbildung, den Pferden für ein glänzendes Fell und den Hühnern, um sonnengelbe Eidotter zu bekommen. Im Garten wurde sie zu Jauche verarbeitet und als Düngung gebraucht, was heute auch von den Biogärtnern praktiziert wird.

Schafgarbe

Regional wurde Schafgarbe fetten Speisen als Gewürz zugegeben, sonst wird sie in erster Linie als Hausmittel verwendet. Empfohlen wurde sie besonders den Frauen (von Pfarrer Kneipp wie von der Maria Treben). Im Volksmund wird das Kraut oft auch Frauenkraut oder Frauendank genannt und ein Sprichwort bestätigt, dass „Schafgarb im Leib tut wohl jedem Weib,"

Schafgarbe besitzt eine starke blutreinigende Kraft und ist wohltuend für die Nerven. Eine Tasse Schafgarbentee sollte sogar bei Migräne helfen und darüber hinaus den Magen und die Leber unterstützen (vgl. Treben 1995, S. 44ff). Die Pflanze ist reich an Mineralien (v. a. Kalium), Bitterstoffen und ätherischem Öl, das entzündungshemmend und krampflösend wirkt. Sie enthält zudem auch den natürlichen Entzündungshemmer: die Salizylsäure, die sich auch in Aspirin befindet.

Schafgarbe kann frisch Gemüse, Salat oder Suppe zugegeben werden, getrocknet (Blätter und Blüten) ergibt sie einen Tee. Es wird empfohlen, die Schafgarbe „in sonniger Mittagszeit (zu) pflücken" (ebd.).

Fermentieren von Gemüse

Sauerkraut und Co.

Das Einsäuern von Gemüse hat eine jahrtausende alte Tradition. In vielen europäischen Ländern wurde früher in fast jedem Haushalt ein Eichenfass mit Sauerkraut für den Winter gefüllt. Ballaststoff-, mineralstoff- und vitaminreich gehörte es zu den wichtigen Mineral- und Vitaminlieferanten in der kalten Jahreszeit.

Das Sauerkraut enthält nicht nur alle wesentlichen Inhaltsstoffe des Weißkohls, sondern auch zusätzlich die während der Gärung entstandenen verschiedenen Enzyme und Vitamine – dabei auch geringe Mengen

Vitamin B12, das so gut wie nie in der pflanzlichen Kost vorkommt. (siehe S. 36). Sauerkraut ist zudem reich an Vitamin C, K und den B-Vitaminen sowie Mineralien wie Kalium, Kalzium, Eisen, Magnesium, Zink und Jod.

Sauerkraut ist wie alle fermentierte Lebensmittel ein natürliches Probiotikum*: Es regt die Verdauung an, entschlackt und entgiftet den Körper und regeneriert die Darmflora und somit auch die Darmschleimhaut. Das Sauerkraut fördert zudem die Blutbildung, wirkt blutdrucksenkend, hebt die Stimmung und stärkt die Abwehrmechanismen des Körpers. Auch der Blut- und Harnzuckerspiegel werden gesenkt.

Sauerkraut wird gerne roh wie gekocht gegessen. Ist es zu sauer, nicht ausspülen, sondern den Saft abtropfen lassen. So werden die wertvollen Stoffe nicht herausgeschwemmt. Sauerkraut kann als Beilage, Suppe, Eintopf oder als eine eigenständige Speise mit Fleisch, Würstchen, Pilzen und getrockneten Pflaumen gekocht werden.

Neben dem Weißkohl werden auch Gurken, Rote Bete, Paprika und Pilze sauer eingelegt. In Korea legt man traditionell Chinakohl sauer an. Es ist das mittlerweile auch in anderen Ländern gerne gegessenes *Kimchi* (siehe S. 191).

---

* Probiotiker nennt man Lebensmittel, die dem Körper nützliche Mikroorganismen (Milchsäurebakterien, siehe S. 139) zuführen. Neben Sauerkraut, sauren Gurken, *Kimchi* u. a. gehören dazu auch *Kombucha*, Joghurt und Kefir.
Präbiotiker fördern das Wachstum von nützlichen Darmbakterien (Lactobazillen, Bifidobakterien). Zu den natürlichen Präbiotikern gehören: Mandeln, Schwarzwurzeln, Topinambur, Artischocken, Bananen, Knoblauch, Zwiebel und Chicorée (siehe auch S. 29 resistente Stärke).
Es ist empfehlenswert an Probiotiker und Präbiotiker nach Antibiotikabehandlung zu denken (Darmfloraaufbau).

Kräuter und Gewürze

Kräuter und Gewürze leisten den Menschen seit Tausenden von Jahren gute Dienste. Sie erhöhen den Wohlgeschmack seiner Speisen und machen sein Essen bekömmlicher. Schon vor etwa 5000 Jahren haben sich die Ayurvedalehren mit den Kräutern und Gewürzen befasst. Auch die alten Chinesen kannten sich früh damit aus, genauso wie die alten Ägypter, die Zimt, Harz, Wacholder und Majoran als Medikamente benutzt haben. Auch die antiken Ärzte (u. a. Hippokrates) haben Gewürze als Heilmittel eingesetzt. Mit den Römern kamen auch ihre beliebten Gewürze nach Europa: Pfeffer, Zimt, Ingwer und Kurkuma sowie Fenchel, Knoblauch und Salbei, die bei uns heimisch wurden.

Die klassischen Gewürze waren lange Zeit sehr teuer und wurden wie kostbare Schätze gehandelt – lange Zeit sogar mit Gold aufgewogen (Nelke und Pfeffer im Mittelalter). Wegen der immensen Gewinnspanne waren viele Länder an dem Monopol für den Gewürzhandel interessiert. Erst als im 18. Jahrhundert die Gewürze in vielen tropischen Ländern angebaut wurden, ging es mit den hohen Preisen zu Ende. Was früher den Reichen vorbehalten war, konnte sich jetzt jeder leisten, mehr oder weniger.

Unterschied zwischen Kräutern und Gewürzen
Der Begriff Gewürze wird auch als Sammelbegriff für Kräuter und Gewürze zusammen gebraucht. Der Unterschied zwischen den Kräutern und Gewürzen ist fließend. Zu den Gewürzen werden meistens Blüten, Beeren, Samen, Wurzeln sowie Rinde gezählt. Zu den Kräutern die anderen Pflanzenteile, also Blätter und Stängel. Man unterscheidet zwischen den klassischen, meist fremdländischen und den heimischen Gewürzen, welche auch als Küchenkräuter bezeichnet werden. Zu den klassischen Gewürzen gehören: Zimt, Nelken, Pfeffer, Ingwer, Piment, Chili, Muskatnuss und Muskatblüte, Kurkuma, Sternanis, Kreuzkümmel, Safran und Vanille; zu den heimischen: Kümmel, Wacholderbeeren, Senf, Paprika, Meerrettich, Bockshornklee und Knoblauch. Zu den wichtigsten Küchenkräutern zählt man: Salbei, Pfefferminze, Lorbeerblätter, Estragon, Petersilie, Schnittlauch, Dill, Basilikum, Majoran, Thymian und Rosmarin.

Kräuter und Gewürze in der Küche
Für manche Kräuter und Gewürze ist es vorteilhaft, wenn sie mitgekocht werden. Zu denen gehören getrocknete Kräuter wie Majoran, Estragon, Rosmarin, Salbei, Thymian und Gewürze wie Lorbeerblätter, Piment, Pfeffer und Nelken. Andere dagegen sollten erst nach dem Kochen den Speisen zugegeben werden. Dazu gehören frische Kräuter wie Basilikum, Dill, Petersilie, Schnittlauch (auch frischer Ingwer) und gemahlene Gewürze wie Pfeffer, Paprika (beim Braten), Muskatnuss und Macis.

Alle Gewürze können einzeln oder in Mischungen den Gerichten zugegeben werden. Im Stück gekauft und direkt vor dem Würzen gemahlen, erfreuen sie uns mit der ganzen Fülle an Duft und Geschmack.

Inhaltsstoffe und Wirkungen
Kräuter und Gewürze sind enorm reich an verschiedensten Wirkstoffen. Neben den längst bekannten – Vitaminen, Mineralien, Spurenelementen und Ballaststoffen – sind es unzählige sekundäre Pflanzenstoffe, die sich auf den Menschen auswirken: ätherische Öle, Gerbstoffe, Bitterstoffe, Scharfstoffe, Flavonoide, Phenole, Saponine, Alkaloide und Glykoside. Alle Inhaltsstoffe wirken in komplexen Kombinationen und auf verschiedenen Ebenen – körperlichen, energetischen und geistigen. Sie ergänzen und fördern sich gegenseitig.

Alle Kräuter und Gewürze regen die Verdauung und den Stoffwechsel an und verbessern somit die Nährstoffversorgung. Sie kräftigen und verjüngen den Körper indem sie die Zellen und die Gefäße schützen, das Immunsystem, das Herz und andere Organe stärken und unterstützen sowie den Herzrhythmus stabilisieren. Darüber hinaus helfen sie dem Körper, sich zu entschlacken und zu entgiften sowie Entzündungen zu heilen und gegen unerwünschte Mikroben zu kämpfen. Fast alle Gewürze sind energetisch heiß.

Viele der Kräuter und Gewürze sollten von kleinen Kindern und werdenden Müttern sowie Stillenden nicht gegessen werden. Manche sollten auch Erwachsene nur in kleinen Dosen genießen. In der richtigen Dosis sind sie wohlschmeckend und gesundheitsfördernd, genau nach dem Motto des alten Paracelsus: „Erst die Dosis macht das Gift".

Gewürze

Bockshornklee wird vor allem in Mittelmeerländern angebaut. Als Gewürz dienen seine Samen, die getrocknet und geröstet werden, bevor sie zermahlen oder zerstoßen werden. Das Gewürz ist leicht bitter im Geschmack und somit verdauungsfördernd und entschlackend. Zudem stärkt es und wärmt den Körper und soll empfängnisverhütend wirken. Besonders gut passt das Gewürz zu rohem Gemüse, Butterbroten, Ziegenkäse und Fleischsoßen.

*Chili*s sind die Schoten einer *Capsicum* Pflanze, die in Mittel- und Südamerika beheimatet ist. Chilischoten gibt es in vielen Sorten, die sich in Größe und Schärfe unterscheiden und sind mittel- bis extrem scharf. Die kleinsten sind die Vogelaugenchilis, die brennend scharf sind. Nach Europa kamen die Chilis erst im Mittelalter und breiteten sich weiter nach Afrika und Asien aus.

Chilischoten werden zu Chilipfeffer (Cayennepfeffer), Tabascosoße und verschiedenen *Sambals* (Würzsoßen) verarbeitet. Der Cayennepfeffer (Chili) wird aus getrockneten Schoten gemahlen. Für die Tabascosoße fermentiert man frische Chilischoten und lässt sie in Eichenfässern vier Jahre lang reifen. Die verschiedenen *Sambals* werden aus frischen Chilischoten, Tomaten, Zwiebeln, Öl und Essig hergestellt. Zu den schärfsten gehört *Sambal Oelek*, der besonders gerne in der indonesischen Küche verwendet wird.

Chili wirkt gesundheitsfördernd. Von der Traditionellen Chinesischen Medizin wird er besonders dem kalten Yin-Typ empfohlen, denn er wärmt den „mittleren und oberen Erwärmer" (die Mitte und die Lunge) und vertreibt die Kälte. Schon im Altertum wurden scharf gewürzte Speisen den Lungenkranken gegeben. Chili regt den Stoffwechsel an und verbessert die Durchblutung der Zellen, was man als aufsteigende Wärme spürt. Zudem wirkt er schleimlösend und keimtötend und somit kann er bei Schnupfen, verschleimten Nebenhöhlen und Bronchitis hilfreich sein. In Südamerika wird Chili als verdauungsfördernd betrachtet und bei träger Verdauung gegessen. Chili ist kein Gewürz für Kinder.

Ingwer gehört zu den ältesten Gewürzen und wurde immer schon sehr geschätzt als Gewürz und als Medikament. Zu bekommen ist er in Pulverform und als frische Wurzel. Ferner gibt es ihn auch eingelegt, kandiert und als süße Marmelade. In der japanischen Küche werden hauchdünne Ingwerschnitten als beliebte Beilage zu *Sushi* serviert. Mit Ingwer würzt man Kuchen (Lebkuchen), Ingwerbier und Rohkostsalate sowie Fleisch in asiatischen Gerichten.

Der stechend scharf schmeckende Ingwer ist energetisch heiß und wirkt stark wärmend. Weil er auch schleimlösend wirkt, eignet er sich besonders gut als Wintergewürz: An kalten, nassen Tagen vertreibt er schnell die innerliche Kälte, sodass einem mollig warm wird. Auf Reisen genommen hilft er gegen die Reiseübelkeit, denn er hat die Gabe, die für den Brechreiz verantwortlichen Gehirnrezeptoren zu blockieren. Darüber hinaus wirkt er beruhigend auf die Nerven und den Geist. Als Tee wird er vorbeugend gegen Erkältung getrunken oder auch innerlich wärmend während der akuten Erkrankung.

Kurkuma ist eine sonnengelbe Verwandte des Ingwers, weswegen sie oft Gelbwurz genannt wird. Sie ist unverzichtbar für Currymischungen, denen sie die Farbe und den Geschmack verleiht. Das Gewürz kommt aus Südostasien und ist bei uns nur als Pulver zu bekommen, das aus einem getrockneten Wurzelstock gewonnen wird. Kurkuma ist scharf und etwas bitter im Geschmack. Sie wirkt entzündungshemmend und verdauungsfördernd (v. a. für Eiweißverdauung) und ist zudem galle- und leberfreundlich.

Kümmel wird vor allem wegen seiner verdauungsfördernden, blähungswidrigen und krampflösenden Wirkung sehr geschätzt. Deswegen wird er gerne verschiedenen Kohl-, Bohnen- und Fleischgerichten zugegeben. Er passt aber auch gut zu Käse, Quark, Brot und Kartoffeln. Das uralte einheimische Gewürz wird traditionell dem Sauerkrautsalat zugegeben. Zum Würzen nimmt man meistens die ganzen Körner, man kann sie aber auch frisch in einer Pfeffermühle mahlen.

Kreuzkümmel (Kumin) ist in der indischen Küche ein Bestandteil von *Garam masala*, in Nordafrika bestimmt sein Geschmack viele Gewürzmischungen. Wie der Kümmel hat auch der Kumin eine krampflösende und verdauungsfördernde Wirkung. Seine Samen ähneln auch sehr den Kümmelsamen, sind aber von einem anderem Geschmack und Aroma.

Schwarzkümmel haben bis auf den Namen mit den zwei anderen Kümmelarten nichts zu tun. Die kleinen schwarzen Samen werden geschätzt in der Küche wie in der Heilkunde. Als Gewürz werden sie vor allem in der türkischen, orientalischen und indischen Küche benutzt – für viele Gerichte und als Brotgewürz. Wegen ihrer Heilwirkungen wurden sie schon in altem Ägypten sehr geschätzt. Heutzutage hat man herausgefunden, dass der Schwarzkümmel vorteilhaft für die Zellen und das Immunsystem ist, vor allem bei der Tendenz zu allergischen Reaktionen.

Die *Muskatnuss* gibt Speisen ein unnachahmliches Aroma, das schon in der Antike sehr geschätzt war. Gewürzt werden damit genauso gerne süße wie pikante Speisen – von Honigkuchen, Plätzchen, Spinat, Bechamelsoße und Kartoffelpüree bis zum Lammfleisch. Das Aroma kommt am besten zur Geltung, wenn man eine Muskatnuss direkt vor dem Würzen reibt. Was sogar mit der gewöhnlichen Gemüsereibe klappt. Gewürzt wird nur prisenweise, da größere Mengen nicht empfehlenswert sind.

Muskatblüte auch Macis genannt ist der Samenmantel (*Arillus*) der Muskatnuss (Muskatnuss ist ein Samenkern aus dem Samen des Muskatnussbaumes) und wird meistens in Pulverform, viel seltener in Streifen gekauft. Ihr Aroma ähnelt sehr der Muskatnuss, ist aber viel feiner.

Nelke ist eine sonnengetrocknete Blütenknospe. Geerntet wird sie von dem Baum *Syzygium aromaticum* auf den Gewürzinseln Molukken und zwar noch vor der Blüte. Sie ist sehr aromatisch und wird gerne Backwaren, Getränken (Glühwein), Kompotten und Marinaden zugefügt. Im Mittelalter war sie so kostbar, dass sie mit Gold aufgewogen wurde.

Die Nelke ist seit Jahrtausenden für ihre Heilwirkungen bekannt: Sie wirkt stark entzündungshemmend und schmerzlindernd (Zahnschmerzen); aus der Sicht der Traditionellen Chinesischen Medizin wärmt sie die Mitte und die Nieren und weil sie die „fehlerhaft aufsteigende Energie" senkt, hilft sie bei Schluckauf. Im alten China haben die Vorsprecher beim Kaiser eine Nelke kauen müssen, um ihn beim Sprechen mit dem Aroma zu erfreuen. Der alte Brauch hilft auch wunderbar nach dem Genuss knoblauchhaltiger Speisen. Die heilige Hildegard hat das Kauen von 3-4 Nelken täglich sogar als Medizin empfohlen, vor allem für Gichtgeplagte.

Paprikapulver wird aus getrockneten Gewürzpaprikaschoten hergestellt. Paprikapflanzen wurden im 16. Jahrhundert nach Europa gebracht und zuerst in Spanien und Italien, später auch in Ungarn kultiviert. „Der süße Pfeffer" hatte sich sogar mit der Zeit zum ungarischem Nationalgewürz entwickelt. Die bekannteste Speise, die damit gewürzt wird, ist Gulasch, eine traditionelle Fleischspeise der Bewohner der ungarischen Puszta.

Paprikapulver ist reich an Vitamin C, Karotinoiden und dem Scharfstoff Capsaicin, das vor allem in den Wänden und Samen steckt. Das Gewürz schützt vor Erkältung, wirkt antibakteriell und verdauungsfördernd und ist wohltuend für den Kreislauf: kräftigt das Herz, hält die Gefäße elastisch und das Blut fließend.

Paprikapulver wird in verschiedenen Schärfestärken angeboten: mild als *Delikatesspaprika*, in milder Schärfe als *Edelsüßpaprika* und brennend scharf als *Rosenpaprika*. Seine schöne Farbe und sein Aroma behält das Pulver ein Jahr lang. Als Gewürz wird es gerne Quark, Suppen, Soßen, Fisch, Wurst und Fleisch zugegeben. Beim Braten sollte das Pulver nie in heißes Fett gegeben werden, weil es dann verbrennt und bitter schmeckt.

Piment (Nelkenpfeffer) ist ein sehr aromatisches Gewürz, das vor allem für Fleischgerichte gerne genommen wird. Piment kommt aus Mittel- und Südamerika und war schon den Azteken bekannt. Die Beeren werden kurz vor der Reife vom Pimentbaum gepflückt und getrocknet. Kaufen sollte man die braunen Beeren ganz – gemahlen, enthalten sie mit der Zeit immer weniger von den ätherischen Ölen.

Piment gibt den Gerichten einen angenehmen würzigen Geschmack. Die aromatischen Beeren gehören in Schmorgerichte, Soßen, Marinaden und sogar in Liköre. Frisch gemahlen werden sie auch Süßspeisen wie Kompott, Honigkuchen und Obstsalat zugegeben. Piment fördert die Verdauung und regt den Appetit an.

Pfeffer gehört zu den ältesten Gewürzen und wird als schwarzer, weißer und grüner Pfeffer angeboten. Die kleinen scharfen Beeren sind die Früchte der Pfefferpflanze *Piper nigrum*. Für den schwarzen und grünen Pfeffer werden sie unreif geerntet. Legt man sie in eine Salzlake, bekommt man den *grünen Pfeffer*. Trocknet man sie aber in der Sonne oder am Feuer, wird daraus der *schwarze Pfeffer*. Um den *weißen Pfeffer* zu bekommen, wartet man ab, bis die Beeren vollreif sind. Dann wässert man sie eine Woche lang, zieht die Haut ab und anschließend trocknet man sie in der Sonne.

Alle Pfefferarten sind scharf im Geschmack und dank der ätherischen Öle sehr aromatisch. Mit frisch gemahlenem Pfeffer gewürzte Speisen schmecken nicht nur besser, sie werden dadurch auch bekömmlicher.

Der Pfeffer, vor allem der schwarze, hat starke heilende Wirkungen. Nach den ostasiatischen Heillehren ist er energetisch heiß und austrocknend. Demzufolge beschleunigt er den Stoffwechsel, wirkt schleimlösend und entgiftend. Zudem wärmt er die Mitte und damit auch die Milz, weswegen ihn „in mäßiger Menge" auch die heilige Hildegard empfohlen hatte.

Langpfeffer ist ein Verwandter des echten Pfeffers und genauso scharf im Geschmack. Was ihn unterscheidet, ist eine angenehme süße Note. Besonders geschätzt wurde er von den Römern, die seinen Geschmack mehr als den des echten Pfeffers schätzten.

Rosa Pfeffer – Der gewöhnlich in Pfeffermischungen enthaltene rosa Pfeffer ist eigentlich kein echter Pfeffer. Die rosa Beeren sind Früchte eines falschen Pfefferstrauchs (*Schinus molle*). Sie sind längst nicht so scharf wie der echte Pfeffer und werden gerne auch süßen Speisen zugegeben.

Sansho Pfeffer ist der Pfeffer der japanischen Küche. Gewonnen wird er aus dem japanischen Pfefferblatt und ist nur in Pulverform zu bekommen. Sancho Pfeffer ist Bestandteil der Gewürzmischung *Sichimi togarashi*.

Sichuanpfeffer (Anispfeffer) ist der Pfeffer der asiatischen Küche. Er wird vor allem in China und Japan sehr gerne verwendet. Sichuanpfeffer ist kein Verwandter des echten Pfeffers. Seine unreif gesammelten Früchte sind scharf und sehr aromatisch. Sichuanpfeffer befindet sich in den klassischen asiatischen Gewürzmischungen: japanischen *Sichimi togarashi* und chinesischen Fünf-Gewürzepulver.

Nelkenpfeffer ist nichts anders als Piment, *Cayennepfeffer* nennt man oft den Chili und der scharfe Rosenpaprika, ist auch unter dem Namen *Spanischer Pfeffer* bekannt.

Safran ist das teuerste Gewürz der Welt. Bei Safran handelt sich um die getrockneten Staubfäden einer Krokusart, die in Vorderasien und Spanien beheimatet ist. In jeder Blüte befinden sich nur drei Staubfäden, die per Hand noch vor Sonnenaufgang gepflückt und dann getrocknet werden.

Safran ist energetisch warm und somit gut für die Mitte. Er aktiviert den Kreislauf und die Verdauung. Er wirkt beruhigend und trägt deswegen zur Nervenstärke bei, was bei emotionalem Stress hilft. Safran wird oft als natürliches Potenzmittel betrachtet.

Die kupferroten Safranfäden geben den Speisen ein appetitliches Aussehen und ein exquisites Aroma. Die bekanntesten Gerichte, die traditionell mit Safran gewürzt werden, sind die spanische *Paella*, französische Fischsuppe *Bouillabaisse* und das italienische Safranreis. Von Kundigen wird geraten, den Safran in Fäden zu kaufen, als Pulver wird er fast immer gestreckt (oft mit Kurkuma). Verwendet wird das Gewürz nur in winzig kleinen Mengen, denn es reichen schon ein paar Fäden, um eine Speise zu würzen. Safran wird vor dem Zugeben im Mörser zerkleinert und in wenig warmem Wasser gelöst.

Vanille gehört mit ihrem sanften, lieblichen Aroma zu den köstlichsten und edelsten Gewürzen der Welt. Bekannt war sie schon den Azteken, die sie nicht nur als Gewürz und Medizin benutzt haben, sondern auch als Zahlungsmittel. Nach Europa kam Vanille Ende des 16. Jahrhunderts und hatte schnell die süße Küche der Reichen erobert.

Vanille gehört bis heute zu den teuersten Gewürzen. Als unreife Schote einer kletternden Orchidee ist sie noch aroma- und geschmacklos. Erst während des sechs Monate dauernden Fermentierungsprozesses entwickelt sie den unnachahmlichen Duft und Geschmack.

Zu bekommen ist Vanille in Stangen und als Essenz. Gewürzt werden damit Süßspeisen, Feingebäck, Eis, Schokolade und verschiedene Getränke. Die Essenz ist sehr sparsam im Gebrauch. Für eine Speise braucht man lediglich 2-3 Tropfen. Von der Vanillestange wird der Vanillemark benutzt, aber auch die restliche Schote kann in Gerichten mitgekocht und wieder sogar verwendet werden: abgespült, getrocknet und luftdicht verpackt.

Weniger kostspielig ist der Vanillezucker, der aus Kristallzucker und zermahlener Vanille besteht. Der Handel bietet auch einen Vanillinzucker an, der jedoch mit dem echten Vanillearoma nicht zu tun hat: Es ist lediglich ein Ersatz aus Kristallzucker und synthetisch hergestelltem

Aroma. Der echte Vanillezucker ist ganz einfach selbst herzustellen, in dem man eine Vanilleschote zusammen mit Zucker in ein Einmachglas gibt und luftdicht verschließt. Man kann den verbrauchten Zucker jahrelang immer wieder neu nachfüllen. Genauso gerne gibt die Vanille ihr Aroma an Honig ab, wenn man die Vanilleschote damit übergießt. Die ganze Prozedur dauert drei bis sechs Wochen lang und lässt sich fast nach Belieben wiederholen (jedenfalls mehrere Jahre lang).

Die Vanille ist sehr beliebt, was an ihrem warmen, lieblichen Aroma liegt, das einen zu umgarnen scheint. Von den Azteken war sie als Aphrodisiakum und als ein herzstärkendes Mittel geschätzt. Sie hat auch die Kraft, Ängste und Müdigkeit zu verscheuen und die Stimmung aufzuhellen.

Zimt gehört zu den ältesten Gewürzen der Welt. Früher in Europa sehr geschätzt, wurde er weit vielfältiger den Gerichten zugegeben als heute. Gewürzt wurden damit nicht nur Desserts und Gebäck, also Süßspeisen, sondern auch verschiedene Fleischgerichte, um diesen einen aparten, exotischen Geschmack zu geben.

Zimt bekommt man als Cassia- und als Ceylonzimt angeboten. Der meist verkaufte ist der Cassia-Zimt. Er kommt aus China und Indonesien, ist von dunkler Farbe und kräftig im Geschmack. Gewonnen wird er aus der Rinde eines Zimtstrauchs (*Cinnamomum cassia*) und wird vor allem in Pulverform verkauft. Der Ceylonzimt wird als der edlere von beiden angesehen. Er ist viel milder und süßer im Geschmack und hat einen höheren Gehalt an ätherischen Ölen. Gewonnen wird er aus einem Zimtbaum (*Cinnamomum ceylanicum*), der in Ceylon beheimatet ist. Man bekommt ihn meistens in Stangen, zu denen die junge Innenrinde der Zimtbaumäste aufgerollt wurde. Ceylonzimt ist laut Bundesinstitut für Risikobewertung nahezu frei von Cumarin.*

Der Zimt ist von alters her bekannt für seine heilenden Wirkungen. Er ist wärmend, verdauungsfördernd, kräftigend und stabilisierend: Er beruhigt und stabilisiert den Herzschlag, den Atem und den Stoffwechsel.

---

* In der Tat ist der Wirkstoff *Vanillin* mit den menschlichen Pheromonen, den sogenannten „Liebeslockstoffen", chemisch verwandt.

** Vgl.: www.bfr.bund.de/de/fragen_und_antworten_zu_cumarin_in_zimt_und_anderen_lebensmitteln-8439.html

Kräuter

Küchenkräuter

Basilikum ist charakteristisch für die mediterrane Küche, in der es gerne Salaten, Fleisch- und Fischgerichten sowie Nudeln zugegeben wird (*Pesto, Insalata caprese*). Basilikum ist sehr aromaintensiv. Sein Aroma entfaltet es am besten, wenn es zerrieben wird. Dabei soll die Pflanze so frisch wie möglich sein und erst zum Schluss den Speisen zugegeben werden, sonst verliert sie beim Mitkochen das Aroma. Basilikum wirkt innerlich krampflösend und verdauungsfördernd, äußerlich pilzhemmend.

Bärlauch gibt es nur im Frühling. Das Kraut wächst vorwiegend wild in Au- und Laubwäldern. Im Garten liebt er die schattigen Stellen und kommt jedes Jahr im Frühling wieder. Verwendet werden Blätter und die kleinen Zwiebeln – als Gewürz für Fleischspeisen und Salate. Der Bärlauch schmeckt delikat nach Knoblauch und hat ähnliche Wirkungen. Laut Maria Treben soll der Bärlauchgeist zu einem „ausgezeichnetem Gedächtnis" verhelfen (Treben 1995, S. 11f).

Bertram ist das Universalmittel und Universalgewürz der hl. Hildegard. Es soll das gute Blut vermehren, Kräfte zurück geben und zu einem klaren Verstand verhelfen, denn es „reinigt im Menschen den Intellekt" (zit. nach Strehlow 2003, S.119). Bertram ist verdauungsfördernd und hilft dem Körper, die notwendigen Inhaltsstoffe zu resorbieren. Benutzen soll man allerdings nur den originalen römischen Bertram (*Radix Pyrethri romani*) der von *Anacyclus pyrethrum* stammt und nicht den von *Anacyclus afficinarum* stammenden deutschen Bertram (*Radix Pyrethri germanici*), . Der echte Bertram (*Anacyclus pyrethum*) wächst in der Natur in den Felsenhängen des Atlasgebirges in Marokko, Tunesien und Algerien. Es ist eine 30 cm hohe Pflanze mit weißen und roten Blättern.

Der sonnenliebende *Dill* wird seit alters sehr geschätzt und das genauso wegen des frischen Geschmacks wie wegen seiner Heilwirkungen. Die alten Ägypter setzten den Dill gerne gegen Kopfschmerzen ein. Bei den alten Griechen war es der Schluckauf, der mit dem Dill bekämpft wurde. Heutzutage wird das sehr aromatische Kraut vor allem für bessere

Verdauung und Milchbildung sowie Beruhigung der Nerven empfohlen. Seine beruhigende Wirkung wird heutzutage auch in den kalifornischen Blütenessenzen gegen Überspanntheit des Nervensystems angewendet, das wegen der Überanspruchung durch Außenreize und Stimulationen entsteht (vgl. Helm 1995, S. 62f).

Dill gehört zu den mineralstoffreichsten Pflanzen, neben viel Kalium und Kalzium besitzt er auch Zink, Eisen und Jod. Er ist sehr reich an Karotinoide und enthält auch viele Vitamine. Dill hilft bei Magenkrämpfen (v. a. die Samen), stärkt das Immunsystem und kommt den Knochen und der Haut zugute. Die alten Kräuterkundigen hielten ihn für wärmend und trocknend.

Dill wird gerne mit Gemüse (Kartoffeln, Gurken, Sauergurken), Quark und manchem Fisch (Lachs) gegessen und Soßen, Suppen und Salaten zugegeben. Frisch und klein geschnitten wird er erst kurz vor dem Servieren über die Speisen gestreut.

Estragon ist sehr sonnenliebend. Es gibt ihn als den aus Samen gezogenen *Russischen* und den *Französischen Estragon*, der nur durch Ausläufer vermehrt werden kann. Da der Französische Estragon viel aromatischer ist, wird ihm gerne der Vorrang gegeben. Estragon ist vor allem in der französischen Küche sehr präsent: u. a. in Soßen (*Sauce béarnaise*), Kräutermischungen (*fines herbes*), Estragonessig und dem Estragonsenf. Aber auch in anderen Küchen wird er gerne Quark, Salaten und natürlich feinen Soßen zugegeben.

Estragon ist dank seiner ätherischen Öle verdauungsfördernd und der Galle, dem Magen und den Nieren gegenüber freundlich gesinnt.

Lorbeerblätter, die wir heute als Küchengewürz benutzen, wurden in der Antike in Form eines Kranzes als Anerkennung für besondere Verdienste den Philosophen, Dichtern, Staatsmännern, wie auch den Siegern bei sportlichen Spielen verliehen. Im Mittelalter glaubte man, dass sie genauso vor Feuer wie vor bösem Zauber und Pest schützen können.

Die Blätter gehören in vielen traditionellen Küchen zu den beliebtesten Gewürzen: Sie werden gerne in Suppen, Eintöpfe, Fleischgerichte und Marinaden gegeben, sind auch Bestandteil der französischen Kräutermischung *Bouquet garni*. Die Lorbeerblätter sollen mitgekocht werden, weil sie erst dann ihr volles Aroma entwickeln. Weil sie sehr aromatisch sind, reichen pro Speise 1-2 Blätter. Die Lorbeerblätter wirken verdauungsfördernd und magenstärkend. Deswegen werden sie vor allem kräftigen und deftigen Speisen zugegeben.

Majoran wurde schon in altem Ägypten bekannt. Die Antike liebte seinen Duft und erfreute sich an Salben und Essenzen, die nach Majoran duftenden.

Mit Majoran wird vor allem in traditionellen Küchen gewürzt. Er gehört in deftige Gerichte, vor allem in Eintöpfe und Würste. Ohne ihn würde keine Erbsensuppe, Bigos, Pizza oder Blutwurst schmecken.

Majoran ist ein guter Freund von Magen und Darm. Er macht die Speisen bekömmlicher und wird als Tee bei Husten und Kopfschmerzen empfohlen. Wegen seiner krampflösenden Wirkung wird er zu einer Majoransalbe *(Unguentum majoranae)* verarbeitet, die in der Kinderheilkunde bei Blähungen und Schnupfen, sonst bei Nervenschmerzen verwendet wird. In der Traditionellen Chinesischen Medizin wird er als hilfreich bei Erkältung und als ein Lungen stärkendes Kraut empfohlen.

Sein wild wachsender Verwandter – *Oregano*, ähnelt ihm im Geschmack, dessen Würzkraft jedoch ist stark von der Klimazone abhängig.

Pfefferminze war schon den alten Ägyptern und Griechen bekannt: Sie wurde vor allem wegen seines Duftes geschätzt und gegen Krämpfe und Kopfschmerzen verwendet. Heute weiß man das ätherische Öl zu benennen und in unzähligen Variationen zu nutzen: Ohne Menthol ist (fast) keine Zahnpasta und kein Kaugummi zu bekommen.

Die Heilkraft der Pfefferminze kommt vor allem der Leber, Galle und dem Magen zugute. Den Speisen zugegeben oder als Tee nach dem Essen getrunken, hilft sie, die fetten Speisen zu verdauen. Zudem wirkt sie auch antiseptisch – innerlich wie äußerlich – und Juckreiz lindernd. In der Traditionellen Chinesischen Medizin wird die Pfefferminz bei Verdauungsschwäche, Kopfschmerzen und Migräne empfohlen. Sie ist eins der wenigen Kräuter, die energetisch kühl sind. In der Küche wird die Pfefferminze für die Minzsoße genommen, die traditionelle Beilage zum Lammbraten aus der englischen Küche. Als *Pfefferminzöl* wird sie gerne Salben zugegeben, wegen seiner kühlenden und erfrischenden Wirkung. Pur in die Schläfen eingerieben, hilft das Öl gegen Kopfschmerzen.

Rosmarin galt in der Antike als heiliges Kraut und wurde für ein Symbol der Treue gehalten. Das harzige Gewürzkraut wird vor allem Fleischgerichten zugegeben (v. a. Lammfleisch und Pute) und sollte immer mitgekocht werden.

Rosmarin hat nicht nur eine große Würzkraft, sondern auch viele heilende Eigenschaften: Er fördert die Galle und die Verdauung und ist vor allem herzensgut, denn er stabilisiert den Kreislauf und stärkt das Herz. Das wusste schon Pfarrer Kneipp und empfahl den Rosmarin zur Kräftigung des Herzens und gegen zu niedrigen Blutdruck. Äußerlich wirkt Rosmarin erfrischend und belebend und wird gerne als Badezusatz verwendet. In der Traditionellen Chinesischen Medizin wird das energetisch warme Kraut dem Ying-Menschen (der unter zu wenig Wärme leidet) empfohlen.

Rosmarin ist reich an Vitamin C, Kalzium, Eisen und Niazin und enthält viele Gerb- und Bitterstoffe sowie ätherische Öle. Kleinen Kindern und Schwangeren wird er nicht empfohlen.

Salbei (*Salvia officinalis*) ist eine sonnenliebende Pflanze und nach der heiligen Hildegard von „warmer und trockener Natur" (zit. nach Mayer 2005, S. 156). Lange Zeit wurde sie als Universalmedizin betrachtet, welche die „meisten Gebrechen" zu heilen vermag (ebd.), ihr Anbau ist sogar von Karl dem Großen im „Capitulare de villis" (Landgüterverordnung von etwa 795 n. Chr.) befohlen worden. Salbei wurde früher als das Mittel erster Wahl bei verschiedensten Beschwerden empfohlen, denn sie ist stark entzündungshemmend, verdauungsfördernd, schleimlösend, schweißhemmend und darüber hinaus magen- und leberfreundlich. Bei der heiligen Hildegard gehört Salbei zu den wichtigsten Heilkräutern.

Heutzutage benutzt man den Salbeitee gerne bei Halsschmerzen, Heiserkeit sowie Entzündungen des Zahnfleisches, weil er beim Gurgeln adstringierend wirkt: Er zieht die Oberfläche der Schleimhaut leicht zusammen und schafft so ein Schutz gegen Viren und Bakterien. Der Salbeitee hilft nicht nur bei Erkältung und Grippe, sondern auch bei Verdauung und bei Nachtschweiß (keine langfristige Anwendung). In der Schwangerschaft und in der Stilzeit sollte Salbei nicht verwendet werden.

Das Kraut ist sehr reich an Inhaltsstoffen, von denen manche bei anderen Kräutern nur einzeln vorkommen. Zu den Hauptwirkstoffen gehören: Gerbstoffe, Bitterstoffe, Flavonoide und ätherische Öle wie Thujon und Campher.

Als Küchenkraut wird Salbei frisch oder getrocknet benutzt. Getrockneter Salbei schmeckt intensiver und wird gerne zum Würzen von Fleischgerichten genommen, vor allem den fetten. Frischer Salbei wird als Salbeibutter zu Nudeln gereicht.

Eine Verwandte des Küchensalbeis, der *Weiße Salbei* (*Salvia apiana*), wird von Indianern für Reinigungsrituale benutzt, um alte Energien zu verbannen. Die Indianer halten den Räuchersalbei für „eine der wenigen Pflanzen, die eine reine positive Energie tragen" (Wessling 2008, S. 26).

Schnittlauch wurde schon im Altertum als Gewürz und Heilmittel geschätzt. Er ist gut für die Verdauung und die Harnblase, da er harntreibend ist. Schnittlauch enthält Vitamin K, C und Folsäure sowie Mineralien und Spurenelemente. Seine heilende Wirkung kommt vor allem von den Schwefelverbindungen, die auch in der Zwiebel vorkommen.

Klein geschnitten wird Schnittlauch gerne über Quark, Butter, Salate und frische Tomaten gestreut. Warmen Speisen wird er erst zum Schluss zugegeben (z. B. Rührei).

Um ihn zu Hause für den Winter zu haben, soll man ausgegrabene Schnittlauchhorste über Nacht in der Gefriertruhe behalten. In einen Blumentopf eingepflanzt, wächst er dann den ganzen Winter über.

Thymian ist eine sonnenliebende Pflanze, die bestens mit der Trockenheit zurechtkommt. Er ist laut der hl. Hildegard auch „wärmend und trocknend" (zit. nach Mayer 2005, S. 180). Der Duft von frisch zerriebenem Thymian ist für viele ein Inbegriff des trockenheißen Sommers. Das würzige Aroma verleiht ihm Thymol, ein ätherisches Öl, das eine schleim- und krampflösende Wirkung hat. Seinetwegen wird Thymian von alters her als „Hustenkraut" benutzt. Die hl. Hildegard hat ihn auch gegen Keuchhusten empfohlen, was heutzutage auch wissenschaftlich anerkannt ist (vgl. ebd. 180f). Thymian wird auch heute als Hustentee, Hustensirup oder Inhalation verabreicht, um das Abhusten zu erleichtern.

Als Küchenkraut wird er gerne Fleisch- wie Gemüsegerichten und Kräuterlikören zugegeben. Thymian ist ein Teil der bekannten Kräutermischung *Herbes de Provence* und wird gerne mitgekocht.

Wildkräuter

In vielen Gegenden waren früher Wildkräuter die einzige Medizin der Menschen, sie wurden deswegen gerne gesammelt, um ihre heilende Kraft für eine Behandlung zu nutzen. Heutzutage sind es in erster Linie die Naturvölker, die nach wie vor die Wildkräuter sehr hoch schätzen: Das Pflücken der Kräuter wird seit eh und je von einem Ritual begleitet, während dessen die Pflanze von einem Schamanen um Hilfe beim Heilen gebeten wird (vgl. Fron 1996, S. 62). Als Dank wird neben der Pflanze ein bunter Stein oder eine Perle begraben (vgl. ebd.). Es soll die Pflanze dazu bewegen, ihre heilenden Kräfte zur Verfügung zu stellen.* Diese Vorgehensweise wird in vielen Völkern bis heute praktiziert. Auch die tibetischen Ärzte (vor allem, wenn sie buddhistische Mönche sind) sprechen in diesem Sinne verschiedene Gebete, während sie ihre Kräuter vorbereiten.

Selbst in Europa haben viele Heiler und Kräuterkundigen eine innige und respektvolle Beziehung zu den Wildkräutern: Sie gehen nicht nur gerne in die Natur, sondern suchen auch auf langen Wanderschaften ihre Kräuter selbst. Viele erklären den Pflanzen, warum sie sie pflücken und bedanken sich danach für ihre Gabe.

Gesammelt werden viele verschiedene Wildkräuter. In Europa sind es unter anderen: Ackerminze, Bachminze, Bärlapp, Beinwurz, Bertram, Brennnessel, Enzian, Frauenmantel und Silbermantel, Gundelrebe, Hirtentäschel, Huflattich, Johanniskraut, Kamille, Malve, Labkraut, Löwenzahn, Schafgarbe, Spitzwegerich, Taubnessel, wilder Thymian und Zinnkraut.

Früher fanden sich viele der wilden Pflanzen auch auf dem Acker, wo sie gewöhnlich zwischen der Getreide wuchsen. Heutzutage mussten sie der Monokultur weichen.

---

* Die Naturvölker leben in dem Bewusstsein des Einsseins mit der Natur und halten alle Pflanzen für beseelt. Aus der Sicht des alten indianischen Heilwissen sind alle Pflanzen genauso Lebewesen wie Tiere und Menschen (vgl. Fron 1996, S. 62f).

Obst

Obst wurde immer schon gerne gegessen. Seine wilden Vorfahren, die Wildfrüchte, wurden bereits in grauer Vorzeit von den Jägern und Sammlern verspeist. In der heutigen schnelllebigen Zeit ist Obst eine sehr gute Alternative als Zwischenmahlzeit. Roh gegessen versorgt uns das Obst schnell mit Energie (Fruchtzucker*).

Obst liefert zwar (fast) keine primären Nährstoffe (Grundnährstoffe), bietet uns aber überreichlich Vitamine, Mineralien, sekundäre Pflanzenstoffe (Bioflavonoiden), Ballaststoffe, Gerbstoffe und Fruchtzucker. Sein Konsum ist sehr vorteilhaft für den Körper, da es ihn zu reinigen, entgiften und regenerieren vermag. Die wohlschmeckenden Früchte fördern die Verdauung, stärken das Immunsystem und haben ein Auge auf das Herz und die Gefäße; sind zudem leberfreundlich, wohltuend für die Gelenke und verhelfen gleichzeitig zu reiner Haut.

Das heutige Obstsortiment hatte sich im Laufe der Jahrtausende aus den Wildfrüchten entwickelt. Die wilden Vorfahren des Obstes verfügten über recht unscheinbare Früchte, die nicht nur wenig Fruchtfleisch besaßen, sondern auch hart, sauer und bitter waren. Erst durch Kultivierung entwickelten sie sich zum fruchtfleischreichen, schmackhaften und aromatischen Obst.

Als die Wiege vieler Obstsorten (u. a. Äpfel, Birnen, Pflaumen, Weintrauben u. Stachelbeeren) betrachtet man Vorderasien, wo die Perser und Ägypter schon vor 4000 Jahren mit der Kultivierung der Obstbäume angefangen haben. Die alten Griechen und Römer kannten außer dem Apfel, den sie *agrestia poma* nannten, auch Birnen, Schlehen und Weintrauben und brachten sie nach Mitteleuropa mit. Im Mittelalter wurden Obstbäume vor allem in Klostergärten kultiviert. Später kam die Zeit der Streuwiesen und Obstgärten, in welchen bis heute das Obst kultiviert wird.

---

* Es ist ein Unterschied, ob man Fruchtzucker in Form von Apfel (Birne, Erdbeere) oder eines Riegels und Co. isst, denn Obst enthält eine natürliche Form des Fruchtzuckers (als Teil einer Einheit), Riegel, Fertiggerichte, Getränke (Limonaden u. a.), Fruchtzucker-Sirup (Maissirup u.a. – siehe S. 253) enthalten einen isolierten und dazu konzentrierten, industriell hergestellten Fruchtzucker.

Erst vor etwa 200 Jahren wurde Obst als Handelsware entdeckt. Bis dahin war der Obstverzehr nicht so selbstverständlich wie heute und wurde überwiegend „durch Eigenbau" gedeckt. Heutzutage wird Obst überall angeboten: in großen und kleinen Lebensmittelgeschäften, Bioläden, auf den Bauernmärkten sowie direkt von den Bauern. Das Sortiment an heimischen Obstarten wird durch importiertes Obst und Südfrüchte erweitert. Die Schattenseite der „Entdeckung" ist, dass die Obstsorten immer mehr den Erwartungen des Handels (u. a. Lagerfähigkeit) angepasst werden und die Artenvielfalt darunter leidet. Fragen wir jedoch gezielt nach den alten Sorten und kaufen sie vermehrt auf den Bauernmärkten u. a., werden sie weiter kultiviert: Was man isst, fördert man auch.

Bei den Obstsorten unterscheidet man Kern-, Stein- und Beerenobst. Als Kernobst bezeichnet man alle Obstarten, die ein Kerngehäuse mit vielen kleinen Kernen besitzen – im Unterschied zum Steinobst mit nur einem großen Kern. Beerenobst ist wie das Kernobst kernreich, wächst aber auf Sträuchern und Stauden. Zu den Kernobstsorten gehören: Äpfel, Birnen und Quitten; zum Steinobst: Pflaumen, Kirschen, Pfirsiche und Aprikosen und zum Beerenobst: Johannisbeeren, Himbeeren, Brombeeren, Erdbeeren, Blaubeeren (Jostabeeren), Stachelbeeren und Preiselbeeren sowie Weintrauben (Weinbeeren).

Trocknen (Dörren) von Obst ist die erste Form der Haltbarmachung von Lebensmitteln. Neben dem Obst kann man auch Gemüse (Tomaten), Pilze und sogar Fisch (Stockfisch) und Fleisch (Biltong) trocknen. Das Trocknen konzentriert den Geschmack und konserviert die Lebensmittel.

Kernobst

Äpfel

Apfel gehört zu den ältesten kultivierten Früchten der Erde und ist die bekannteste und meistgegessene Obstart in den gemäßigten Breiten. Die Vorfahren des heutigen Apfels waren der Paradiesapfel – süß und klein und der Holzapfel, der zwar sauer, aber verhältnismäßig groß war. Die ersten kultivierten Äpfel wurden schon vor 4000 Jahren in den altägyptischen Nilgärten geerntet. Von den Römern nach Mitteleuropa mitgebracht, wurden sie um 800 auf Geheiß Karls des Großen in vielen Mustergärten (Meiereihöfen) gepflanzt.

Aus den 20 Sorten, die den Römern bekannt waren, wurden im 16. Jahrhundert bereits 60 und im 19. Jahrhundert gab es sie in „hundertfacher Vielfalt". Heutzutage gibt es auf der ganzen Welt mehr als 30 Tausend Apfelsorten. In den Geschäften findet man leider nur eine sehr begrenzte Zahl davon, denn der Trend geht bedauerlicherweise in Richtung Einheitsapfel: Seitdem der Apfel vor etwa 200 Jahren als Handelsware entdeckt wurde, werden die Sorten bevorzugt oder neu gezüchtet, die den Maßstäben des Markts – großer Ertrag, makelloses Aussehen, Lagerfähigkeit – entsprechen.

Es gibt jedoch immer noch viele alte oft regionale Sorten, die heutzutage noch zu kaufen sind: auf Bauernmärkten oder direkt von den Erzeugern. Die regionalen Sorten haben viele Vorzüge, denn sie sind bestens an das lokale Klima angepasst, sind reicher an wertvollen Inhaltsstoffen (haben z. B. viel mehr Vitamin C, wodurch sie auch etwas saurer sind) und sie werden auch von Allergiekern gut vertragen. Das liegt daran, dass sie noch einen hohen Polyphenolgehalt haben, der sie vor Schimmelpilzen schützen soll und der die Äpfel schnell verfärben lässt: die Polyphenole machen die allergenen Stoffe unschädlich.

Zu den bekanntesten alten Sorten gehören: *Klarapfel*, der schon Ende Juli reift – klein und nicht lagerfähig, aber saftig und frisch säuerlich. Einen Monat später kommt der etwas größere und intensiv duftende *Gravensteiner* gefolgt von *Finkenwerder Herbstprinz* und *Rubinette*, auf die besonders viele schwören. Für den langen Winter eignen sich besonders *Glockenapfel* und *Ontario*, der überdurchschnittlich viel Vitamin C enthält. Zu den alten Sorten gehören auch: *Berlepsch, Gloster, Alkmene, Delbarestivale, Rote Sternrenette, Holsteiner Cox, Wellant, Gravensteiner* und *Winterrambur*. Viele der alten Sorten sind schon seit sehr langer Zeit bekannt: z. B. *Cox Orange* und *Roter Boskop* seit dem 19. Jahrhundert, *Goldparmäne* sogar seit dem 17. Jahrhundert.

Der Apfel wird schon immer als sehr gesund betrachtet. Eine alte Volksweisheit besagt sogar, dass der fleißige Apfelesser keinen Doktor brauche. Obwohl der Apfel nicht viel Vitamin C enthält (die alten Sorten haben viel mehr davon), stärkt er in der Kombination mit dem Flavonoid Querzetin die Abwehrkräfte und hilft so dem Körper gesund zu bleiben. Dank seiner Ballaststoffen – Pektin und Zellulose – fördert und reguliert er zusammen mit den Fruchtsäuren die Verdauung: Ein fein geriebener Apfel, löffelweise gegessen, ist auch ein altes Hausmittel, das wirkungsvoll gegen Durchfall hilft. Dabei ist ein saurer Apfel besser als ein süßer, wegen der Fruchtsäuren, die das Bakterienwachstum hemmen. Die Pektine haben darüber hinaus auch eine entschlackende und reinigende Wirkung, da sie unerwünschte Darmprodukte aufsaugen und wegtransportieren. Warm gegessen wirken die Apfelpektine entzündungshemmend. Man kann es ausnutzen, indem man bei Halsschmerzen mit Heiserkeit einen mit Honig gebackenen Bratapfel isst.

Ein Apfel ist eine ideale Zwischenmahlzeit. Er liefert schnell verfügbare Energie, die besonders den Lernenden zugutekommt (sein Fruchtzucker bewirkt bessere Konzentration). Er ist basenbildend und reich an Mineralien v. a. Kalium und enthält Folsäure und Biotin. Ein geriebener Apfel wird von der heiligen Hildegard als Umschlag bei Durchblutungsstörungen in den Beinen empfohlen.

Äpfel sollen ausgereift gegessen werden, was einfach zu befolgen ist, denn Äpfel gehören zu den Obstsorten, die nachreifen können, man muss ihnen nur etwas Zeit lassen. Gebraten werden alle Äpfel sogar von Allergikern gut vertragen.

Neben Äpfeln gibt es auch viele Apfelprodukte wie der mineralreiche und antibakteriell wirkende Apfelessig, der aus dem Apfelwein hergestellt wird und die Fettverbrennung und die Verdauung anregt. Viele trinken gerne Apfelsaft,* der, frisch gepresst, blutreinigend wirkt, was der Leber und der Haut gut tut. Auch Apfeldicksaft (Apfelkraut) wird gerne gegessen. Andere beliebte Apfelprodukte sind: Apfelwein (Cidre), getrocknete Äpfel, Apfelmus, Apfelgelee und natürlich der Apfelkuchen. Aus den getrockneten Apfelschalen von sauren Äpfeln wird gerne ein Tee gemacht, der bei Magenbeschwerden und schmerzenden Gelenken empfohlen wird.**

Früher wurden Apfelbäume in Ehren gehalten. Wurde ein Kind geboren, pflanzte man für einen Jungen einen Apfelbaum, für ein Mädchen eine Birne im Garten. Man sagte dem Apfelbaum auch schützende Kräfte nach. Seine Frucht galt als Sinnbild der Erkenntnis (Paradiesapfel) und der Macht (Reichsapfel), heutzutage – der Frische und der Natürlichkeit.

---

* Von jedem Obst- oder Gemüsesaft soll man nicht viel und nicht schnell trinken. Wenn man bedenkt, dass in einem Liter Saft 2-3 kg Obst (Gemüse) steckt, wird einem bewusst, dass es für den Körper zu viel sein kann. So viel auf einmal würde man nie essen können.

** 1 Esslöffel Apfelschalen auf ein Glas kochendes Wasser – 10 Minuten ziehen lassen.

Birnen

Die Birne gehört neben Apfel und Quitte zu den ältesten heimischen Obstarten. Die alten Griechen und Römer schätzten die Birne mehr als den Apfel. Der altgriechische Dichter Homer nannte sie sogar ein „Geschenk der Götter". Was die Birne so beliebt macht, ist ihre saftige Süße, da sie reich an Fruchtzuckern und arm an Säuren ist.

Birnen liefern viel Kalium, Vitamin C, Folsäure und sekundäre Pflanzenstoffe (Flavonoide und Tannine) sowie Pektin. Dank des vielen Kaliums wirken sie entwässernd, was den Nieren und dem Kreislauf zugutekommt.

Birnen wurden schon im alten Rom zur Entgiftung des Körpers empfohlen. Die heilige Hildegard rät, sie vor allem gekocht oder gedörrt zu essen: „Wer daher Birnen essen will, koche sie in Wasser oder dörre sie am Feuer" (zit. nach Strehlow 2003, S. 54), denn so zubereitet reinigen sie den Darm und sind leichter verdaulich als im Rohzustand. In der Hildegard-Apotheke gibt es Birnenhonig, der gegen Migräne eingenommen wird.

Zu den beliebtesten Birnenprodukten gehört Birnendicksaft, der gerne zum Süßen genommen wird und Birnenkompott, das sehr bekömmlich ist. Getrocknete Birnen nennt man „Kletzen". Früher wurde gerne in der Vorweihnachtlichenzeit Kletzenbrot gebacken. Birnen reifen zu Hause nach.

Gegessen wurde früher auch die *Holzbirne*, eine kleine Wildform der Birne, die man, um sie essbar zu bekommen, für 1-2 Wochen in einen mit Heu ausgelegten Korb steckte. Erst wenn die Farbe in Braun überging, waren sie essfertig.

Quitten

Die Quitte wird eher selten und größtenteils nur für den Hausgebrauch angebaut. In der Antike und im Mittelalter als heilkräftige Frucht sehr geschätzt, hat sie mit der Zeit an Bedeutung eingebüßt.

Es gibt die Birnen- und die Apfelquitte. Die Birnenquitte gedeiht am besten in warmen Regionen. Die Apfelquitte ist nicht so empfindlich und kann etwas Kälte vertragen.

Quitte ist sehr reich an Bitterstoffen, Gerbstoffen (Tannin) und Pektin, enthält auch ansehnliche Mengen an Vitamin C, Zink und Jod. Sie wirkt verdauungsfördernd und entzündungshemmend. Die heilige Hildegard sah ihre größte Heilkraft im Kampf gegen Gicht: „Wer vergichtig ist, esse fleißig die Quittenfrucht" (zit. nach Strehlow 2003, S. 55) steht bei ihr über die Quitte.

Quitten werden unreif geerntet und gekocht oder gedörrt gegessen, weil sie sonst zu zäh und zu hart sind. Erst dann entwickeln sie auch voll ihr charakteristisches Aroma.

Steinobst

Pflaumen

Pflaumen kamen nach Mitteleuropa erst mit den Römern und werden seitdem gerne angebaut. Die bekanntesten Pflaumensorten sind *Zwetschgen* (auch Zwetschen oder Hauspflaumen genannt), *Mirabellen* und *Renekloden*. Zwetschgen enthalten den meisten Fruchtzucker und sind sehr aromatisch. Mirabellen sind die kleinsten unter den Pflaumen: kirschengroß und gelb reifen sie schon im Juli und August. Reneklode ist die größte Pflaumensorte und reift erst im Spätsommer.

Alle Pflaumensorten sind reich an Fruchtsäuren, Pektinen, Vitaminen und Mineralien sowie sekundären Pflanzenstoffen. Sie fördern die Verdauung und haben eine abführende Wirkung, besonders die getrockneten. Pflaumen sind am besten ganz reif zu essen. (Es wurde immer schon empfohlen, während und nach dem Genuss kein Wasser zu trinken.)

Pflaumen werden sehr gerne zu Marmelade und Mus verarbeitet, vor allem die Zwetschge. (Die Mirabelle eignet sich leider nicht besonders gut dazu.) Frische Pflaumen werden als Kuchenbelag (für Zwetschenkuchen) oder Knödelfüllung genommen.

Kirschen

Kirschen gehören zu den beliebtesten Obstsorten. Man unterscheidet die Süß- und die Sauerkirschen. *Süßkirschen* sind große Bäume, die leicht 30 Meter Höhe erreichen und 300 Jahre alt werden können: Die dunkelroten nennt man *Herzkirschen*, die hellen *Knorpelkirschen*. Die ersten sind weich und saftig, die zweiten haben ein viel festeres Fleisch. *Sauerkirschbäume* sind viel kleiner und ihre Früchte enthalten doppelt soviel Säure wie die Süßkirschen. Die säurereichsten sind die hellen *Glaskirschen*, auch *Amarellen* genannt. Die dunkelroten *Schattenmorellen* schmecken deutlich süßer. Noch süßer schmecken die *Weichselkirschen*, deren rote Farbe fast bräunlich schimmert.

Kirschen sind sehr vitalstoffreich. Sie enthalten viele Mineralien (Kalium, Magnesium, Eisen und Kieselsäure), sekundäre Pflanzenstoffe (Bioflavonoide) und Vitamine (vor allem B-Vitamine und Vitamin C). Kirschen wurden immer schon verjüngende Kräfte nachgesagt, da sie entgiftend, entwässernd und harntreibend wirken. Sie sind auch basenbildend, was sich günstig auf das Herz, den Kreislauf und die Gelenke auswirkt. Ihre rote Farbe enthält Anthozyane, die vorteilhaft für Kapillargefäße sind. Die Kirschen werden zudem gerne gegen zu viel Harnsäure empfohlen. Im Frühsommer werden gerne Kirschen-Entgiftungskuren durchgeführt, ähnlich wie die Traubenkuren im Herbst.

Die beliebten Kirschprodukte werden vor allem aus den Sauerkirschen hergestellt: Konfitüre, Saft, Kompott und Kirschwasser. Werden sie roh gegessen, soll man während und nach dem Essen kein Wasser trinken.

Pfirsiche
Pfirsiche wurden in China schon vor mehr als 4000 Jahren kultiviert. Man unterscheidet die seidig behaarten *Edelpfirsiche* und die glatten *Nektarinen*. Pfirsiche sind sehr Wärme liebend, deswegen werden sie in Europa vor allem im Mittelmeerraum angebaut. Da sie im reifen Zustand nicht lager- und transportfähig sind, werden sie noch halbreif geerntet und manche von ihnen schaffen es leider nicht, vollständig nachzureifen.

Die (reifen) Pfirsiche sind sehr bekömmlich, aufbauend und belebend. Dank ihrem Reichtum an Mineralien (Kalium, Phosphor, Eisen), Pektin und Vitaminen (vor allem Provitamin A, C und manche der B-Vitamine) und sekundären Pflanzenstoffen wirken sie auf den Körper entgiftend und entwässernd. Sie sind basenbildend, was gut für die Gelenke ist. Die Früchte stärken zudem die Verdauung und das Herz.

Aus der Sicht der Traditionellen Chinesischen Medizin sind die Pfirsiche energetisch warm, ein „übermäßiger Konsum kann innere Hitze erzeugen" (Flaws 1998, S. 245).

Aprikosen
Auch Aprikosen stammen aus China und waren schon den Römern bekannt. Sie sind sehr Wärme liebend und gedeihen in Europa am besten in Mittelmeerraum.

Aprikosen sind sehr reich an Betacarotin, Lykopin (siehe S. 193), Folsäure und Biotin sowie Vitamin C. Sie enthalten auch viele

Mineralstoffe unter anderem Kalium, Kalzium und Eisen. Sechs Aprikosen enthalten den Tagesbedarf an Vitamin A.

Aprikosen wirken verjüngend, nicht umsonst werden sie in dem Kaukasus wie in dem Hochtal des Karakorum von den Hundertjährigen gegessen. Da sie basisch sind, sind sie eine Wohltat für Herz, Gefäße und Gelenke. Sie sorgen für gesunde Zellen und stärken das Immunsystem.

Aprikosen sollte man möglichst reif kaufen, weil sie dann mehr Beta-Karotin enthalten. Sie duften dann sehr aromatisch und der Stein lässt sich leichter herausnehmen.

Aprikosen werden gerne zu Süßspeisen verarbeitet, in manchen Küchen (v. a. arabischen) auch den pikanten Speisen zugegeben. Ein Teil der Ernte wird getrocknet. Die getrockneten (am besten ungeschwefelten) Aprikosen sind sehr reich an Kalzium und Kalium und an Vitamin A.

Johannisbeeren

Johannisbeeren werden schon seit dem 16. Jahrhundert kultiviert. Man unterscheidet die *Rote* und die *Schwarze Johannisbeere*, die erst seit dem 18. Jahrhundert kultiviert wird. Die *Weißen Johannisbeeren* sind eine Kulturform der Roten Johannisbeere.

Johannisbeeren sind besonders reich an Vitamin C, sie enthalten auch viele Mineralien, Gerbstoffe, Pektin und sekundäre Pflanzenstoffe, allem voran die Flavonoiden (Anthocyane). Die Schwarze Johannisbeere enthält zudem ein Flavonoid – Rutin. Die beiden Flavonoide: Anthocyane und Rutin fördern die Durchblutung der Gefäße, vor allem der kapillaren und helfen ihnen, elastisch zu bleiben.

Die Johannisbeeren (besonders die Schwarzen) stärken das Immunsystem und helfen bei einer Erkältung, schneller auf die Beine zu kommen. Da sie die Ausscheidung der Harnsäure fördern, wurden die Beeren früher auch als „Gichtbeere" bezeichnet. Die hl. Hildegard empfahl deswegen die Johannisbeerblätter als Tee zu trinken. Der Tee hilft auch bei Entzündungen der Harnwege, da die Blätter entzündungshemmend wirken.* Aus den Kernen wird durch Pressung *Johanniskernöl* gewonnen, das gerne bei Neodermitis eingenommen wird, da es Gammalinolensäure enthält (vgl. Meyer 2005, S. 101).

---

* Die Klosterheilkunde empfiehlt für den Tee 1-2 gehäufte Schwarze Johannisbeerblätter mit einer Tasse kaltem Wasser zu übergießen und langsam aufzukochen, dann sofort abseihen (vgl. Mayer 2005, S. 101).

Stachelbeeren
Auch die Stachelbeeren bevorzugen die gemäßigte Klimazone. Kultiviert werden sie seit dem 19. Jahrhundert. Es gibt sie in den Farben grün, gelb und rot. Die Beeren haben eine dicke Schale, die abhängig von der Sorte glatt oder behaart ist. Inhaltlich gleichen sie den Johannisbeeren, vor allem den Roten. Für die Herstellung von Konfitüren können sie noch unreif gepflückt werden, zum Essen sollten sie jedoch voll ausgereift sein.

Himbeeren und Brombeeren
Die beiden Früchte wurden erst im Mittelalter in Klostergärten kultiviert. Die Himbeere ist sehr aromatisch und delikat. Die Brombeere etwas kräftiger und säuerlicher im Geschmack. Beide Arten sind reich an Fruchtsäuren, Pektin, Vitamin C und Mineralien (Kalium, Kalzium und Phosphor). Die Brombeeren bieten zusätzlich viel Beta-Karotin, die Himbeeren Vitamin B und E, ätherisches Öl und Rutin, ein Flavonoid, das auch in schwarzen Johannisbeeren, Hagebutten und Buchweizen vorkommt und zu elastischen Gefäßen, besonders den kapillaren, verhilft und somit auch für das Herz wohltuend ist. Rutin ist auch hilfreich bei Erkältungen. Darüber hinaus liefert die Himbeere Salizylsäure (Ausgangsstoff für Aspirin), die entzündungshemmend ist.

Beide Arten wirken erfrischend, entsäuernd und entzündungshemmend und sind wohltuend für die Harnwege. Sie unterstützen auch die Arbeit der Nieren, da sie entwässernd wirken. Die Himbeere wird von den Heilkundigen gerne bei Erkältung empfohlen (als Saft oder Sirup), da sie schweißtreibend und damit fiebersenkend wirkt. Genauso heilkräftig wie die Beeren sind auch die Himbeer- und Brombeerblätter. Sie enthalten viele Gerbstoffe, wirken deswegen leicht adstringierend (zusammenziehend). Getrocknet als Tee getrunken fördern sie Verdauung und Durchblutung. Gegurgelt heilen sie schnell Halsschmerzen, denn sie verhelfen den Schleimhäuten undurchdringlich für die Viren zu werden.*

Heidelbeeren (Blaubeeren)
Heidelbeeren sind Waldpflanzen, die in Wäldern, Torfmooren und Heiden wachsen, die Blaubeeren dagegen sind Kulturpflanzen, die durch die

---

* Eine bekannte Hausteemischung besteht aus Himbeer- und Brombeerblättern, die 10 Minuten ziehen muss (für Kinder nur 5 Minuten ziehen lassen, sonst enthält der Tee zu viel von den Gerbstoffen).

Kreuzung von der Waldheidelbeere mit der amerikanischen Blaubeere entstanden und in Gärten kultiviert werden. Heidelbeeren schmecken sehr aromatisch und sind darüber hinaus auch heilkräftig.

Die kleinen dunkelblauen Früchte sind besonders reich an Flavonoiden – Anthocyanen und Rutin* und sind folglich wohltuend für die Gefäße, die sie elastisch halten und für den Darm, dem sie bei der Regeneration helfen. Die Blaubeeren liefern zudem viele Fruchtsäuren, Gerbstoffe, Pektine sowie Vitamine und Mineralien.

In der Volksmedizin wurden *Heidelbeeren* schon immer gegen Durchfall (getrocknete)** und Darmbeschwerden (frische) gereicht: Man profitierte von ihren entzündungshemmenden, antibakteriellen und regenerierenden (Darmschleimhaut) Wirkungen. Die Beeren helfen auch, die Gefäße, vor allem die kapillaren Hirngefäße, jung zu halten. Von Vorteil sind sie auch für Gelenke, da sie den Harnsäureüberschuss ausscheiden helfen. Auch die Leber, Galle und das Herz werden in ihren Funktionen von den kleinen blauen Früchten begünstigt. Die kleinen Beeren haben zudem die Kraft, die Abwehrkräfte zu stärken und bei Sehproblemen zu helfen (enthalten Lutein, siehe S. 238)

Erdbeeren, Monatsbeeren, Walderdbeeren
Von den kleinen *Walderdbeeren* schwärmten schon die antiken Dichter Vergil und Ovid. Sie nannten sie *frega* – „die Aromatischen". In der Volksmedizin wurden die Walderdbeeren schon im Mittelalter zu Heilzwecken empfohlen. Die kleinen Beeren sollten „gut für einen cholerischen Magen" sein („New Kreüterbuch" aus dem Jahre 1543), die Blätter für Zahnfleisch, „Mundfäule" und Geschwüre.

Die großfruchtigen *Erdbeeren* entstanden erst durch wiederholte Kreuzungen mit einer amerikanischen Sorte im 18. Jahrhundert. Heutzutage gibt es von den Erdbeeren weltweit mehr als 1000 Sorten.

Erdbeeren sind reich an Mineralien und Vitaminen. Neben viel Kalium enthalten sie Kalzium, Magnesium, Eisen und Silizium sowie viel

---

* Diese Kombination befindet sich auch in Schwarzen Johannisbeeren, Weintrauben und Holunder. Auch in Äpfeln, Aprikosen und Hagebutten finden sich Spuren davon.
** Man kann die getrockneten Heidelbeeren pur geben oder eine Abkochung zubereiten, die den Vorteil hat, dass sie kernlos ist. Was vor allem für Kinder von Vorteil ist, da die Kerne „leicht reizend auf die Magenschleimhäute" wirken können. Dazu nimmt man 3 gehäufte El getrocknete Heidelbeerfrüchte, lässt sie 10 Minuten in ½ L Wasser köcheln und seiht dann ab (vgl. Pahlow 2004, S. 156, Mayer 2005, S. 359).

Vitamin C, Beta-Karotin und Folsäure. Sie liefern sekundäre Pflanzenstoffe – unter anderem Phenolsäuren, die eine zellschützende Wirkung haben.

Erdbeeren wirken belebend, reinigend, entwässernd und entgiftend. Sie fördern die Verdauung und stärken das Immunsystem, beeinflussen positiv das Herz und die Gefäße und sind wohltuend für die Harnwege, da sie entzündungshemmend sind.

Die Erdbeerblätter sind reich an Gerbstoffen. Als Tee getrunken wirken sie stopfend, zusammenziehend, harntreibend und beruhigend; gegurgelt – entzündungshemmend. Die für den Tee benötigten Blätter kann man auch selbst sammeln: Die Monatsbeeren- und Waldbeerenblätter von Frühling bis Herbst, die Erdbeerblätter während der Blüte. Im Schatten getrocknet, ergeben sie einen wohltuenden Tee*, der sich auch gut zum Gurgeln eignet. Erdbeeren wurden immer von Mai bis Juni geerntet, heutzutage gibt es aber auch die herbsttagenden Sorten, die Erdbeersaison verlängern.

Weintrauben

Weltweit gibt es über 5000 Weintraubensorten, unter denen sich die *Keltertrauben* und die *Tafeltrauben* befinden. Aus den Keltertrauben wird Wein hergestellt, die Tafeltrauben werden gerne gegessen. Man unterscheidet blaue und gelbe Trauben. Die blauen ergeben den Rot-, die gelben den Weißwein. Außer dem Wein gibt es andere Weintrauben-produkte wie Weintraubensaft, Rosinen (Sultaninen und Korinthen) und aus den Weintraubenkernen gewonnenes Traubenkernöl. Sogar die Blätter werden für Rouladen (in der griechischen Küche) und als Umschläge (Volksheilkunde) benutzt.

Weintrauben, besonders die bernsteinfarbenen, schmecken sehr süß. Sie sind auch zuckerhaltiger als die meisten anderen Früchte. Ihr hoher Gehalt an Fructose und Glucose sorgt für schnelle Energie und bessere Konzentration. Alle Trauben sind zudem mineral- und vitaminreich. Sie liefern vor allem viel Kalium, aber auch Kalzium und Magnesium sowie viele Spurenelemente. Sie enthalten auch viel Vitamin C und eine Reihe der B-Vitaminene, insbesondere Folsäure. Auch der Fruchtsäuren- und

---

* 1 El geriebene Blätter mit einem Glas kochenden Wasser übergießen und zugedeckt 15 Minuten ziehen lassen.

Gerbstoffgehalt ist hoch. Sehr reich sind die Weintrauben an sekundären Pflanzenstoffen, den Flavonoiden, dabei enthalten die blauen Trauben nicht nur reichlich Anthocyane, sondern auch Rutin. – Die beiden Flavonoide Anthocyane und Rutin fördern, wie schon oben erwähnt, die Durchblutung der Gefäße, vor allem der kapillaren und helfen ihnen, elastisch zu bleiben.

Die reifen Weinbeeren wirken aufbauend, regenerierend, entgiftend, reinigend und kräftigend. Sie verjüngen die Zellen, kräftigen den Herzmuskel und halten die Gefäße stabil und elastisch. Sie wirken sich positiv aus auf die Harnwege, da sie die Keime abtöten können, und fördern die Ausscheidung der Harnsäure. Dank den vielen Fruchtsäuren fördern sie auch die Verdauung und den Stoffwechsel. Ihre Wirkungen verdanken die Weintrauben auch dem „vielen (Sonnen-)Licht in den Zellen". Weintrauben werden auch kurmäßig gegessen. Über die Wirksamkeit der Weintraubenkuren hatte schon der römische Gelehrte Plinius in seiner „Naturgeschichte" geschrieben. In Indien gelten Weintrauben als ein natürliches Nervenmittel.

Aroniabeeren
Aroniabeere kann als ein Baum oder ein großer Strauch (2-3 m hoch) kultiviert werden. Die Beeren ähneln sehr denen der Eberesche, sind jedoch von einer dunkelvioletten, fast schwarzen Farbe, weswegen sie oft auch schwarze Eberesche oder schwarze Apfelbeere genannt werden. Die Beere kommt ursprünglich aus Nordamerika. In Europa ist sie erst seit Mitte des 20. Jahrhunderts bekannt – vor allem in Osteuropa, wo sie als Heilpflanze betrachtet wird.

Aroniabeere gehört zu Pflanzen mit einer starken Heilkraft. Sie enthält viele Vitamine und Mineralien und ist ausgesprochen reich an Antioxidantien. Vor allem der Gehalt an Anthocyanen ist außergewöhnlich hoch – viermal mehr als bei den Heidelbeeren und roten Weintrauben.

Die Aroniabeere wirkt verjüngend, denn sie hat die Kraft, die Zellen, Muskeln und Knochen zu regenerieren und die Gefäße stabil und biegsam zu halten. Sie fördert zudem den Stoffwechsel, stärkt das Immunsystem und ist dazu noch keim- und pilztötend. Die Beeren werden nur als Saft, Gelee oder Konfitüre gegessen.

Wildobst

Wildfrüchte befinden sich seit Urzeiten auf dem Speisezettel der Menschen. Viele von ihnen wurden mit der Zeit kultiviert, manche sind jedoch wild geblieben und wachsen weiter frei in der Natur. Zu den bekanntesten Wildfrüchten gehören: Holunderbeeren, Heidelbeeren, Preiselbeeren, Walderdbeeren, Sanddorn, Hagebutten und Moosbeeren.

Was die Wildfrüchte vom Obst unterscheidet, ist zuerst die Größe: Die wilden Früchte sind viel kleiner und haben eine dickere Schale und folglich auch viel weniger Fruchtfleisch, was zudem noch oft recht hart ist (mit Ausnahme von Walderdbeeren, Heidelbeeren u. a.). Sie enthalten viel mehr Fruchtzucker, schmecken trotzdem meist recht sauer und herb, weil sie reichlich Fruchtsäuren und Gerbstoffe enthalten.

Was sie interessant für die Menschen macht, ist das intensive Aroma (Walderdbeeren, wilde Himbeeren), ein einzigartiger Geschmack (Sanddorn, Hagebutte) und der hohe Gehalt an Mineralien und Vitaminen, der manchmal doppelt so hoch ist wie in den Kulturfrüchten. Die Wildfrüchte enthalten zudem viele seltene Spurenelemente wie Selen, Molybdän, Bor, Kobalt sowie Mangan, Kupfer und Zink.

Möchte man die Wildfrüchte in der freien Natur sammeln, soll man sich gut auskennen, denn genauso wie bei Pilzen und Wildkräutern, so gibt es auch unter den Wildfrüchten giftige Sorten.

Eberesche (Vogelbeere)

Die Vogelbeere erfreut die Menschen nicht nur im Herbst, wenn sie sich mit den leuchtenden korallenroten Doldentrauben schmückt. In voller Blüte stehend, betört sie im Frühling alle mit ihrem schweren süßen Duft. Auf die schönen korallenroten Beeren warten im Herbst schon die Vögel, die die nährstoffreichen Früchte sehr schätzen, sodass es dem Menschen nicht immer gelingt, sie nach dem ersten Frost noch zu sammeln. Denn erst dann werden die sonst sehr herb und sauer schmeckenden Beeren milder und schmecken sogar leicht süß. Die Beeren schmecken besonders gut, wenn sie zu Konfitüre, Gelee oder Kompott verarbeitet werden (auch mit anderen Früchten gemischt). Roh sollten sie nicht (in größeren Mengen) gegessen werden.

Die Ebereschefrüchte sind reich an Gerbstoffen, Fruchtsäuren, Mineralien und Vitaminen, vor allem Vitamin C und Beta-Karotin. Sie enthalten zudem eine ganze Reihe von sekundären Pflanzenstoffen wie

Glykoside und Flavonoide (u. a. Anthocyane). In der Volksheilkunde werden die Ebereschefrüchte bei rheumatischen Beschwerden und zu viel Harnsäure empfohlen.

Neben der allgemein bekannten Eberesche gibt es auch (seit 1880) die süße Vogelbeere – Edeleberesche, die mild und süß schmeckende Beeren trägt.

Hagebutten

Als Hagebutten werden die roten Früchte von verschiedenen Wildrosensorten bezeichnet. Zu den meist bekannten gehören die Hundsrose (*rosa canina*) auch Heckenrose genannt und die Kartoffelrose (*rosa rugosa*). Die länglichen Hagebutten der Hundsrose sind relativ klein, enthalten aber das meiste Vitamin C. Die Kartoffelrose hat dagegen große „plattkugelige" und süß schmeckende Hagebutten.

Hagebutten gehören zu den Vitamin C reichsten einheimischen Früchten und sind auch sehr reich an Karotinoiden (Lycopin, Beta-Karotin). Sie liefern neben vielen Mineralstoffen (Magnesium, Kalzium, Phosphor und Kupfer) reichlich Pektin, Fruchtzucker, Fruchtsäuren, Gerbstoffe und ätherische Öle. Zudem enthalten sie das Blutgefäße stärkende Flavonoid Rutin.

Eine weniger bekannte Sorte, die *rosa moschata*, bietet sogar reichlich ungesättigte Fettsäuren, unter anderem Omega-3-Fettsäuren und etwas Ölsäure. Das aus ihr gewonnene Samenöl wird gerne für die Hautpflege benutzt, weil es der Haut hilft, jung zu bleiben.

Die Heilkraft der Hagebutten ist seit Langem bekannt. Als eine der besten Vitamin C Spender werden sie vor allem zu Vorbeugung gegen Erkältung empfohlen. Die kleinen Früchte steigern die Abwehrkräfte und wirken zudem reinigend, stärkend, harntreibend und verdauungsfördernd. Die heilige Hildegard empfahl das Hagebuttenmark gegen gestressten und verschleimten Magen zu essen, denn „es reinigt den Magen und nimmt ihm den Schleim" (zit. nach Strehlow 2003, S. 59).

Hagebutten werden getrocknet als Tee getrunken, als Hagebuttenpulver u. a. als wirksamer Schutz vor Schädigung des Knorpelgewebes empfohlen.* Aus dem Fruchtfleisch werden Mark, Marmelade, Gelee, Saft und Kompott hergestellt.

---

* Mehr darüber unter: www.hagebutten-pulver.de

Holunder

Der Holunder ist in ganz Europa heimisch. Im Frühling ziert er sich mit starksüß duftenden weißen Blüten, im Herbst mit Dolden voll glänzender schwarzer Beeren. Der von den Germanen der Erdgöttin Holla geweihte Strauch wurde früher gerne in der Nähe des Hauses gepflanzt, weil er als „Wohnsitz der beschützenden Hausgötter" (Pahlow 2004, S. 168) und als Heilpflanze gegen allerlei Gebrechen galt. Als Arznei in der Volksheilkunde galten nicht nur die Beeren und Blüten, sondern auch die Blätter und die Rinde.

Die Holunderbeeren sind reich an Vitamin C, Fruchtsäuren, Gerbstoffen, Flavonoiden (u. a. Anthocyanen) und Mineralien. Die Blüten enthalten zudem Glykoside, die schweißtreibend wirken.

Die vollreifen Beeren werden traditionell bei Erkältung empfohlen, besonders als Mus sind sie sehr wirksam gegen Husten. Die getrockneten Blüten werden als Tee getrunken. – Der sogenannte „Fliedertee" wirkt schweißtreibend und reinigend und wird akut bei Erkältung eingenommen. Kurmäßig getrunken wirkt er auch vorbeugend, indem er die Abwehrkräfte mobilisiert. Da er blutreinigend wirkt, wird er auch bei Hautunreinheiten und unangenehmen Körpergeruch empfohlen, genauso wie bei rheumatischen Beschwerden (u. a. Gicht). Aus frischen Blüten und Blättern wird auch ein homöopathisches Mittel *Sambus nigra* zubereitet, das zur Stärkung des Immunsystems bei Kindern verordnet wird (vgl. ebd.).

Die Blüten werden gerne in einem Bierteig gebraten oder zu einem Sekt verarbeitet. Aus Früchten werden Marmeladen, Gelee und Wein hergestellt, Kompott und Suppen gekocht. Sammeln soll man die Früchte erst, wenn sie vollreif sind (ganz schwarz). Die Reifezeit ist September – Oktober. Die Früchte werden nur gekocht und nicht roh gegessen, sonst verursachen sie Durchfall.

Moosbeere (Kranbeere)

Moosbeeren sind sehr kleine, kriechende Pflanzen, die nur im Hochmoor vorkommen. Sie reifen spät und werden erst im Oktober gesammelt. Sehr geschätzt sind sie als Moosbeerkonfitüre, welche traditionell zum Wild serviert wird.

Kultiviert werden Moosbeeren als großfrüchtige Moosbeere, auch Cranberry oder Gesundheitsbeere genannt. Die Cranberrys kommen ursprünglich aus Nordamerika. Die großen Beeren wurden schon von den

Indianern als Heilmittel verwendet. Beide Arten sind reich an Fruchtsäuren, Gerbstoffen und Pektin, enthalten zudem viel Vitamin C und Mineralien. Sie haben starke keimtötende Eigenschaften und sind sehr wirksam bei Blasen- und Harnweginfektionen.

Preiselbeere (Kronsbeere)
Die Preiselbeere ist ein kleiner Strauch (10-40 cm), der in seiner wilden Form in den kühleren Regionen der Nordkugel in den Wäldern wächst. Die kleinen Beeren wechseln ihre Farbe während der Reife von Weiß zu Rot. Die Preiselbeeren schmecken herbsäuerlich, werden deswegen meistens als Kompott oder Marmelade zubereitet und traditionell zu Putenbraten und verschiedenen Wildgerichten serviert.

Preiselbeeren enthalten neben Fruchtsäuren, Gerbstoffen und Pektin auch Vitamine und Mineralien sowie Vitalstoffe wie Arbutin, die starke antibakterielle Wirkung haben. In der Volksmedizin werden sie vor allem bei Harnwegentzündungen empfohlen.

Sanddorn
Sanddorn hat einen der höchsten Vitamin-C-Gehalte unter den Pflanzen. Die vollreifen Früchte beinhalten 10-mal mehr von dem Vitamin als die Zitrusfrüchte. Er liefert zudem sehr viel Beta-Karotin, Folsäure und sogar geringe Mengen Vitamin B12* (siehe S. 205) und ist reich an Mineralien, Spurenelementen (Flavonoiden – Anthocyanen, Lycopin und Rutin, (siehe auch S. 190 und 225), Fruchtsäuren sowie Bitter- und Gerbstoffen.

Die kleinen, orangefarbenen Beeren steigern – als Saft oder Fruchtsoße „löffelweise 3mal täglich" (Pahlow 2005, S. 269) eingenommen – die Widerstandkraft des Körpers und helfen somit, die nasskalte Jahreszeit unbeschadet durchzustehen.

Waldhimbeeren und Waldbrombeeren
Die direkten Vorfahren der im Garten kultivierten Himbeeren und Brombeeren wachsen noch reichlich vertreten in lichten Wäldern und an Wegesrändern. Sie werden auch heute gerne gesammelt, da sie intensiver und aromatischer als ihre kultivierten Pendants schmecken. Bei den Brombeeren werden sogar die Dornen in Kauf genommen, von denen die wilden Beeren immer noch mehr als genug haben.

Heidelbeeren siehe S. 229f, *Walderdbeeren* siehe S. 230

Südfrüchte und Zitrusfrüchte

Die Süd- und Zitrusfrüchte erweitern das Angebot an frischem, vitalstoffreichem Obst, besonders im Winter. Die Zitrusfrüchte sind reich an Vitaminen, besonders Vitamin C, aber auch Vitamin E, manchen B-Vitaminen und Beta-Karotin. Sie liefern reichlich Mineralien und sind reich an Fruchtsäuren, Fruchtzucker und vor allem an Enzymen: Papain (Papaya), Bromelain (Ananas), Mangoferrin (Mango), Actinidin (Kiwi) und Ficin (Feige). All die Enzyme gehören sie zu den Proteasen, den Eiweiß spaltenden Enzymen, die die Kraft haben, auch das schwer verdauliche Eiweiß zu spalten und zu absorbieren. Auf diese Weise reinigen sie nicht nur den Darm, sondern auch das Bindegewebe und die Arterien. *Zitrusfrüchte* sollte man am besten mit den weißen Fasern essen. So regen sie die Verdauung an, stärken die feinen Blutgefäße und das Immunsystem.

Auch die vielen Fruchtsäuren sind behilflich bei der Eiweißspaltung und Darmreinigung. Sie regen den Stoffwechsel an und helfen, die vielen Mineralien zu assimilieren. Obwohl die Süd- und Zitrusfrüchte enorm viel Sonne gespeichert haben, wirken die meisten von ihnen (vor allem Zitrusfrüchte) energetisch kalt. Ihre kühlende Wirkung ist hilfreich an den heißen Sommertagen, da sie der Erhitzung entgegen wirken. Im Winter in großen Mengen gegessen, entziehen sie dem Körper die Wärme, die er braucht, um bei den niedrigen Temperaturen nicht zu frieren.

Zu den bekanntesten *Südfrüchten* gehören: Bananen, Datteln, Feigen, Kiwis, Ananas und Avocados, etwas weniger bekannt sind: Granatapfel, Mango und Papaya. Die meist gegessenen *Zitrusfrüchte* sind: Zitrone, Orange, Mandarine, Grapefruit und Limette.

Bananen

Bananen sollten immer reif gegessen werden, dann schmecken sie süß und aromatisch und sind leicht verdaulich. Da sie leicht stopfend wirken, werden sie bei leichtem Durchfall empfohlen.

Bananen sind sehr nahrhaft und vitamin- und mineralstoffreich. Neben Vitamin B6 und Folsäure liefern sie viel Kalium und Magnesium und darüber hinaus auch das „Glückshormon" Serotonin. Bananen wirken sich positiv auf Herz und Nerven. In der Tibetischen Medizin werden sie bei mangelhafter Assimilation von Nährstoffen und als beruhigend empfohlen. Energetisch wirken sie abkühlend.

Datteln

Datteln gehören zu den ältesten und süßesten Kulturpflanzen der Welt. Sie enthalten bis 70 Prozent Frucht- und Traubenzucker und sind reich an Vitaminen (Biotin und Folsäure), Mineralien (u. a. Kalzium, Eisen, Kupfer) und Ballaststoffen, dank denen sie verdauungsfördernd wirken.

Aus der Sicht der Traditionellen Chinesischen Medizin gehören Datteln zu den *Wei Qui* (Abwehr-Qui) stärkenden Pflanzen. In China werden sie gerne zur Vorbeugung von Erkältungen und beim Husten (trockenem wie mit Schleim) gegessen. Datteln verbessern zudem die Verdauung und den Schlaf. Datteln sind energetisch warm. Sie sollten am besten in Bioqualität gekauft werden.

In China gibt es auch die *roten Datteln*, die bei Energiemangel empfohlen werden, denn sie stärken den Mittleren Erwärmer (Milz, Magen), bauen Blut auf und wirken beruhigend auf die Nerven.

Feigen

Fast genauso süß wie die Datteln schmecken die getrockneten *Feigen*. Auch sie gehören zu den ältesten Kulturpflanzen der Erde und sind reich an Vitaminen (Biotin), Mineralien und Ballaststoffen. Feigen wirken blutreinigend und verdauungsfördernd. Gegessen werden sie genauso gerne frisch wie getrocknet. Feigen sind energetisch neutral und aus der Sicht der Traditionellen Chinesischen Medizin gut für die Lebensenergie und den Magen.

Avocados

Avocados kommen ursprünglich aus Südamerika, wo sie schon den Azteken bekannt waren. Das butterweiche Fruchtfleisch ist reich an einfach und mehrfach ungesättigten Fettsäuren und liefert neben viel Vitamin E, A und Biotin auch viele Mineralien wie Kalium, Magnesium, Kalzium, Eisen und Kupfer. Die Frucht stärkt das Nervensystem und ist gut fürs Herz und für die Augen (enthält Lutein*). Eine Avocado ist sehr nahrhaft und sollte immer reif gegessen werden (gibt dann auf leichten Fingerdruck nach). Man kann die Früchte auch zu Hause nachreifen lassen.

---

* Lutein (ein Karotinoid) hilft den Augen, gesund zu bleiben, indem es die Netzhaut des menschlichen Auges vor zu viel Sonnenlicht schützt. Lutein befindet sich vor allem in Möhren, Heidelbeeren, Kirschen, Avocado, Birnen, Himbeeren, Äpfel, Dinkel und Einkorn.

Ananas

Ananas wird als einer der besten Schlankmacher empfohlen, da er neben den vielen Vitaminen und Mineralien das verdauungs- und stoffwechselfördernde Enzym Bromelain liefert. Das Enzym befindet sich aber nur in frischem Obst. Wegen den sehr vielen Fruchtsäuren wird Schwangeren abgeraten, viel Ananas zu essen. Kaufen sollte man Ananas, wenn die Frucht gelb, aber nicht zu weich ist und aromatisch frisch duftet.

Kiwis

Auch Kiwis enthalten ein Enzym (Actinidin), das eiweißspaltend ist. Die grünen Früchte kommen ursprünglich aus China (werden auch Chinesische Stachelbeere genannt) und gelangten erst am Anfang des 20. Jahrhunderts nach Neuseeland, wo sie als Nationalfrucht betrachtet werden. Kiwis sind sie sehr reich an Eisen, Kalium und Kalzium, und gehören zu den sehr guten Vitamin C Lieferanten. Kiwis sollten reif gegessen werden, dann schmecken sie mild und süß und erinnern an den Geschmack von Stachelbeeren. Vermeiden sollte man den Kontakt mit Milchprodukten, weil die Frucht dann Bitterstoffe bildet.

Mango, Papaya und Granatapfel gehören zu den weniger verbreiteten Südfrüchten. Alle sind wohlschmeckend, aromatisch und reich an Vitaminen (Mango hat das meiste Provitamin A unter den Früchten) und Mineralien. Die Mango wird in der Tibetischen Medizin als regenerierend und harmonisierend betrachtet. Die Frucht der Papaya wirkt entgiftend, entschlackend und verdauungs- und stoffwechselanregend. Sie gehört zu den besten Vitamin C Lieferanten. Der Granatapfel wird als herz- und magenfreundlich empfohlen.

Zitrone ist in Europa schon seit dem frühen Mittelalter bekannt. Im 12.-13. Jahrhundert von Arabern mitgebracht, kommt sie ursprünglich aus China, wo sie bereits seit 2500 Jahren kultiviert wurde. Ihr Fruchtfleisch ist reich an Vitamin C und keimtötend. Zitronensaft wird gerne verschiedenen Salaten zugegeben. Über geschältes Obst und Gemüse geträufelt, verhindert er das Verfärben., dem Spinat zugegeben, verhindert er die Bildung von Nitrosaminen. Obwohl sehr sauer, ist er nicht Säure bildend. Sehr ähnlich wie Zitrone schmeckt die *Limette*, die aber weniger Vitamin C enthält.

Auch die *Orange (Apfelsine)* kommt ursprünglich aus China. Sie ist im 16. Jahrhundert nach Portugal gekommen und hat sich schnell im ganzen Mittelmeerraum verbreitet. Die Vitamin C reiche Frucht ist heutzutage ganzjährig erhältlich. Eine interessante Sorte ist die *Blutorange*, die zwar herber als die Apfelsine schmeckt, dafür aber an den gefäßfreundlichen Anthozyanen reich ist.

Die *Mandarine* gelangte nach Europa erst im 19. Jahrhundert. Die kleinen aromatischen Früchte gehören zu den süßesten unter den Zitrusfrüchten. Isst man sie ganz (mit den weißen Fasern), kommt man auch in den Genuss vom Pektin, das verdauungsfreundlich ist. Die bekanntesten Sorten sind die kernlosen *Clementinen, Satsumas* und die kleinen *Tangerinen.* Die Satsumas sind eine japanische Züchtung und werden nach der Provinz Satsuma genannt.

Grapefruit (ugs. Pampelmuse) ist bekannt als einer der besten Schlankmacher. Am Morgen gegessen, gehört sie zu der bekannten Hollywood-Diät. Die Frucht schmeckt herbsüß und enthält reichlich Ballaststoffe, Vitamin C und Mineralien wie Magnesium, Kalzium und Kalium. Grapefruit kann die Wirkung von Medikamenten verstärken, weil er den Abbau von Arzneistoffen bremst.

Pilze

Pilze wurden im Laufe der Geschichte genauso gerne von Armen wie Reichen gegessen und sind für viele auch heute ein Leckerbissen. Für besonders köstlich und edel werden Trüffel, Morchel, Steinpilz und Shiitake Pilz gehalten. Verspeist werden genauso gerne die wildwachsenden wie die Zuchtpilze (Kulturpilze).

Pilze und ihr Platz im dem Gefüge der Lebewesen
Der Mensch vermochte sehr lange Zeit die Pilze nicht einzuordnen. Denn sie sind festgewachsen und ortsgebunden wie die Pflanzen, enthalten aber kein Chlorophyll, das die Fotosynthese ermöglicht, und können so keine organischen Stoffe aus anorganischen herstellen (Kohlenhydrate aus Wasser, Kohlenstoff und Sonnenenergie) wie diese, sondern sind auf organische Substanzen in ihrer Umwelt angewiesen, genauso wie Tiere. In der Antike wurden Pilze der Pflanzenwelt zugeordnet (Theophrast 371-287 v. Chr.) und mussten Hunderte von Jahren warten, bis der Mensch ihnen ihr eigenes Reich zugesprochen hat. Seit weniger als 50 Jahren bilden sie in der Klassifikation der Lebewesen ihr eigenes Pilzreich mit vielen Familien, Gattungen und Arten (vgl. Hofrichter 2017, S. 79). Seitdem haben Pilze eine Sonderstellung zwischen Pflanzen und Tieren. Sie sind einfach – Pilze.

Essbare Pilze
Nicht alle im Wald und auf der Wiese wachsenden Pilze sind essbar: Unter ihnen gibt es viele, die ungenießbar und sogar giftig sind. Es bedarf schon einiges an Wissen, um sie unterscheiden zu können, da sie in vielen verschiedenen Formen und Größen vorkommen. Zudem können manche leicht verwechselt werden, da die Essbaren oft ein nichtessbares oder sogar giftiges Pendant haben wie z. B. Reizker – Birkenreizker, Steinpilz – Satanspilz.

Die Pilzsaison für Wildpilze ist der Herbst. Zuchtpilze sind dagegen das ganze Jahr über zu bekommen. Allesamt sind sie ein fester Bestand vieler traditionellen Küchen – europäischen wie asiatischen. Sie verfeinern den Geschmack und werden gerne zu vielen Gerichten verarbeitet: Suppen, Soßen, Teigtaschen, Pfannekuchen, Beilagen

u. v. a. m. Dazu werden sie gekocht, gebraten, gedünstet, gegrillt, mariniert oder roh über die Speisen gestreut (Trüffel). Die Kulturpilze werden vor allem frisch zubereitet, die Wildpilze auch getrocknet. Das Trocknen macht sie würziger und intensiviert ihr Aroma.

Zu den bekanntesten Wildpilzen gehören: Steinpilz, Braunkappe (Maronenröhrling), Pfifferling und Grünling sowie die Edelpilze Trüffel und Morchel. Zu den Kulturpilzen vor allem Champignon, Austernpilz und Shiitake Pilz.

Pilze sind sehr kalorien- und fettarm, dagegen reich an wertvollem Eiweiß (essenziellen Aminosäuren), Ballaststoffen, Vitaminen und Mineralien. Die Kenntnisse über die Heilkräfte der Pilze besaßen die Menschen schon im Altertum. Stinkmorchel, Judasohr und Lärchen-porling wurden lange Zeit gezielt gegen verschiedene Beschwerden empfohlen. Heutzutage werden Inhaltsstoffe ausgewählter Pilze in Europa nur in der Homöopathie eingesetzt. In Ostasien dagegen werden sie auch zu Therapiezwecken benutzt, vor allem in China und Japan.

Die bekanntesten Waldpilze

Trüffel sind Gewürzpilze und sehr edel im Geschmack. Sie zählen zu den erlesensten Zutaten und den begehrtesten und teuersten Speisepilzen überhaupt. Die Pilze werden den Gerichten roh zugegeben (kleingehackt oder hauchdünn geschnitten), um ihnen den Geschmack und das Aroma zu verleihen. Es gibt weiße und schwarze Trüffel.

Trüffel lassen sich nicht züchten. Sie wachsen 10 bis 100 Zentimeter tief unter der Erde und können nur mit Hilfe von Schweinen oder extra dazu abgerichteten Hunden gefunden werden, vor allem in Südfrankreich (Périgord) und Norditalien (Piemont).

Die *Morchel* wird wegen ihres besonderen Geschmacks von vielen genauso hoch geschätzt wie der Trüffel. Man bekommt die Morchel frisch und getrocknet zu kaufen. Da sich in seinen vielen Fältchen Sand und gar kleine Waldbewohner befinden können, will sie sorgfältig gewaschen werden. Die Morchel wird in der Küche vor allem Soßen und Suppen zugegeben, um ihnen einen erlesenen Geschmack zu verleihen.

Steinpilz wird für den edelsten Pilz unter den Wildpilzen gehalten, nach Trüffel und Morchel. Besonders getrocknet besitzt er ein unverwechselbares Aroma. Findet man den Steinpilz nicht, kann man sich mit den *Braunkappe (Maronenröhrling)* helfen. Sie sind viel einfacher zu finden und schmecken fast so gut wie die Steinpilze. Charakteristisch für die Braunkappen ist, dass sie beim Sammeln blaue Druckflecken bekommen.

Einer der schönsten Pilze ist die *Espenrotkappe* mit ihrem charakteristischen roten Hut. Ihr nicht so farbfreudiges Pendant ist der *Birkenpilz*.

Alle Waldpilze schmecken frisch wie getrocknet verarbeitet genauso gut. Nicht getrocknet werden *Pfifferlinge, Grünlinge, Reizker, Butterpilz* und *Parasol (Schirmpilz)*. Sie schmecken am besten in Butter gebraten, außer dem *Butterpilz*, der gerne gedünstet wird.

Beim Sammeln sollte man die Waldpilze nur kurz über den Waldboden abschneiden, um das Myzel (vegetativer Teil des Pilzkörpers) nicht zu zerstören.

Zuchtpilze

Champignons gibt es ganz klein und fest geschlossen, mittelgroß und ganz groß mit flachem Hut. Die kleinsten sind noch zart und delikat im Geschmack und werden gerne ganz in Butter gebraten. Die größeren schmecken intensiver, werden oft geschnitten und gebraten als Füllung genommen oder werden selbst gefüllt. Champignons ergeben auch eine gute Suppe oder schmackhafte Soße. Sie stärken den Körper und seine Verdauung.

Austernpilze sind von einer fleischigen, festen Konsistenz und einem angenehmen Geschmack, der manche an Kalbfleisch erinnert. Die Pilze werden auf Baumstümpfen gezüchtet und wachsen büschelförmig. Frisch sind sie fest und saftig und schmecken dann angenehm zart. Austernpilze sind eiweisreich und enthalten viele B-Vitamine, Folsäure, Vitamin C und D, sind deswegen gut für das Nervensystem und die Knochen. Man kann die Austernpilze braten, grillen, backen, schmoren und dünsten.

Shiitake Pilz stammt ursprünglich aus Ostasien, wo er zu den besonderen Leckerbissen zählt. Gezüchtet wurde er schon vor 1000 Jahren, zuerst in China, dann in Japan. Seit einigen Jahren wird er auch in Europa erfolgreich kultiviert. Shiitake Pilz hat einen feinen erdigen Geschmack und eine feste Konsistenz. Er enthält neben hochwertigem Eiweiß Vitaminen und Mineralien auch gesundheitsfördernde Substanzen wie Lentinan und Eritadenin. Im alten China wurde er für ein Lebenselixier gehalten, denn Shiitake Pilz wirkt stark verjungend: Er hilft die Zellen gesund zu halten, stärkt das Immunsystem, erweist sich als wohltuend für Gefäße, Gelenke und Leber und trägt zur Nervenstärke bei. Man bekommt Shiitake Pilz frisch und getrocknet.

Die anderen Lebensmittel

Salz

Der Mensch braucht das Salz. Es wurde deswegen bereits in der Vorzeit sehr geschätzt. Schon damals hat man es auf weiten Wegen, den sogenannten Salzstraßen, transportiert. Lange Zeit war es so begehrt und kostbar (Weißes Gold), dass sogar Salzkriege geführt wurden (u. a. der Ochsenkrieg um die Salinen von Reichenhall 1611). Der letzte Salzkrieg fand 1930 in Indien statt: Es war der berühmte Salzmarsch der Inder (Gandhi), der zugleich das Ende der kolonialen Herrschaft brachte. Seitdem jedoch das Salz maschinell abgebaut wird, wird sein Wert ganz anders bemessen. Die Zeiten in denen es so wertvoll war, sind vorbei.

Das mineralische Lebensmittel
Salz ist ein Mineral, das sich in der Natur in fester und gelöster Form befindet. Sein Vorkommen ist fast unbegrenzt: Als Steinsalz in den unterirdischen Salzlagern und als eine Lösung in den Weltmeeren. Gewonnen wird das Salz als *Steinsalz*, *Salinensalz* und als *Meersalz*.

Das *Steinsalz* hat sich aus den ausgetrockneten Urmeeren auskristallisiert. Es befindet sich in riesigen Salzstöcken, die in den Salzbergwerken abgebaut werden, heutzutage meistens maschinell. Nur in wenigen Regionen der Welt (Afrika, Anden, Himalaja) wird das Steinsalz noch wie in Urzeiten per Hand abgebaut und in der Sonne getrocknet. Was zwar sehr mühselig ist, aber das Salz wertvoller macht. Auf solche Weise wird vor allem das *Kristallsalz* gefördert. Ein Steinsalz, das als die hochwertigste Form des Salzes, ein Königssalz unter den naturbelassenen Salzen, betrachtet wird. Was Kristallsalz unterscheidet, ist eine besonders dichte Struktur seiner Kristalle, die durch einen enorm hohen Druck in der Erdkruste entstanden ist. Das Salz kommt nur vereinzelt vor und zieht sich dann wie eine orange Ader durch das gewöhnliche Steinsalz. Das Kristallsalz kommt vor allem im Himalaja vor.

Salinensalz wird mit Hilfe von Wasser aus den Salzstöcken ausgespült. Die Sole (die Salzlösung) kommt in die Salinen, wo es ausgedampft wird.

Früher geschah es mit Hilfe von Sonnenwärme oder Holzfeuer und großen Siedepfannen, heute durch ein Vakuumverfahren. Das zurückgewonnene Salz wird Salinen- oder Siedesalz genannt. Nach der weiteren Verarbeitung (Raffination) wird aus ihm das weiße *Kochsalz*.

Das *Meersalz* wird aus dem Meerwasser in flachen Buchten, sogenannten Salzgärten, durch Verdunstung gewonnen. Das Verfahren war schon in Altertum bekannt. Heutzutage befinden sich die größten Salzgärten Europas an der Atlantikküste in Frankreich und Portugal (Algarve). Meersalz wird in drei Arten unterteilt. Für das einfachste wird das *Sel de mer* gehalten. Es sind grobe Salzkristalle, die sich auf dem Boden der Verdunstungsbecken absetzen und nur ein bis zweimal im Jahr gesammelt werden. *Sel gris* ist kleiner und wird alle zwei Wochen mit einem hölzernen Rechen abgetragen. *Fleur de Sel* nennt man ganz kleine Salzkristalle, die sich an die Oberfläche setzen (Salzblüte) und jeden Tag in Handarbeit mit einem Sieb abgeschöpft werden. Es ist das feinste und teuerste Meersalz. Feinschmecker behaupten, dass die „Salzblume" den Eigengeschmack der Lebensmittel bis zu 10 Prozent steigern kann.

Naturbelassenes und industriell bearbeitetes Salz

Steinsalz und Meersalz sind reine Naturprodukte. Neben dem Natriumchlorid beinhalten sie alle für den Menschen wichtigen Mineralstoffe und Spurenelemente: Kalzium, Kalium, Magnesium, Jod, Zink, Eisen und viele anderen (zusammen etwas über 90). Die beiden Arten entstanden aus dem Meerwasser, das eine ähnliche Salzlösung enthält wie das menschliche Blutplasma. (In der Notmedizin wird Salzlösung als Infusion eingesetzt.) Dank ihrer komplexen Form wird Stein- und Meersalz von dem Körper leicht verstoffwechselt. Den Speisen zugegeben, steigert es deren Eigengeschmack.

Kochsalz (Speisesalz, Tafelsalz) ist dagegen ein industriell bearbeitetes Salz. Durch die industrielle Verarbeitung werden dem Natursalz alle Mineralstoffe und Spurenelemente entzogen. Was bleibt ist reines Natriumchlorid ($NaCl$), das gebleicht und mit Zusatzstoffen versehen wird, um ihm eine schöne weiße Farbe (Natursalz ist meistens grau) und perfekte Rieselfähigkeit zu verleihen. Das natürliche Jod wird dem Salz zuerst entzogen und dann als Kaliumjodid zugegeben, um der Kropfkrankheit vorzubeugen. Gegen Karies soll die Zugabe von Fluor helfen. Der Einsatz vom Kaliumjodid ist nicht unbestritten, genauso wie von Fluor. Nach der Meinung von Dr. Strehlow, dem Leiter der Hildegardkurhauses am Bodensee, sei deren Zugabe für die Schilddrüse nicht unbedenklich (vgl. Strehlow 2003, S. 103).

Salz in der Küche
Den Speisen zugegeben, steigert Salz den Eigengeschmack der Lebensmittel. Besonders das naturbelassene Salz. „Erst das Salz macht das Essen wirklich schmackhaft", heißt es in Ayurveda.

In der Küche werden Kochsalz, Meersalz und Steinsalz verwendet. Obwohl das Natursalz dem Menschen fast unbegrenzt zu Verfügung steht, wird in den industriellen Ländern vor allem industriell bearbeitetes Salz (Kochsalz) gegessen, auch Speise- oder Tafelsalz genannt.

Das natürliche Salz ist jedoch nicht nur gehaltvoller, es schmeckt auch anders – würzig und nicht nur fade salzig. Besonders das Meersalz schmeckt von Region zu Region anders. Es gibt richtige Genießer, welche nur ein Salz aus bestimmten Regionen benutzen. Manche ziehen jedoch das Steinsalz dem Meersalz vor. Laut Dr. Strehlow ist „im Feur geröstet(es) Salz" am besten (ebd. S. 103). Man kann es auch in einem Backofen oder in einer Pfanne (bei 150 °C über Nacht) machen (ebd. S.102). Mischt man Salz mit verschiedenen Kräutern, bekommt man ein *Kräutersalz*.

Unser Körper braucht Salz
Salz ist für den menschlichen Körper *unentbehrlich*. Es befindet sich in den Knochen, in der Magensäure, in vielen Enzymen und im Blutplasma. Salz reguliert den ganzen Wasserhaushalt, sorgt für den Transport von Nährstoffen und die Leitung von Nervenimpulsen.

Salz brauchen nicht nur die Menschen, sondern auch die Pflanzen fressenden Säugetiere. Die Wildtiere suchen sich ihre Salzquellen in der Natur, den Zuchttieren werden große Salzsteine zum Lecken (Lecksalz) gereicht.

Tiere wissen instinktiv, wie viel davon sie brauchen, der Mensch verzehrt oft mehr als ihm gut tut. Das meiste nimmt er unbewusst zu sich: Es ist das versteckte Salz in Brot, Käse, Wurstwaren und vor allem in den Fertigprodukten. Wird mehr Salz verspeist als nötig, hält es Wasser im Körper zurück. Der Körper erzeugt dann Durst, um mit dem getrunkenen Wasser das Zuviel auszuschwemmen. So hält er die Salzkonzentration konstant. Wird jedoch ständig zu viel verzehrt, kann der Körper dauerhaft aus dem Gleichgewicht kommen. Der Gegenspieler des Salzes ist das Kalium, welches die Wasserausscheidung fördert.

Salz als heilender Stoff
In Ayurveda wird eindeutig das *Natursalz* empfohlen. Aus der Sicht der alten Lehre verleiht es dem Körper Stabilität und stärkt die Verdauung. Es kommt jedoch auf die Menge an: Wo kleine Mengen den Körper strukturieren, halten größere das Wasser zurück, irritieren den Magen und erschöpfen den Körper. Das raffinierte Kochsalz wird nicht empfohlen, weil es ungünstig für die Gefäße sein soll.

Auch die Tibetische Medizin hält viel vom Natursalz. In kleinen Mengen macht es den Körper robust, „besänftigt Unruhe" und „beseitigt Blockaden der entstofflichen Kanäle" (Qusar 1997, S. 107f). Ein Übermaß ist schädigend, denn es schwächt den Körper und führt bei der Haut zu Faltenbildung. Auch nach der Lehre der Traditionellen Chinesischen Medizin ist zu viel Salz nicht empfehlenswert, den es schwächt den ganzen Körper.

Die heilige Hildegard warnte gleicherweise vor zu viel Salz, weil es „schädigt und belastet". Um das zu verhindern, sollte man nur so viel salzen, „dass man die Speise vor dem Salz herausschmeckt." Generell hielt sie das Salz für notwendig, denn „wer Speisen ohne Salz isst, wird innerlich schwach" (zit. nach Strehlow 2003, S. 102).

Auch gegenwärtig wird Salz zu Heilzwecken angewendet: für Inhalationen, Nasentropfen, Wickel und Solebäder. In der Homöopathie wird Salz als *Natrium chloratum* in verschiedenen Potenzen bei Erkältung, Migräne, Schnupfen und bei seelischen Beschwerden eingesetzt. Als Schüßlersalz auch „für den Aufbau und Erneuerung des Knorpelgewerbes" (Kellenberger 2003, S. 50). Das Himalajasalz wird gerne als Sole eingenommen, denn es hat harmonisierende Wirkung auf die organische wie geistige Ebene des Körpers.

Mit Salz lässt sich schnell ein Gurgelmittel gegen Halsschmerzen zubereiten: 1 Tl Natursalz auf 1 Glas Wasser und auch die einfachsten Nasentropfen werden schnell zu Hause gemacht: ½ Tl Natursalz auf 1 Glas abgekochtes Wasser – abkühlen und in ein Sprühfläschchen geben. Sie sind besonders wirksam gegen bakteriellen Schnupfen und ohne Nebenwirkungen.

Honig und seine Kraft

„Iss Honig mein Sohn, denn er ist gut." (Bibel)

Bienen sind große Freunde der Menschen. Sie beschenken uns nicht nur mit Honig, Wachs und Propolis. Sie tragen auch bedeutend zu unserer Ernährung bei: Ein Drittel der menschlichen Ernährung basiert auf der Bestäubungsarbeit der Bienen. Bienen sind enorm wichtig nicht nur für uns Menschen, sondern auch für die Natur, den sie tragen zu ihrer Vielfalt bei. Alles, was sie brauchen, ist eine gesunde Umwelt. Dabei schützt eine verantwortungsvolle, nachhaltige Lebensmittelproduktion nicht nur die Bienen, sondern auch die Böden und das Grundwasser und somit auch uns Menschen.*

Die Bienen gibt es seit Millionen von Jahren. Man kann sie sogar als Fossile in Bernstein eingeschlossen bewundern. Ihr Honig war schon dem Urmenschen bekannt, der sich gerne an ihm gelabt haben müsste, da er vor dem waghalsigen Unternehmen nicht zurückschreckte, die das Honigsammeln damals war. Die Felsenbilder (Ostspanien) beweisen das.

Honig gilt als ein Ur-Lebensmittel – da er seit Urzeiten unverändert geblieben ist. Lange hat der Mensch den Honig den wilden Bienen abgeluchst, bis er auf die Bienenzucht kam. Die ersten Imker waren die alten Ägypter, auch die alten Römer und Byzantiner kannten sich gut damit aus.

In allen alten Hochkulturen wurde Honig sehr geschätzt: als Lebensmittel, Heilmittel und als beliebte Opfergabe. Die „liebliche Speise der Götter" wie er in der griechischen Mythologie genannt wurde, gehörte zu den bevorzugten Arzneien der alten Welt. Über seine Heilkraft wurde schon in dem ältesten medizinischen Schriftstück, dem altägyptischen Papyrus Ebers, geschrieben: Gepriesen vor allem als Verjüngungs- und Herz stärkendes Mittel.

Honig wirkt auch wohltuend auf den Stoffwechsel, die Nerven und das Herz und wird oft als „Hafer für das Herz" bezeichnet. Regelmäßig eingenommen stärkt, regeneriert und harmonisiert er den Körper. Wegen seiner antibakteriellen Wirkungen wird bei Halsschmerzen und Durchfall empfohlen, als Zwiebel-Honig-Saft hilft er beim Husten.

---

* Vgl. https://landwirtschaft.greenpeace.at/bienenschutz, www.bienenshutz.org

Honig besteht aus Blütennektar (Blütenhonig), Waldhonig enthält zusätzlich Honigtau. Mit den Enzymen der Biene angereicht, reift er in der Wabe, bis er nur 20 Prozent Wasser enthält und mit einer dünnen Wachsschicht verschlossen wird. *Kalt geschleudert* enthält er alle seine wertvollen Inhaltsstoffe: die den Stoffwechsel positiv beeinflussenden Enzyme, die herzfreundlichen Hormone, die antibiotisch wirkenden Stoffe (Inhibine), einige Mineralstoffe und Vitamine sowie viele Aromastoffe (insgesamt 50).

Je nachdem, was die Bienen gerade in der Umgebung ihres Stocks gesammelt haben, unterscheidet sich Honig in seiner Farbe, Konsistenz und seinem Aroma. Der härteste von allen ist der Löwenzahnhonig, angenehm weich dagegen der milde und sehr helle Akazienhonig. Schön gelb ist der Lindenhonig, fast braun dagegen der Tannenhonig, der viel Honigtau enthält. Der Tannenhonig (Waldhonig) ist stark antiseptisch und gilt deswegen als besonders heilkräftig und als eine Wohltat für Lungen und Bronchien. Auch der Salbeihonig* hilft sehr gut. Viel stärker antiseptisch wirkt noch der neuseeländische Manuka-Honig. **

Die fernöstlichen Heilkundigen betrachten Honig als energetisch heiß. In der Tibetischen Medizin wird er als Gewürz-Honigmilch bei Erkältung empfohlen. Auch die Ayurveda Ärzte raten zum Honigessen: Mit Nüssen, Kürbiskernen, Fenchel, Pfeffer und Kardamom vermischt, wird er als die Hirntätigkeit anregendes Mittel gepriesen, das jeden Tag vor dem Frühstück eingenommen werden soll. Die etwas beleibten Menschen (Kapha-Typ) sollten den alten Honig bevorzugen (älter als 1 Jahr). Im lauwarmen Wasser aufgelöst (1-2 Tl Honig auf 1 Glas) hilft er das Körpergewicht zu senken. Das Honigwasser ist zudem ein entschlackendes Getränk, welches den Körper von zu viel Schleim befreit. Noch aus der Antike (Hippokrates) kommt das Rezept für Honigmilch als Schlaftrunk, der auch heute gerne getrunken wird. Die Volksheilkunde preist die Apfelessig-Honig-Therapie, in der Honig mit Essig und Wasser

---

* 15-18 frische Salbeiblätter, die unbedingt trocken sein müssen, werden in 500 g Honig eingelegt (etwa 1-2 Fingerbreit bedeckt) und dann nach 2-3 Wochen abgefiltert. Bei Bedarf (am besten schon beim ersten Kratzen im Hals) 1 Tl im Mund zergehen lassen. Der Salbeihonig ist (richtig gemacht) 1 Jahr haltbar.
** Der wilde Manuka-Strauch ist ein neuseeländischer Teebaumart, der sehr reich an antibakteriell wirkendem Stoff Methylglyoxal (MGO) ist. Der Manuka-Honig gibt es in verschiedenen Stärken: MGO 30, 100, 250, 400 und 550, abgängig von seiner Wirkungsstärke. Für Infektionen im Rachenraum z. B. wird die mittlere Stärke empfohlen.

als Heiltrunk eingenommen wird.* Die heilige Hildegard erkannte die entgiftende Wirkung des Honigs auf Leber und empfahl, ihn zusammen mit zerstoßenen Edelkastanien vermischt zu essen.

Auch in der Küche hat der Honig eine sehr lange Tradition. Vor allem der Honigkuchen kann nicht ohne ihn auskommen. In der Fleischküche wird er gerne für Honigglasur verwendet, die den Speisen eine raffinierte Abrundung verleiht.

Honig ist fast unbegrenzt haltbar. Er kristallisiert schnell, wenn es kälter als in der Honigwabe ist und sollte am besten dunkel gelagert werden.

Von vielen Heilkundigen wird geraten, *kleinen Kindern unter zwei Jahren keinen Honig zu gegeben.* (Es kommt zwar sehr selten vor, aber er kann bakterielle Botulismussporen enthalten.)

Honig ist ein natürlicher Schönheitsmacher. Schon in den alten Kulturen wurde er gerne zu Schönheitspflege benutzt. Seine bekannteste Anhängerin war Neros Frau Poppea. Heutzutage befindet sich Honig in vielen Hautcremes und Lotionen. Zu Hause wird er gerne für Gesichtsmasken (z. B. Honig-Quark-Maske) oder pur für die Lippen benutzt, um sie weich und geschmeidig zu machen.

Honig wirkt beruhigend und entzündungshemmend auf die Haut. Er macht sie zart und weich, da er ihr Feuchtigkeit spendet. Besonders beliebt dafür ist der Akazienhonig.

Zucker als Nahrungsmittel

Der natürliche Zucker entsteht in Pflanzen unter der Einwirkung von Sonnenlicht. Der weiße Haushaltzucker wird aus den zuckerhaltigen Pflanzen extrahiert. Es ist ein isolierter Zucker (Saccharose).

Die Geschichte des isolierten Zuckers (Haushaltzucker) hatte mit dem Auskristallisieren von Zuckerrohrsirup begonnen, vermutlich schon im 4. Jahrhundert in Indien. Nach Europa kam *Rohrzucker* erst im Mittelalter und wurde ab dem 16. Jahrhundert als Luxusartikel betrachtet. Er war so kostspielig, dass nur wenige sich ihn leisten konnten: „Auch der König isst den Zucker nicht löffelweise", sagte man damals in Polen. Noch die nächsten zwei Jahrhunderte wurde er in verschließbaren Zuckerdosen aufbewahrt.

---

* 2 Tl Honig plus 2 Tl Apfelessig auf ein Glas lauwarmes Wasser.

Bis in die Mitte des 18. Jahrhunderts hatte man den Zucker ausschließlich aus dem Zuckerrohr gewonnen, der weltweit auf Plantagen eingebaut wurde. Erst ab Mitte des 19. Jahrhunderts wurde der weiße Zucker aus den Zuckerüben gewonnen und wurde nach und nach billiger. Im Jahre 1900 wurden jährlich schon 6 Kilo Zucker pro Kopf konsumiert, heute sind es aber stolze 35 Kilo.* Die Spitzenreiter im Zuckerkonsum sind in Europa die Schweizer mit 52,3 kg.**

Außerhalb der Industrieländer wird wenig oder gar kein Zucker gegessen. Und es ist noch nicht solange her, da wurde auch in Europa damit maßvoll umgegangen – in früheren Zeiten sogar sehr sparsam. Pro Kopf und Jahr waren es im Mittelalter 20 g.

Haushaltszucker

Den weißen, isolierten Zucker (Saccharose) gibt es als Haushaltzucker, Weißzucker, Puderzucker, Hagelzucker, Würfelzucker, Gelierzucker, Milchzucker, Invertzucker, Traubenzucker und als Kandis. Er ist auch in sehr vielen Produkten vorhanden – manchmal in großen Mengen. Vor allem in verschiedenen Sorten von Süßigkeiten und Getränken, aber auch in Nahrungsmitteln, wo man ihn nicht immer vermutet, wie Ketchup, Senf u. v. a. m., wo er die Säure mildern und zur Haltbarkeit beitragen soll. Die Mengen des Zuckers, die darin stecken, sind schon beachtlich: Ein Schokoriegel enthält 19 Stück Würfelzucker, 1 Glas Limonade 11 Stück. Im Ketchup sind es sogar 20 bis 30 Prozent. – Immerhin werden in Deutschland pro Jahr drei Millionen Tonnen Haushaltzucker produziert. Zucker wird oft als Glukose, Glukosesirup, Fruktose, Dextrose, Maltose, Maltodextrine, Stärkezuckersirup u. a. angegeben.

Zucker und seine Bedeutung

Zucker (als Kohlenhydrat) ist für den Körper unentbehrlich. Durch seine Verbrennung bekommt der Körper die lebensnotwendige Energie. Es ist von Vorteil, zwischen natürlichem und isoliertem Zucker zu unterscheiden, weil ihre physiologischen Wirkungen auf den Körper nicht dieselben sind.

---

* Vgl. „Steigender Zuckerkonsum" unter: www.bundestag.de
** Quelle: „Zucker in Zahlen" unter: https://gesundheitswelt.allianz.de/.../Allianz-Gesundheitswelt-Versteckterzucker-Zucker-Info...

Besonders bei den isolierten Nahrungsmitteln gilt die alte Paracelsus-Regel: „Erst die Dosis macht das Gift." Beim Haushaltzucker wird es empfohlen, nicht mehr als 2 Tl Zucker auf einmal und nur bis 10 pro Tag zu essen. Der weiße Zucker wird sehr schnell von dem Körper aufgenommen und genauso schnell steigt der Blutzuckerspiegel. Was bei übermäßigem, langandauerndem Konsum den Körper aus dem Gleichgewicht bringen kann.

Bei dem natürlichen Zucker (in Obst, Gemüse, Getreide u. a.) dagegen steigt der Blutzuckerspiegel nur ganz langsam an, weil er vom Körper nur nach und nach abgebaut werden kann. Der Körper bekommt die Energie gleichmäßig dosiert und kommt nicht aus der Balance. Der langsame Abbau von natürlichem Zucker ist auch für das Wohlbefinden vorteilhaft: Die angenehme aufhellende Wirkung hält viel länger an, genauso wie die gute Laune.

Seit einiger Zeit wir auch in Europa verschiedenen Nahrungsmitteln Glucose-Fruktose-Sirup (Isoglukose, Maissirup, HFCS u. a.) zugegeben – ein Zuckerkonzentrat, das aus Maisstärke hergestellt wird (und viel günstiger als Zucker ist). Im Unterschied zu Hashaltzucker, der ein aus Zweifachzuckern (Disacchariden) besteht, besteht der Maissirup aus Einfachzuckern (Monosacchariden), die noch schneller von dem Körper aufgenommen werden, was den Körper auch schneller aus dem Gleichgewicht bringen kann.*

Wie viel Zucker braucht der Mensch?

In den alten Ernährungslehren der Tibetischen Medizin, der Traditionellen Chinesischen Medizin wie dem Ayurveda spricht man nicht von Zucker, sondern von dem süßen Geschmack (siehe S. 49), der dem Menschen in erster Linie dazu dient, den Körper aufzubauen: Er gibt ihm Energie, die er braucht und fordert darüber hinaus seine Selbstheilungskräfte. Er hilft ihm auch, sich zu entspannen und sich besser zu konzentrieren. Nach der Ayurvedalehre „harmonisiert (er) den Geist und fördert ein Gefühl der Zufriedenheit" (Frawley 2001, S. 42).

---

* Vgl. Olaf Kumpert: „Industriezucker – Politik contra Verbraucherschutz", www.zdf.de/ZDF/zdfportal/blob/40019486/3/data.pdf (ZDF Sendung von 08.09.2015)

In Maßen ist der süße Geschmack harmonisch (sattvisch). Im Übermaß bewirkt er Müdigkeit und Trägheit: Die Menschen brauchen dann mehr Schlaf, stehen am Morgen unausgeschlafen auf, sind schlecht gelaunt und können sich nicht konzentrieren.

Empfohlen wird das Bedürfnis nach süßem Geschmack in Maßen und mit Lebensmitteln mit natürlicher Süße zu stillen. Von der Ayurveda werden als geeignet genannt: Vollrohrzucker (Jagrézucker), Ahornsirup, Melasse, Reis- und Gerstenmalz sowie Honig in kleinen Mengen (nicht erhitzt!). Der raffinierte Haushaltzucker wird nicht empfohlen, da er nur scheinbare Energie liefert und als tamasisch (Tamas – Trägheit) gilt.

Die Verfechter der traditionellen Chinesischen Medizin sehen den Zucker nicht als generell schlecht. Aus ihrer Sicht kann Zucker in kleinen Mengen sich auch positiv auswirken, denn er „wirkt sehr tonisierend (kräftigend) auf Magen und Milz", stärkt Lebensenergie (*Qui*) und Blut und „produziert Flüssigkeit" (Frawley 2001, S. 108f). Zu viel Zucker bewirkt jedoch das Gegenteil: Er schwächt den Mittleren Erwärmer (Milz, Magen), was zu Hyperaktivität und Erschöpfung führen kann.

Auch in der Tibetischen Medizin wird von süßem Geschmack ausgegangen. Die Süße in Maßen ist nahrhaft: nährt die Körperkraft, hilft bei Aufbau der Körpergewebe und verhilft zu langem Leben. Im Übermaß jedoch schwächt sie die Verdauungshitze und führt zu Fettleibigkeit. Der süße Geschmack kann langsam freigesetzt werden, wie bei Mehl, Getreide, Fleisch, Milchprodukten, Pilzen, Bohnen und Milch oder ganz schnell wie beim Haushaltzucker.

Der süße Geschmack wird in den alten Ernährungslehren mit Zuwendung und Liebe zusammengebracht. Besonders wichtig ist er bei Kindern, die ihn für ihre körperliche und geistige Entwicklung brauchen.

Verschiedene Süßmittel
Es gibt verschiedene Möglichkeiten, den Zuckerbedarf zu decken:

- Durch natürlichen Zucker, der als Mehrfachzucker in Getreide (Brot, Nudeln, Reis) Gemüse (Rüben, Kartoffeln, Möhren) und Hülsenfrüchten (Bohnen, Erbsen, Linsen) oder Einfachzucker in Obst und Gemüse steckt.
- Durch Süßmittel, die aus zuckerhaltigen Lebensmitteln schonend verarbeitet wurden – wie Rohzucker (Vollrohzucker), Honig, Dicksäfte, Sirups, Melasse und Malzextrakt.

Vollrohzucker ist ein unraffinierter Zucker, der schonend durch Pressung aus dem Pflanzensaft der Zuckerrübe oder Zuckerrohr gewonnen wird. Kaufen kann man ihn als Vollzucker – aus Zuckerrübensaft oder als Vollrohrzucker, Rapadura, Ursüße und Jagrézucker (von Ayurveda empfohlen) – aus Zuckerrohrsaft.

Es gibt auch den teilraffinierten Rohzucker, der im Gegensatz zu dem raffinierten Haushaltzucker, ein halbfertiges Produkt ist. An seinen Kristallen haftet noch etwas Melasse, die ihm die braune Farbe gibt und wodurch er noch eine Spur an Mineralstoffen und Aromastoffen enthält. Er wird brauner Zucker oder Farin genannt. (Unter der Bezeichnung brauner Zucker gibt es aber auch den raffinierten Zucker, der mit Zuckercouleur gefärbt wird.)

Honig (siehe S. 249f)

Dicksäfte und Sirups werden durch Auskochen von Säften gewonnen. Zu denn bekanntesten gehören: Birnendicksaft, Apfeldicksaft und Agavendicksaft, genauso wie die Sirups: Ahornsirup und der eisenhaltige Zuckerrübensirup.

Melasse entsteht als Nebenprodukt bei der Raffination von Zucker, *Malzextrakt* wird bevorzugt aus Gerste gewonnen. Beide werden genauso wie die Dicksäfte und Sirups verwendet.

Stevia
Viele, die keinen Zucker essen wollen, weichen auf synthetische Süßstoffe aus. Eine natürliche Alternative ist Stevia. Stevia ist eine Pflanze, die in Südamerika beheimatet ist und dort schon seit Jahrhunderten zum Süßen verwendet wird. Für den Rest der Welt wurde sie erst am Anfang des 20. Jahrhunderts entdeckt und ist heutzutage besonders in Japan beliebt.

Die Steviapflanze hat nicht nur eine große Süßkraft, sie enthält viele Vitalstoffe: Vitamine, Mineralien, sekundäre Pflanzenstoffe (Flavonoide) und viele ätherische Öle. Sie ist kalorienarm und wirkt auf den Körper ausgleichend und beruhigend. Stevia bekommt man getrocknet (ganze Blätter oder pulverisiert), als Steviaextrakt oder Steviasirup.

Wasser und andere Getränke

Wasser – ein noch weit unbekannter Stoff

Wasser bedeckt zu zwei Dritteln die Erde und ist ein Bestandteil aller Lebewesen. Auch der menschliche Körper besteht zu 70 Prozent aus Wasser. Wasser ist ein Urelement, ohne das kein Leben möglich wäre, darüber hinaus eine wundersame Substanz, denn Wasser ist der einzige Stoff auf der Erde, der in drei Aggregatzuständen vorkommt – flüssig, fest und gasförmig. Es weist zudem viele Fähigkeiten auf, welche mit den physikalischen Gesetzmäßigkeiten nicht übereinstimmen: Es kann „über einen langen Zeitraum hinweg Wärme (zu) absorbieren, ohne heiß zu werden" (Fischer-Reska 2002, S. 25). Sein Schmelz- und sein Siedepunkt sind ungewöhnlich hoch (ebd.). Es soll eigentlich nicht bei 100° kochen, bei 0° gefrieren und sich dabei noch auszudehnen, anstatt zu schrumpfen. Auch seine Dichte wird bei 4° und nicht wie erwartet erst bei 0° am größten, was allerdings das Überleben in den Gewässern ermöglicht. Die Anomalien scheinen wohlbedacht zu sein, denn sie sind lebensbejahend: Ein erst bei 100° schmelzendes Wasser hätte die Erde anders aussehen lassen.

Wasser bildet beim Einfrieren verschiedene Strukturen – Muster, die nach dem japanischen Wasserforscher Masaru Emoto nicht willkürlich entstehen, sondern abhängig sind von der Umgebung, Strahlung und den Stoffen, mit denen es im direkten oder indirekten Kontakt tritt, aber auch von der Stimmung und den Emotionen und Gedanken der Menschen. Wasser nimmt deren Informationen (Schwingungen) auf und speichert sie als Muster. Dabei ergeben positive Informationen: hoffnungsvolle und lebensbejahende Gefühle, liebevolle Gedanken und Gebete (Emoto 2002, S. 132), ruhige Musik* schöne und klare Muster. Dagegen stören Verschmutzung, Strahlung, negative Emotionen, gehässige Gedanken deren Ausformung, sie verhindern die „organisierte Form", die Kristalle werden entweder verzehrt oder können sich überhaupt nicht entwickeln (vgl. Emoto 2002).

---

* Auch die heilende Musik von Alan Roubik wurde von Emoto auf diese Weise untersucht (ebd., S. 79)

Natürliches Wasser ist voll Kraft und Energie, solange es seinen ursprünglichen Weg gehen kann. Durch die ständige Verwirbelung und Verstrudelung wird es fortwährend energetisch aufgeladen. Es hat dann die Kraft, sich selbst zu reinigen, bleibt klar und rein und behält seine ursprüngliche Struktur. So ein Wasser ergibt wunderschöne Kristallmuster. In begradigte Flüsse gezwungen, büßt es seine Kraft ein. Sein Energieniveau sinkt, die Selbstreinigungskraft lässt nach, die ursprüngliche, harmonische Struktur verändert sich (vgl. Emoto 2002).

Der Mensch erkennt langsam, was reines und klares Wasser an sich ist. Er reinigt sein Abwasser, renaturiert die Flüsse, forstet auf (Wald ist der größte Wasserspeicher, laut dem Wasserforscher Schauberger* „die Wiege des Wassers") und versucht das „beschädigte" Wasser zu revitalisieren. Das Wasser wird entweder verwirbelt (Physiker und Wasserforscher Wilfried Hacheney** oder mit neuen Informationen neu strukturiert (Wasserforscher Johann Grander) ***. Die einfachste Methode Leitungswasser zu harmonisieren ist es, Quarzkristalle ins Wasser zu legen (z. B. Amethyst, Bergkristall, Chalzedon, Rosenquarz, Diamant u. v. a. m.). Die Kristalle verändern die Wasserstruktur, sodass das Leitungswasser eine höhere Ordnungsstruktur bekommt (vgl. Conrad 2010, S. 124).

Wasser als Getränk

Der Mensch besteht nicht nur zu zwei Dritteln aus Wasser. Er braucht es, um überhaupt funktionieren zu können, denn alle seine Körperfunktionen sind davon abhängig: der Stoffwechsel, die Versorgung der Zellen, die Entsorgung der Stoffwechselrückstände und die Regulierung der Körpertemperatur. Der Körper verlangt nach Wasser, jeden Tag aufs Neue. Das Bedürfnis äußert sich als Durst, der sehr beharrlich sein kann. Am besten tut dem Körper natürliches Wasser – seit Tausenden von Jahren von den Menschen getrunken.

---

* Mehr darüber in: Viktor Schauberger: Das Wesen des Wassers, Baden. München 2006 oder Andreas Gmeiner Hg.: Durst – die Europäische Quellwassekonferenz, Wien, Berlin 2010 sowie Fischer-Reska 2002, S.35ff.
** Mehr darüber unter: www.urquellwasser.eu/forschung/hacheney/FO12-naturel-levitiertes-wasser-wasserwirbler/FO12-wenn wasser-wirbelt-bericht.html,
*** Mehr über Wasserbelebung unter: www.uniewie.ac.at/erich.eder/wasser/kitzmueller 2006.pdf (S. 13ff), www.urquellwasser.eu/news/wasserbelebung/wasser/wasserbelebung/

Zum Trinken eignet sich nur Süßwasser. Salzwasser (97 Prozent des Erdwassers) ist dem Körper nicht zuträglich, da es das osmotische Gleichgewicht des Körpers durcheinanderbringen würde. Von den 3 Prozent Süßwasser eignen sich als Trinkwasser nur 0,3 Prozent. Trinkwasser wird meistens aus Grundwasser (64 Prozent) gewonnen. Der Rest aus Oberflächenwasser (27 Prozent) und Quellwasser (9 Prozent) (vgl. Fischer- Reska 2002, S. 10). Das beste Trinkwasser ergibt das reine, natürliche Quellwasser, das aber leider rar ist. Auch Grundwasser ist gut zu trinken. Früher als Brunnenwasser benutzt, wird es heute nach Aufarbeitung in die Haushalte gepumpt. Da wo das Grundwasser nicht ausreicht, muss Fluss- und Seenwasser aufbereitet werden und als Trinkwasser dienen. Ist man sich der Wasserqualität nicht sicher, am besten das Trinkwasser abkochen. So hat es schon die heilige Hildegard empfohlen.

Wasser ist das natürlichste Getränk überhaupt. Das Einfachste ist Leitungswasser zu trinken – ungekocht, so lange es von Quellwasser oder Grundwasser gespeist wird. Frisches Quellwasser, gutes Leitungswasser und abgekochtes Wasser sind die besten Wasserversorger – aber auch stark verdünnte Gemüse- und Obstsäfte sowie Gemüsebouillons. Bis zu 90 Prozent Wasser enthalten reifes Obst und Gemüse, die obendrein dem Körper Wasser auf Vorrat zuführen, denn der Körper braucht Zeit, um das Wasser „abzuzapfen".

Als Getränk stehen zudem zu Auswahl: Mineralwasser, Quellwasser, Tafelwasser und Heilwasser. Mineralwasser kommt aus den tiefen Schichten der Erde und ist mit Mineralien angereicht, deren Zusammensetzung von der Beschaffenheit des Bodens abhängig ist. Es gilt allgemein als das optimale Getränk. Es wird jedoch nicht von allen empfohlen, da es Mineralien in einer höheren Konzentration enthält als Zellwasser (0,94 g / Liter). Laut Dr. Strehlow kann es deswegen „den Zellen Wasser entziehen" (Osmoseprinzip) (Strehlow 2003, S. 110). Auch Quellwasser ist naturbelassen und stammt genauso aus unterirdischen Vorkommen, enthält aber weniger Mineralien und eignet sich deswegen besser zum Trinken. Beide Arten müssen an Ort und Stelle abgefüllt werden und unterliegen strengen Kontrollen. Tafelwasser ist dagegen ein industriell hergestelltes Mineralwasser und weist oft einen vergleichsweise hohen Kochsalzgehalt auf. Heilwasser kommt direkt aus Heilquellen und wird meistens vor Ort (Kurbad) getrunken. In Flaschen angeboten sollte es auch nur kurmäßig getrunken werden.

Was immer auch für Wasser getrunken wird, es sollte natriumarm und kohlensäurefrei sein. Am besten ist es, das Wasser lauwarm zu trinken: Im Sommer bedeutet eisgekühltes Wasser einen Schock für den Körper. Im Winter entzieht kaltes Wasser dem Körper die Wärme. Nach der Ayurveda-Lehre hat besonders der Kapha-Typ kalte Getränke zu meiden, nur dem hitzigen Pitta-Typ wird das kühle Quellwasser empfohlen.

Morgenwasser
In Ayurveda und in der Traditionellen Chinesischen Medizin wird empfohlen, am Morgen abgekochtes Wasser zu trinken. Minimum 5 Minuten gekocht, verliert es seine Oberflächenspannung. Es wirkt dann verdauungsfördernd, vitalisierend, reinigend, entschlackend und entgiftend. Es soll immer sehr warm und langsam getrunken werden. Der Ayurveda empfiehlt es nüchtern am Morgen, die Traditionelle Chinesische Medizin auch über den Tag verteilt zu trinken

Welche Trinkmenge wird empfohlen?
Wie viel man trinken soll, ist an sich eigentlich eine simple Frage. Die Tatsache jedoch, dass sie gestellt wird, zeugt von Unsicherheit. Viele trauen sich nicht auf den eigenen Körper und seine Zeichen (hier: Durst) zu verlassen und suchen Rat und Anweisungen bei anderen.

Tatsache ist, dass der Mensch Tausende von Jahren überlebt hat, ohne eine Wasserflasche mit sich überall herumgeschleppt zu haben, geschweige das Getrunkene jeden Tag zusammenzuzählen. Getrunken wurde nach dem Durst.

Heutzutage trinken viele „vor dem Durst und in übersteigerter Menge" (Nephrologe Koch*). Denn überall kriegt man zu hören, dass gesund nur der bleibe, der viel trinke. Obwohl es keine Studie gibt, welche das bestätigen könnte. Nicht nur die Naturmediziner sondern auch Urologen und Nephrologen (Nierenärzte) vertreten jedoch die Meinung, dass ein gesunder Mensch keine so großen Mengen braucht. Was sie empfehlen, ist Trinken nach dem Bedürfnis. Der Körper weiß am besten, wie viel Flüssigkeit er braucht, um seinen Wasserhaushalt aufrecht zu erhalten. Bei zu wenig schickt er ein Signal – Durst! – und der Mensch lechzt nach Wasser. Der Bedarf erhöht sich an heißen Sommertagen und nach

---

* Vgl. www.rp-online.de/leben/gesundheit/news/1,5-liter-wasser-reichen-aid-1.2332278

körperlicher Belastung, Fliegen, Saunabesuch, zu salzigem Essen und bei Fieber.

Übermäßig viel zu trinken kann den Natriumspiegel im Blut verändern. Der Körper ist dann mit Wasser überflutet und seine Organe leiden an Natriummangel. Nur in Ausnahmesituationen (Harngrieß, Harnwege-infektionen, Fasten, Entschlackungskuren, Fieber und Durchfall) sollte man auch ohne Durst und eventuell auch mehr als sonst trinken. (Besonders bei kleinen Kindern soll man darauf achten, da sie schnell austrocknen können.) In extremen Situationen (z. B. Arbeit in einer Eisenhütte), in denen es zu einem erhöhten Flüssigkeitsverlust kommt, wird Wasser mit etwas Salz angereichert, um Natriummangel vorzubeugen.

Wie viel Flüssigkeit der Körper braucht, ist von der jeweiligen Situation abhängig. Um es mengenmäßig zu verdeutlichen, wird als ausreichend etwa 1,5 Liter pro Tag genannt (Obst, Gemüse und Suppen angerechnet). Entspricht das nicht ganz dem Bedürfnis, meldet sich der Durst.

Nach Kaffee- und noch verstärkt nach Alkoholgenuss, verliert der Körper mehr Flüssigkeit als sonst, da sie entwässernd wirken. Den aufkommenden Durst sollte man deswegen am besten mit purem Wasser stillen. (In Italien und Griechenland wird zu jedem Kaffee ein Glas Wasser gereicht).

Andere Getränke

Der Mensch hat sich viele verschiedene Getränke ausgedacht: von Tee und Kaffee bis Bier und Wein. Auch die Lebensmittelindustrie kommt dem Durst mit einer ganzen Palette an Limonaden und Colagetränken entgegen. Allerdings sind die natürlichen Erfrischungen denen aus dem Labor vorzuziehen. Milchgetränke sind im eigentlichen Sinne des Wortes keine Getränke, weil sie Nährstoffträger sind (Nahrungsmittel).

Tee

Tee gehört zu den ältesten Getränken der Welt. Getrunken wurde er zuerst von den Chinesen und das schon vor mehr als 4000 Jahren. Auch Indien und Japan haben eine lange Teetradition. Nach Europa gelangte der Tee erst im 17. Jahrhundert und wurde am Anfang als Heilgetränk gegen

Magenverstimmung verordnet. Zuerst kam der grüne, erst im 19. Jahrhundert der schwarze Tee.

Heutzutage wird der Tee weltweit angebaut. In den traditionellen Anbaugebieten Asiens: China, Indien, Sri Lanka, Indonesien und Japan. Wie auch in Ostafrika: u.a. Kenia, Malawi, Ruanda und Burundi sowie Südamerika: Argentinien und Brasilien.

Die Qualität des Tees ist vor allem von dem Anbaugebiet abhängig. Der beste Tee kommt aus den Hochlandgebieten (um 2000 m ü.d.m.), denn das raue Klima lässt die Teepflanze langsamer wachsen, was ihren Geschmack intensiviert. Für die gehobene Qualität werden nur die Blätterknospen und Spitzen in Handarbeit gesammelt. Man nennt es „zwei Blätter und eine Knospe" Qualität. Auch traditionelle Verarbeitung trägt zu der Qualität bei Tee bei.

Tee wird auf drei verschiedene Weisen verarbeitet: fermentiert, halb fermentiert und nicht fermentiert. Bei Fermentierung werden viele Aromastoffe gebildet und Koffein (Tein) freigesetzt. Es entsteht der herbe, schwarze Tee. Bei der Halbfermentierung bekommt der Tee eine kupferrote Farbe. Er wird *Oolongtee* genannt. Nicht fermentiert wird der grüne Tee, der nur gewalzt und getrocknet wird.

Zu den ältesten und bekanntesten renommierten Teesorten gehören: *Darjeeling* – ein duftiger, edler Tee aus Nordindien, der schwere *Assam* mit sehr kräftigem Aroma aus Ostindien, der erstklassige *Ceylon* aus Sri Lanka, der milde chinesische *Yunan* und der japanische Grüntee *Sencha*, der kräftiger ist als der chinesische.

Tee wird auch in verschiedenen Mischungen angeboten. Die bekanntesten und beliebtesten sind: die milde Englische Mischung (*Breakfast Tea*), die kräftige *Ostfriesische Mischung* und die feine *Russische Mischung* (*Karawanentee*). Manchen der Teemischungen werden ätherische Öle, Blütenblätter oder getrocknete Früchte beigegeben. Es sind sogenannte Aromatees wie *Earl Grey* mit Bergamotteöl aromatisiert, *Jasmintee* und *Lotosblütentee*.

Das Koffein (Tein) im Tee ist an Gerbstoffe gebunden und wird deswegen langsamer aufgenommen als beim Kaffee. Beim schwarzen Tee geschieht das schneller als beim grünen. In dem Fermentationsprozess wird dem Tee ein Teil der Gerbstoffe entzogen und das Koffein aktiviert.

Verschiedene Teesorten

Schwarzer Tee bietet neben dem Koffein (Tein) auch Mineralstoffe wie Phosphor, Fluor und Mangan; Vitamine B1 und B2 sowie ätherische Öle, Gerbstoffe und sekundäre Pflanzenstoffe. Wird der Tee überbrüht und nur kurz gezogen – 2 Minuten – wirkt er anregend, lässt man ihn länger ziehen – bis 5 Minuten – entfaltet er eine beruhigende Wirkung. Die Gerbstoffe gehen in den Aufguss über und verbinden sich mit Koffein, das nicht mehr vom Körper aufgenommen werden kann. Die Gerbstoffe des schwarzen Tees wirken beruhigend und leicht stopfend auf Darm und Magen.

Grüner Tee enthält mehr Koffein als der schwarze. Da er aber nicht fermentiert ist, ist es gänzlich an die Gerbstoffe gebunden. So entfaltet der Tee seine anregende Wirkung ganz langsam. Zudem ist er reicher an sekundären Pflanzenstoffen (u. a. Flavonoiden und Saponinen), die eine starke antioxidative Wirkung haben. Der Tee enthält auch viele Mineralien und Vitaminen, insbesondere Vitamin C und Beta-Karotin sowie ätherische Öle. Der grüne Tee wird nicht mit kochend heißem, sondern mit einem auf etwa *70-80° abgekühltem Wasser* überbrüht und nicht länger als *4 Minuten* gezogen. Es ist üblich, dass er bis zu fünfmal aufgegossen wird. Dabei enthält der erste Aufguss das meiste Koffein und wird oft nach kurzem Ziehen weggeschüttet. Die Chinesen nennen es „den Tee öffnen".
Der grüne Tee belebt und erfrischt. Er hilft sich besser zu konzentrieren und mancher schwört, dass er dank ihm auf bessere Ideen kommt. Zudem wirkt er verjüngend: schützt die Zellen und Gefäße, lässt das Blut besser fließen und kommt dem Magen und der Darmschleimhaut zugute. Genau wie der schwarze Tee ist er harntreibend. Besonders gut bekömmlich sind *Jasmintee* und *Sencha*.

Pu-Erh-Tee ist eine Ausnahme unter den Teesorten. Er wird auf andere Weise fermentiert, nämlich mit Hilfe von Bakterien. Seine Fermentierung dauert viel länger und verleiht dem Tee eine tiefrote Farbe. Der Tee enthält besonders viel Mangan, seine anderen Inhaltsstoffe sind mit denen des grünen Tees vergleichbar. Der Pu-Ehr-Tee soll das Körperfett reduzieren und das Gewicht senken können. Der Teebaum weigert sich, woanders als in der chinesischen Provinz Yunnan richtig zu gedeihen.

Teekultur

Das Trinken vom Tee ist seit Generationen mit vielen Ritualen verbunden und hat sich mit der Zeit in vielen Ländern zu einer Teezeremonie entwickelt. In Japan führte sie sogar zu einem Teekult (*Cha-do*), der einen großen Einfluss auf das ganze Leben übte. Sein Grundgedanke – Schönheit in dem Einfachen zu finden – wurde genauso in der Architektur und Kunst wie im Alltagsleben übernommen. Minimalismus und Harmonie finden sich wieder in den Tempeln, Schreinen, Teehäusern und Gärten sowie Kunst- und Alltagsgegenständen. Nach der Lehre des Teemeisters und Philosophen Rikiju (16. Jh.), dem geistigen Vater der *Cha-do*, sollte die in Stille und Harmonie ausgeführte Teezeremonie die Seele läutern und dem Menschen helfen mit seinem tiefen Selbst in Einklang zu kommen.

In den ältesten Teezeremonien wurde der Tee gekocht, geschlagen oder überbrüht. Zum Kochen benötigte man, außer einem Topf, eine Schöpfkelle, Wasser, Salz und Tee. Ins kochende Wasser wurde zuerst Salz, dann Tee gestreut. Fing das Wasser an wallend zu kochen, wurde eine Kelle kaltes Wasser dazu gegeben. Für den geschlagenen Tee wurde ein sehr fein gemahlener grüner Tee mithilfe eines Teeschlägers aus Bambus mit heißem Wasser aufgeschlagen. Der überbrühte Tee ist erst seit dem 17. Jahrhundert bekannt. Die getrockneten Teeblätter wurden zuallererst in China mit kochendem Wasser aufgebrüht.

Heutzutage ist das die gängigste Methode, den Tee zuzubereiten. Aufgebrüht wird der Tee in großen Kannen oder kleinen Kännchen. (In Russland gibt es dafür den Samowar.) Serviert wird er – in einfachen Tonschalen (Japan), dünnem reichlich dekoriertem Porzellan (China), Silberkannen und Porzellantassen (England) sowie Teegläsern (großen in Russland und kleinen in der Türkei und in Marokko). Getrunken wird der Tee pur (China, Japan) mit Zitronenscheibe und Konfitüren (Russland), Zucker und Milch (England), Zucker und Sahne (Friesland) sowie mit sehr viel Zucker und Minze (Marokko). An kalten Tagen wird der Tee von vielen gerne mit etwas Rum getrunken.

Das Teetrinken wird auch in Europa gerne zelebriert: In England gibt es den Nachmittagstee (*Five o clock*), bei dem Teegebäck und Sandwiches angeboten werden und den Morgentee, der ans Bett gebracht wird. In Ostfriesland ist es festgelegt, wie man den Tee in die Tasse bekommt: Zuerst kommt ein „Kluntje" (Kandiszucker), dann wird der Tee nachgeschenkt, welcher mit frischer Sahne ein „Wulkje" bekommt. Der

Tee wird nicht umgerührt. Wünscht man keinen Tee mehr, lässt man den Teelöffel in der Tasse liegen, sonst wird immer weiter nachgeschenkt.

Tee anzubieten bedeutet Gastfreundschaft. Eine Einladung zum Tee verspricht Entspannung. – Man nimmt sich Zeit um in geselliger, behaglicher Atmosphäre gemütlich zu plaudern.

Tee ist ein sinnliches Getränk. Er gibt dem Körper neue Energie, regt seine Sinne an, fördert die Konzentration und klärt den Geist. Nicht umsonst wird er in Asien als „geistiges Getränk" angesehen, das innere Sammlung fördert.

Andere Tees

Neben dem Tee aus den Blättern des Teestrauches werden auch Aufgüsse aus Blättern, Wurzeln und Früchten anderer Pflanzen Tee genannt. Es gibt: Matetee, Lapacho-Tee, Rooibostee, Früchtetee, Gewürztee sowie Kräutertee.

Matetee
Der aus den Blättern der Matepflanze gewonnene *Matetee* wird gerne wegen seiner anregenden und belebenden Wirkung (Koffein) getrunken, insbesondere in Südamerika. Er steht im Ruf, den Hunger stillen zu können. Auch der *Lapacho-Tee* kommt aus Südamerika. Er wird aus der Rinde des südamerikanischen Lapachobaumes gewonnen. Im Unterschied zu Matetee ist er koffeinfrei und wird gerne wegen seiner Heilwirkungen getrunken. Der Lapacho-Tee ist reich an Mineralien, vor allem Zink, Eisen und Silizium sowie sekundären Pflanzenstoffen. Er stärkt das Immunsystem, schützt die Zellen und wirkt entgiftend auf die Organe.

Rooibostee
Rooisbostee (auch Rotbusch oder Massai-Tee genannt) kommt aus Südafrika, wo er seit Hunderten vor Jahren getrunken wird. Es ist der Tee der Buschmänner. Gewonnen wird er aus den Blättern und kleinen Zweigen des Rotbuschstrauchs, die zuerst fermentiert und dann sonnengetrocknet werden. Der Tee ist koffein- und reizstofffrei und somit sehr gut bekömmlich. Er bietet zahlreiche Mineralien wie Kupfer, Mangan, Kalzium, Fluor und Silizium, liefert auch das gut verwertbare, da nicht an Gerbstoffe gebundene Eisen, viel Vitamin C und darüber hinaus

Flavonoide (Querzetin und Aspalathin) sowie die antimikrobiellen Phenolsäuren und Rutin (verbessert die Durchblutung der Kapillargefäße). Der Rooibostee wirkt krampflösend und antiallergisch, er stabilisiert zudem das Immunsystem, schützt die Zellen und ist wohltuend für die Knochen, das Bindegewebe und die Kapillargefäße. Schon die seit Hunderten von Jahren Rooibostee trinkenden Buschmänner kannten dessen Heilwirkungen. Auch heutzutage wird der Tee von Heilkundigen bei Magenbeschwerden, Allergien und zu Stabilisierung des Immunsystems empfohlen.

Früchte-, Gewürz- und Kräutertees
Die Aufgüsse aus getrockneten Früchten, Gewürzen und verschiedenen Kräutern waren schon immer in allen alten Kulturen bekannt. Man bediente sich ihrer vor allem, um die Kraft der Pflanzen gezielt nutzen zu können. Dafür wurden die Pflanzenteile aufgebrüht, gekocht oder dem Kaltwasserauszug unterzogen, um die benötigten Wirkstoffe den Pflanzen zu entziehen (herauszulösen).

Der bekannteste *Früchtetee* ist der Vitamin C reiche *Hagebuttentee.* Gerne wird auch Tee aus getrockneten Waldbeeren, Blau- und Aroniabeeren oder Apfelscheiben sowie -schalen gemacht. Der Apfelschalentee gilt als guter Durstlöscher.
Gewürztees werden gerne in Ayurveda empfohlen. Zu den bekanntesten gehört der *Yogitee,* der auf viele verschiedene Weisen hergestellt werden kann. Das einfachste Rezept besteht aus *einer halben Zimtstange, 5 Kardamomschoten, 5 Nelken und einem Teelöffel Fenchel.* Die in einem Handmörser zerstoßenen Zutaten werden zugedeckt eine Stunde gekocht. Getrunken wird der Tee mit etwas Milch und Rohrohrzucker. Einen angenehm erwärmenden Tee ergeben Ingwer und Pfeffer, einen kühlenden dagegen Koriander und Kreuzkümmel.
Kümmeltee ist ein Verdauungstee und wird nach dem Essen als Verdauungshilfe (Ayurveda) getrunken. Die Gewürze werden nicht gekocht sondern mit kochendem Wasser überbrüht und 8 Minuten gezogen (je 1 Tl Kreuzkümmel, Koriander und Fenchelsamen auf ½ Liter Wasser).
Kräutertees sind auch ein Therapeutikum und sollten gezielt und nicht länger als vier Wochen getrunken werden. Nach der heiligen Hildegard

sind nur Hagebutten und Fencheltee unbedenklich. Die meistgetrunkenen Kräutertees werden aus Minze, Kamille und Fenchel zubereitet.

Pfefferminzetee wirkt abkühlend und wird deswegen gerne in heißen Ländern getrunken. Die Pfefferminze gibt es in vielen Sorten, von denen manche nicht nach Minze, sondern nach Apfel (Apfelminze) oder Zitrone (Zitronenminze) duften. Den stärksten Minzgeschmack hat die Japanische Minze gefolgt von der Grünen Minze mit Spearmint-Aroma. Alle Minzarten haben krampflösende Wirkungen und treiben die Galle dazu, mehr Gallensaft zu produzieren, was besonders bei Fettunverträglichkeit gute Dienste erweist. Die heilige Hildegard empfahl die Poleiminze.

Ein *Fencheltee* wird vor allem Kindern gegeben, da er krampflösend und somit heilsam bei kleinen Verdauungsstörungen wirkt. Stillende trinken ihn gerne wegen seiner Milch bildenden Wirkung.

Auch der *Kamillentee* ist besonders in der Kinderheilkunde beliebt, da er auch beruhigend, krampflösend, verdauungsfördernd und zudem entzündungshemmend wirkt.

Ähnlich wie die Kamille wirkt auch die Schafgarbe, die darüber hinaus noch Gallensäure fördert und somit die Fettverdauung verbessert. Seit alters wurde die Pflanze vor allem als ein Heilkraut für Frauen hoch geschätzt. Die Kräuterfrau Maria Treben empfiehlt eine Tasse heißen *Schafgarbentee* auch als probates Mittel bei einem Migräneanfall, der durch Wetterumschwung verursacht wurde. Der Tee schmeckt sehr bitter.

Zur Beruhigung werden gerne *Johanniskraut-, Hopfen-, Baldrian-* und *Melissentee* getrunken. Die Kraft des Johanniskrauts wurde schon in der „Materia medica" beschrieben, dem bedeutendsten pharmazeutischen Werk der Antike. Lange Zeit hielt man die Pflanze „für eng mit den positiven Kräften des Himmels verbunden" (Mayer 2005, S. 1102), da sie gegen die „melancholischen" Gedanken, depressive Verstimmungen und Schwermut half. Maria Treben empfiehlt das Kraut auch bei Nervenschwäche und Bettnässen. (Bei längerem Gebrauch kann es zu erhöhter Lichtempfindlichkeit kommen, besonders bei hellhäutigen Menschen.) Auch *Melissentee* wirk beruhigend. Da das Kraut auch bei nervös bedingten Herzproblemen hilft, wurde er in der Klosterheilkunde oft „Herzkraut" oder „Herzenstrost" genannt. Heutzutage wird Melisse als Melissengeist eingesetzt, der von der Klosterfrau Maria Clementine Martin entwickelt wurde. *Hopfen-* und *Baldriantee* wirken Schlaf fördernd, wobei der Schlaf nicht erzwungen wird, sondern „durch Entspannung" kommt (Pahlow 2004, S. 65).

Zu den interessanten Kräutertees gehört auch *Salbeitee*, ein kräftigender und blutreinigender Tee, der nach der Kräuterkundigen Maria Treben auch gegen Nachtschweiß hilft. Der Tee ist bestens für die Leber und bei verschiedenen Halsleiden (zum Gurgeln) geeignet.

Auch *Ringelblumentee* und *Löwenzahntee* sind gute Lebertees. Gegen entzündete Schleimhäute hilft auch *Malventee*, der nur kalt angesetzt werden darf, am besten über Nacht. Morgens kann man ihn leicht anwärmen. Der beste Tee gegen Heiserkeit und Verschleimung ist *Thymiantee*, der auch das Abhusten sichtlich erleichtert.

Von Maria Treben wird den Frauen *Frauenmanteltee* empfohlen: Ein Allheilmittel bei verschiedenen Unpässlichkeiten und ein Uterustonikum. Besonders im Frühling wird gerne *Brennnesseltee* getrunken, der entschlackt und den Stoffwechsel anregt. Was nicht verwunderlich ist, da die Brennnessel laut Maria Treben die „beste blutreinigende und gleichzeitig blutbildende Heilpflanze" ist (Treben 1995, S. 14).

Tees kann man auch aus getrockneten Blättern von *Himbeeren*, *Brombeeren* und *Walderdbeeren* zubereiten. Wegen der vielen Gerbstoffe können sie auch zum Gurgeln bei Halsschmerzen benutzt werden. Bei einer Erkältung wurden früher *Hagebutten-*, *Holunder-* und *Lindenblütentee* getrunken. Der letzte wirkt schweißtreibend und hilft bei einer Grippe, den Körper zu entgiften.

Kaffee

Kaffee kam nach Europa erst am Anfang des 17. Jahrhunderts, genauso wie der Tee. Aus dem Orient von dem Kaufmann Pietro della Valle nach Venedig gebracht, galt er zuerst als Heiltrunk für kreislaufschwache Menschen. Avancierte jedoch rasch zu einem luxuriösen Getränk, das relativ schnell auch außer Haus getrunken wurde, nämlich in den neu entstandenen Cafés. Nach dem ersten Café in Venedig wurden schnell auch welche in Wien, Paris, London, Warschau und Prag eröffnet.

Kaffee ist ein Genussmittel und wird vor allem wegen seiner anregenden Wirkung und des unnachahmlichen Aromas getrunken. Er macht wach, hält wach und fördert die Konzentration. Seine stimulierende Wirkung kommt von dem Koffein, das in dem Kaffee an Kalzium gebunden ist und somit sehr schnell abgebaut und aufgenommen werden kann.

Angeboten wird der Kaffee in verschiedenen Mischungen, die als *hocharomatisch* (Spitzensorten), *Mokka* und *naturmild* bezeichnet werden. Über den Geschmack entscheiden die Kaffeesorte und die Röstung. Es gibt viele verschiedene Kaffeesorten. Alle sind Varietäten von zwei Kaffeearten: dem aus dem arabischen Raum stammenden *Arabischen Kaffee* (70 Prozent) und dem *Robusta Kaffee*, der vor allem in Afrika angebaut wird. Der Arabische Kaffee ist ein hochwertiger Hochlandkaffee mit einem exquisiten Aroma und wenig Koffein. Angebaut wird er vor allem in Brasilien, Kolumbien und Mittelamerika. Die Robustasorte ist herber im Geschmack und weniger aromatisch, dafür koffeinhaltiger.

Jede Kaffeesorte wird in verschiedenen Stärken geröstet. Von leicht bis dunkel und sogar sehr dunkel (Doppelröstung). Der Kaffee schmeckt dementsprechend fein, bis mehr oder weniger kräftig. Es werden auch koffeinfreie Mischungen angeboten und welche, denen die Reiz- und Bitterstoffe entzogen worden sind, um ihn bekömmlicher zu machen. Es gibt auch den Instantkaffee für eine unkomplizierte und schnelle Tasse.

Kaffee wird heutzutage weltweit getrunken und auf verschiedene Weisen zubereitet: von stark und aromatisch wie im Mittleren Osten bis relativ dünn wie in Nord Amerika. Er wird aufgebrüht (Kaffeemaschine, Cafetière, Filter), unter Dampfdruck gesetzt (Espressomaschine) oder gekocht (Mokka, Türkischer Kaffee). Dementsprechend wird er auch verschieden gemahlen, von grob für die Kaffeemaschine, sehr fein für Espresso, bis pulverisiert für den Türkischen Kaffee.

Zu den vielen verschieden Kaffeespezialitäten gehören unter anderem: Espresso, sehr stark, trotzdem gut verträglich, da er wenig Chlorogensäure enthält. In der Espressomaschine wird auch der Cappuccino zubereitet, der mit aufgeschäumter Milch- oder Sahnehaube serviert wird. Zu den Frühstückskaffees gehören der italienische *Caffè Latte* und französische *Café au lait*, welche mit viel Milch zubereitet werden. Der *Irish Coffee* wird mit irischem Whiskey, Zucker und Sahne getrunken. Im Sommer wird gerne Eiskaffee und *café frappé* bestellt. Der erste wird gekühlt mit Eiswürfeln und Schlagsahne, der zweite als Softeis genossen.

Kaffee wurde schon von den Persern, den ersten Kaffeetrinkern, wegen seiner harntreibenden, anregenden sowie schmerzlindernden Wirkung getrunken. Die heilenden Eigenschaften der Kaffeebohne werden in der Homöopathie genutzt: *Coffea* hilft besonders gegen Schlaflosigkeit und Schmerzempfindlichkeit.

Da Bohnenkaffee lange Zeit zu den Luxusartikeln gehörte, wurde Kaffee-Ersatz erfunden – aus Getreide oder Zichorienwurzel geröstet. So bekam man den Malzkaffee aus Gerste, Getreidekaffee aus Roggen und Weizen sowie Zichorienkaffee. Aus der Schatzkammer der heiligen Hildegard kommt der Dinkelkaffee, der aus Dinkelkörnern geröstet wird und sehr ergiebig ist.

Bier

Das Brauen von Bier hat eine sehr lange Tradition, denn deren Ursprünge liegen noch in der vorchristlichen Zeit. Anfangs aus verschiedenen Getreidekörnern gebraut – meistens aus Weizen, Hafer und Gerste, darf das Bier seit 1516 jedoch nur aus Gerstenmalz (bei Weizenbier Weizenmalz), Wasser, Hopfen und Hefe gebraut werden. (Es ist das sogenannte Reinheitsgebot, nach dem in Deutschland bis heute das Bier gebraut wird.) Eine Ausnahme ist das Ingwerbier (Gingerbeer), das aus der Ingwerwurzel produziert wird.

Bis zum 14. Jahrhundert gab es nur das ungehopfte Bier – das *Ale*. Hopfen gibt dem Bier jedoch nicht nur den charakteristischen bitteren Geschmack, der von der Bittersäure *Lupulon* kommt, sondern verbessert auch die Haltbarkeit und den Geschmack.

Heutzutage wird Bier als ein Genussmittel betrachtet, in seiner Geschichte jedoch gab es lange Zeiten, in denen es als tägliches Getränk, Nährmittel, sogar als Heilmittel galt. Im Mittelalter wurde Bier täglich getrunken, weil das Wasser damals für ungesund gehalten wurde: Man trank stattdessen das leichte, schäumende Bier, das nicht viel Alkohol enthielt und wenig kostete. Das kalorienreiche *Ale* wurde zudem gerne vielen Speisen zugegeben, um sie nahrhafter zu bekommen. Es gab sogar eine Biersuppe, die zur Stärkung gegessen wurde.

Bier gab es damals in unterschiedlichen Qualitäten, von ganz einfachen bis zu feinsten. Es war üblich, ein Hausbier für den Eigenbedarf zu brauen, obwohl es in den Städten und Klöstern große Bierbrauereien gab. Das in den öffentlichen Brauhäusern gebraute Bier diente jedoch vor allem der Versorgung von Klostern (ohne eigene Brauereien), Hospitälern und Korporationen. Die Mönche haben Bier (Starkbier) vor allem für Selbstgebrauch in der Fastenzeit gebraut.

Heutzutage wird Bier vor allem zu einfachen, deftigen und kräftigen Speisen getrunken und in der Küche gerne Rind- und Wildbretgerichten zugegeben. Ein Flaschenbier sollte bei Temperaturen von 7-10° und nicht länger als 3 Monate gelagert werden

Bier ist energetisch gesehen kalt, sollte deshalb in den kalten Jahreszeiten nicht draußen getrunken werden.

Wein

„Der Wein ist die edelste Verkörperung des Naturgeistes." (Friedrich Hebbel)

Bekannt war der Wein schon den alten Ägyptern, die ihn als Lebenselixier betrachten und gerne und ausgiebig getrunken haben. Ausgesprochene Weinliebhaber waren auch die antiken Griechen und Römer. Die Griechen feierten ihren Weingott Dionysos, die Römer den Bacchus bei ausgelassenen Weinfesten. Die römischen Weinfeste gingen als Bacchanalien in die Geschichte ein. Der Wein in der Antike wurde mit Wasser gemischt getrunken.

Nach Europa kam der Wein mit den Römern und fand schnell viele Liebhaber. Er galt als Getränk der Ritter und wurde gerne von jedem getrunken, der etwas auf sich hielt. Der Weinanbau breitete sich schnell aus von Süden bis weit in den Norden. Um den sauren Wein aufzubessern, wurde er, wie schon in Byzanz, mit Honig und Kräutern versetzt: Ein Säckchen mit Wermut, Alaun, Salbei, Raute und Minze kam in ein Wein, bis die Aromen herausgelöst wurden. Mit der Zeit nahmen Gewürze wie Zimt, Nelken, Ingwer und Safran deren Platz ein.

Heutzutage wird der Wein weltweit angebaut. Die meisten Weine liefern Südeuropa, Südafrika, Australien und Kalifornien. Weine unterscheidet man nach Farbe, Rebsorte, Güteklasse und dem Anbaugebiet. Es gibt Weißwein, Rotwein und Roséwein. Die Rebsorten legen den Grundcharakter des Weines fest: *Riesling, Chardonnay, Chenin Blanc und Sauvignon Blanc* gehören zu den edelsten weißen Rebsorten; *Spätburgunder, Syrah (Shiraz), Merlot, Cabernet Sauvignon und Pinot noir* zu den roten. Die Güteklasse entscheidet über Tafelweine und Qualitätsweine. Zu den Tafelweinen zählt man auch die Landweine. Unter den Qualitätsweinen unterscheidet man in Deutschland Weine aus bestimmten Anbaugebieten und Prädikatsweine in verschiedenen Prädikatsstufen, u. a. Kabinett, Spätlese, Auslese (Spitzenweine) und Eiswein (aus gefrorenen vollreifen Trauben).

Wein wird als Freude bringendes, stärkendes und heilendes Getränk betrachtet. Talmud bezeichnet den Wein als die älteste Medizin. Auch der heilige Augustinus ist überzeugt, dass er „die Wunden an Leib und Seele" heilt (Augustinus 354-430).

Mit Wein hat schon der griechische Arzt des Altertum Hippokrates geheilt, der ihn pur oder mit Wasser und Kräutern versetzt empfahl. Auch die heilige Hildegard hielt den Wein für ein Heilgetränk, besonders den gelöschten Wein*, der stimmungsaufhellend wirkt.

Auch heute wird Wein als wohltuend bei Stress und nervöser Anspannung betrachtet. Dabei wirkt der Rotwein beruhigender als der Weißwein, der mehr anregend und aufmunternd wirkt. In neuester Zeit wird Wein zudem als ein herz- und gefäßfreundliches Getränk gesehen. Schon Ende der Siebziger Jahre sind Forscher auf sogenanntes *French paradox* gestoßen: In Frankreich, besonders im Südwesten, erfreuen sich die Menschen generell eines gesunden Herzens, obwohl sie gerne dem Wein frönen. Heutzutage wird vermutet, dass der Rotwein mit seinen Wirkstoffen entscheidend viel dazu beiträgt.Viele sind der Meinung, dass man dabei die Lebensweise der Franzosen nicht aus der Acht lassen soll. – Denn der Wein wird immer zum Essen getrunken, das in geselliger und entspannter Atmosphäre eingenommen wird. Man lässt sich Zeit und genießt die Speisen, den Wein und die Gesellschaft.

Die Weinforscher haben herausgefunden, dass die Heilkraft des Weins von seinen besonderen Inhaltsstoffen kommt – den *Polyphenolen*. Die wirkungsstärksten sind *Flavonoide, Anthozyane* und *Resveratrol*. Alle drei befinden sich in äußeren Randschichten und Kernen von Weintrauben, besonders bei den roten. Wie viel davon im Wein landet, ist abhängig von den Traubensorten und von der Art der Weinherstellung (Keltern). Der höchste Gehalt an den begehrten Flavonoiden wurde bei der Tannat-Traube entdeckt. Auch die Sorten Cabernet Sauvignon und Pinot noir enthalten verhältnismäßig viel davon. Die traditionelle Art der Weingewinnung, in der auch die Schalen und Kerne mitfermentiert werden, bewirkt einen hohen Gehalt an den wirkungsvollen Weinwirkstoffen. Auch das Lagern in Eichenholzfässern erhöht die Menge der *Flavonoide*, die mit der Zeit aus dem Holz herausgelöst

---

* Der Wein wird erhitzt und mit einem Schuss kaltem Wasser gelöscht (vgl. Strehlow 2003, S. 114f).

werden. Die traditionellen Herstellungsmethoden sind noch in Südwestfrankreich und in Sardinien anzutreffen. Besonders reich an den sekundären Pflanzenstoffen ist der Rotwein.

Maßvoller Genuss

Jeder Missbrauch kann eine positive Wirkung umkehren. Auch beim Weintrinken bestimmt die Dosis, ob es noch ein Genussmittel oder schon ein Gift ist.

Essig als Lebensmittel

Es ist wichtig, zwischen dem synthetischen und dem natürlichen Essig zu unterscheiden, denn sie sind verschiedenartig: Der erste wird in einer chemischen Synthese hergestellt, der zweite ist ein natürliches Produkt. Die beiden Essige unterscheidet nicht nur der Herstellungsprozess, auch ihre chemischen Formeln sind anders ($C_2H_4O_2$ der synthetische, $C_2H_6O_5$ der natürliche).

Der synthetische Essig ist konzentriert stark ätzend (Essigsäure): Auf 25 Prozent verdünnt, benutzt man ihn zum Putzen und Entkalken, auf 5 Prozent verdünnt, kann er in der Küche als (fünfprozentiger) Säureessig verwendet werden, muss aber die Aufschrift: „Essig aus Essigsäure" tragen.

Der natürliche Essig (Gärungsessig) wird auf natürliche Weise unter Einwirkung von Essigbakterien gewonnen, aus alkoholischen Getränken wie Wein oder Bier genauso wie aus Saft oder süßen Getränken. Abhängig vom Ausgangsprodukt erhalten wir dann *Weinessig, Branntweinessig, Cidre-Essig, Reisessig, Sherryessig, Malzessig* und *Bieressig* sowie die verschiedenen *Fruchtessige*, von denen der bekannteste der *Apfelessig* ist.

Der natürliche Essig ist dem synthetischen weit überlegen, weil er völlig vom Körper abgebaut wird (die natürliche Essigsäure wird auch vom Körper selbst produziert), zudem besitzt er viele heilende Eigenschaften, die schon von den Babyloniern 5000 Jahre v. Chr. erkannt wurden. Auch in der Antike verwendete man ihn, um die Wundheilung zu beschleunigen (desinfizierende Wirkung) und Insektenstiche zu beruhigen. Der altgriechische Arzt Hippokrates hielt den natürlichen Essig für ein geeignetes Mittel gegen Verdauungs- und Atembeschwerden. Der römische Arzt Galen verordnete ihn auch bei Halsschmerzen (antibakterielle Wirkung). Nach der heiligen Hildegard hilft der Weinessig, den Körper zu entgiften, denn er „reinigt das Stinkende im Menschen und reduziert in ihnen die schlechten Säfte und sorgt dafür, dass es richtig verdaut wird" (zit. nach Strehlow 2003, S. 101).

Der natürliche Essig versorgt zudem den Körper mit zahlreichen Vitaminen (u. a. C, A, E, B-Vitamine) und Mineralien (Calcium, Eisen, Kalium, Natrium, Magnesium, Silizium, Kupfer, Zink, Bor) sowie vielen anderen Inhaltsstoffen (u. a. Pektine und Rutin). Er regt den Stoffwechsel und die Verdauung an – besonders von Fett und Eiweiß – und unterstützt den Körper beim Entschlacken und Entgiften. Er stärkt das Immunsystem und als Gurgelflüssigkeit, Wickel und Inhalation hilft er bei Halsschmerzen, Fieber und Husten. Auch heutzutage wird Essig von den Naturheilkundigen empfohlen, vor allem zur Unterstützung der Verdauung bei eiweiß- und fettreichen Speisen und der Resorption von Kalzium.

Der natürliche Essig wurde schon von den alten Ägyptern als Würzmittel benutzt. Er sorgt in der Küche bis heute für angenehme Säure in Soßen (Vinaigrette, Mayonnaise, Ketchup und Chutneys), macht als Marinade das zähe Fleisch mürber und dank seiner konservierenden Wirkung hilft er beim Einlegen von Vorräten.

Die bekanntesten Essigsorten

Branntweinessig wird aus dem einfachen Branntwein hergestellt. Er ist von der einfachsten Qualität und wird als Tafel- oder Speiseessig angeboten.

Weinessig wird aus Rot- oder Weißwein hergestellt. Seine Qualität ist von der Qualität des Weines und der der Herstellung abhängig. Die beste Qualität hat der Weinessig, wenn er nach einer alten, zeitaufwendigen Methode hergestellt wird, bei der die Essigmutter sich auf natürliche Weise aufbaut. Dabei hat der *Rotweinessig* ein stärkeres Aroma, der *Weißweinessig* ist viel milder. Der Weinessig wird als reiner Weinessig, als (edler) *Winzeressig* – oder als kostengünstiger Verschnitt mit Branntweinessig angeboten.

Balsamessig (*aceto balsamico*) ist ein Luxusessig, der in Italien in der Gegend von Modena und Reggio Emilia produziert wird. Hergestellt wird er aus reinem Traubenmost und muss dann mindestens zwölf Jahre in Holzfässern reifen. Balsamessig schmeckt sehr aromatisch und leicht süßlich und wird genauso geschätzt wie ein guter Wein. Mit den Jahren wird er immer sämiger und aromatischer und folglich auch kostspieliger.

Reisessig wird aus Reiswein hergestellt und ist in der asiatischen Küche zu Hause. Die bekanntesten sind der milde japanische und der viel kräftigere chinesische Reisessig.

In England und Skandinavien wird gerne der dunkelbraune, süßsaure *Malzessig* verwendet, der fruchtige *Cidre-Essig* ist eine französische Version des Apfelessigs und wird gerne Fischgerichten und Sommersalaten zugegeben. *Sherryessig* ist der Lieblingsessig der Spanier. Er wird aus dem Sherrywein gewonnen und wird genauso wie der Balsamessig in Eichenfässern gelagert. Der kräftige, aromatische Essig gibt den Fleischgerichten ein besonderes Aroma. In Mittelmeerländern nimmt man gerne den fruchtig-aromatischen *Rosinenessig*, da er gut zu Salaten, wie Fleischgerichten passt. In Bayern wird in der Küche der *Bieressig* verwendet. In der Schweiz der milde aus Molke gewonnene *Molkenessig*.

Obstessig

Essig kann auch aus verschiedenen Früchten produziert werden u. a.: Himbeeren, Johannisbeeren, Brombeeren, Sauerkirschen und sogar Feigen, Bananen und Datteln (Das taten die Babylonier schon 5000 v. Chr.) Der bekannteste Obstessig ist jedoch der *Apfelessig*.

Apfelessig wird aus Apfelmost hergestellt. Bekommen kann man ihn klar oder naturtrüb. Um ihn zu klären, werden jedoch viele der wertvollen Inhaltsstoffe herausgefiltert, was der naturtrübe dagegen reichlich liefert. Der naturtrübe Apfelessig enthält neben den vielen Vitaminen und Mineralien (viel Kalium) auch Pektin, das der Verdauung gute Dienste erweist, genauso wie dem Herz und den Gefäßen. Der Essig wird in der Volksheilkunde als Heiltrunk empfohlen.* Tag für Tag als Morgentrunk

---

* 1-2 Tl Essig und 1-2 TL kalt geschleuderten Honig auf 1 Glas Wasser (vgl. Jarvis 1966, S. 72-76, Hellmiß 1997, S. 70).

getrunken, gleicht er den Mineralstoffmangel aus, kräftigt das Immunsystem, reguliert die Darmflora, regt den Stoffwechsel an und unterstützt die Verdauung. Auch bei Übergewicht hilft seine regulierende Wirkung. Bei einer Erkältung wird er zum Gurgeln (1 El Apfelessig und 1 Tl Steinsalz auf 1 Glas lauwarmes Wasser) Halswickeln und Inhalieren (1:1 mit Wasser verdünnt) genommen.

Aromaessig
Essig (Weinessig und Apfelessig) kann zusätzlich mit Kräutern, Gewürzen oder Obst versetzt werden, um ihm ein gewünschtes Aroma zu verleihen. Man kann die Ingredienzien einzeln wählen oder als Mischung zugeben. In eine sterilisierte Flasche oder ein Glas gegeben, werden die Zugaben mit Essig übergossen und zugedeckt (mit Kork, Glas oder Plastik). Nach etwa zwei Wochen wird der aromatische Essig filtriert und dann in dunklen Flaschen aufbewahrt. Zu den beliebten Aromaessigen gehören: *Himbeeressig*, den man im Schatten ziehen lässt, *Dill-*, *Basilikum-* oder *Salbeiessig* (der sehr gut zum Gurgeln ist) sowie der würzige *Knoblauchessig*.

Resümee

Lassen wir uns einreden, wie wir zu leben und zu essen haben, leben wir nach den Vorstellungen der anderen und oft auch nach der Begierde, die so gerne von der Werbung erweckt wird. Leben wir nach unseren wahren Bedürfnissen, so geben wir nicht nur dem Körper, sondern auch der Seele das, was sie benötigt. Das gibt uns Stärke und macht uns zufrieden mit uns und der Welt.
Befassen wir uns noch intensiver mit dem Thema und versuchen die natürlichen Kreisläufe zu erkennen und zu begreifen, so wird es uns immer bewusster, wie wichtig für den Menschen ein respektvoller und nachhaltiger Umgang mit der Natur ist. Denn die Botschaft der Cree-Indianer ist einleuchtend: „Geld kann man nicht essen". – Und essen muss der Mensch.

Bibliografie

Alberti, Miranda: Die Küchen der Welt. Italien, München 1993
Amipa-Desam, Dr. Tendhon: Klassische Tibetische Medizin. Die Heilkunst aus dem Land des Dalai Lama, Bergisch Gladbach 2001
Anemueller, Dr. med. Helmut: Vollwerternährung – aber richtig, Stuttgart 1991
Angerstein, Joachim H.: Die Essighausapotheke, Augsburg 1997
Au, Franziska von / Bayer, Caroline: Das Praxisbuch Hausmittel, München 1998
Banis, Reimar: Durch Energieheilung zu neuem Leben, Petersberg 2004
Becker, Norbert: Der Wein. Lebensfreude und Gesundheit. Ein weinfachlicher und ärztlicher Ratgeber für den gesundheitsdienlichen Weingenuss, Freiburg 1992
Bethge, Philip: Erbse mit Eigenleben, in: Der Spiegel 50/2005
Binder, Alfred: Gesund durch Rot und Weißwein, Wiesbaden 1999
Binder, Franz / Wahler, Josef: Handbuch der gesunden Ernährung. Von Ahornsirup bis Zusatzstoffe, München 1993
Bingen, Hildegard von: Physica. Liber subtilitatum diversarum naturarum creaturarum, Berlin/Boston 2014
Bohlmann, Friedrich: Fit mit Molke, München 2000
Borgers, Dieter: Cholesterin: Das Scheitern eines Dogmas, Berlin 1993
Borst, Otto: Alltagsleben im Mittelalter; Frankfurt/Berlin/Wien 1979
Borst, Arno: Lebensformen im Mittelalter, München 2001
Braunschweig, Ruth von: Pflanzenöle. 30 starke Helfer für die Gesundheit, München 1998
Breuers, Dieter: Ritter, Mönch und Bauersleut, Bergisch-Gladbach 1994
Der Brockhaus Ernährung. Richtig essen. Gesund leben, Leipzig 2001
Bruker, Dr. med. M.O.: Unsere Nahrung – unser Schicksal, Lahnstein 2003
Bruker, Dr. med. M.O.: Gesund durch richtiges Essen, Düsseldorf 1981
Bown, Deni: Kräuter. Dumont's Gartenhandbuch, Köln 1998
Buchholz, Friedrich: Philosophische Untersuchungen über die Römer, 1919, unter: www.books.google.de
Budwig, Dr. Johanna: Öl-Eiweiß-Kost, Kernen 2007
Budwig, Dr. Johanna: Das Fettsyndrom. Die fundamentale Bedeutung der Fette und anderer Lipide, Freiburg 1996
Buttler, Monika: Die Kaukasus-Kost der Hundertjährigen, Berlin 1999

Burgerstein, Dr. Lothar: Handbuch. Nährstoffe, Stuttgart 2002

Cadogan, Mary: Die Meeresfrüchte. Erlesene Schlemmereien für Feinschmecker, Hamburg 1992

Camsong, Thidavadee: Die Küchen der Welt. Thailand. München 1994

Candra, Marco: Brodo. Das Brühenkochbuch für Gesundheit & Genus,(südwest) 2016

Capra, Fritjof: Wendezeit. Bausteine für ein neues Weltbild, Bern-München-Wien 1985

Carper, Jean: Nahrung ist die beste Medizin, München 1989.

Carper, Jean: Wunder-Medizin Nahrung, München 1994

Carstens, Dr. Veronica: Heilung durch Sonnenblumenöl? in: Natur und Medizin 1991

Charmine, Susan E.: Die komplette Rohsafttherapie, Bonn 1985

Collins, Marie / Davis, Virginia: Mittelalterliches Leben auf dem Lande, Wien 2003

Dahlke, Ruediger: Entschlacken Entgiften Entspannen. Natürliche Wege zur Reinigung, München 2003

Damen-Barakat, Dr. med. Maher / Baumgart, Dr. Gert: Arabische Naturheilkunde. Die besten Therapien aus dem vorderen Orient, Wien, München, Zürich 1998

Danner, Helma: Jetzt werde ich Vegetarier, Düsseldorf 1998

de´Medici Stucchi, Lorenza: Küche rund ums Mittelmeer, München 1987

Der Brockhaus: Ernährung. Gesund essen, bewusst leben, Leipzig, Mannheim 2001

Diamond, Harvey und Marylin: Fit fürs Leben. Fit for life 2, München 1992

Dhondt, Jan: Weltgeschichte. Das Frühe Mittelalter, Augsburg 2000

Duke, Dr. James A.: Die grüne Apotheke, München 1997

Elmadfa, Prof. Dr. Ibrahim / Fritzsche, Dipl.oec.troph. Doris: Unsere Lebensmittel. Tabellen mit Vitaminen und Mineralstoffen, essenziellen Fettsäuren, Kalorien, Eiweiß, Fett und Kohlenhydraten, Stuttgart 2005

Emoto, Masaru: Die Botschaft des Wassers, Burgrain 2002

Ernst, Friedrich: Bier. Künzelsau 1993

Ernährung. Ein Recht für alle. Ein Misereor Buch, Aachen 1997

Ettl, Aleksander: Fische, Künzelsau 1981

Fahrnow, Dr.Med. Ilse-Maria / Fahrnow, Jürgen: Fünf Elemente Ernährung, München 2005

Feibleman, Peter S.: Die Küche in Spanien und Portugal, Time-Live-Bücher 1970

Fernandez, Julia: Die Küchen der Welt. Mexiko, München 1994

Fischer-Reska, Hannelore: Die Bitterstoffrevolution, München 2005

Fischer-Reska, Hannelore: Die magische Kraft von Kristallsalz & Wasser, München 2002

Frawley, David: Das große Ayurveda-Heilungsbuch. Prinzipien und Praxis, München 2001

Fronek, Heidrun: Süßes ohne Reue. Köstlich und gesund, München 1999

Frohn, Birgit: Gute Fette schützen Leben, München 2004

Fron, Birgit / Über, Heiner / Xokonoschtletl: Medizin der Mutter Erde. Die alten Heilweisen der Indianer, München 1996

Frohn, Birgit: Natürlich heilen mit Olivenöl. Augsburg 2005

Fuchs, Nikolai: Leben mit der Erde. Oder: Warum uns die Bienen fehlen werden, in: *a tempo*, Mai 2007

Furtmayr-Schuh, Dr.rer.nat. Annelies: Postmoderne Ernährung, Stuttgart 1993

Geflügel & Wild, München 1995

Giger, Max W. : Nährstoff Fett. Rolle und Bedeutung, Gelnhausen 2008

Gmeiner, Andres Hrsg.: Durst – die Europäische Quellwasserkonferenz, Wien-Berlin 2010

Goertz, Wolfram: Experten: 1,5 Liter Wasser reichen, in: BBV 26.10.07

Goglin, Jean-Louis: Les`Misérables dans l'Occident médieval, 1976

Goglin, Jean-Louis: Nędzarze w średniowiecznej Europie, Warszawa 1998

Goldschmith, Edward: Der Weg. Ein ökologisches Manifest, München 1996

Gonder Ulrike: Positives über Fette und Öle. Warum gute Fette und Öle so wichtig für uns sind, Lünen 2013-1017

Grell, Max: Anders Essen. Anders Leben. Makrobiotik für Europäer. Bern 1982

Grimm, Hans-Ulrich / Zittlau, Jörg: Vitaminschock. Die Wahrheit über Vitamine: Wie sie nützen, wann sie schaden, München 2002

Grobauer, Wolfgang: Mit Lust und Liebe. Fisch & Meeresfrüchte, Niederhausen 1991

Gwinner, Thomas / Zhang, Zhenhuan: Küchen der Welt: Südchina. Kanton, München 1996

Gwinner, Thomas / Zhang, Zhenhuan: Die Küchen der Welt: Nordchina. Peking und Shandong, München 1999

Hägermann, Dieter (Hrsg.): Das Mittelalter. Die Welt der Bauern, Bürger, Ritter und Mönche, Buch und Medien 2001

Hamm, Michael: Fett ja – aber wenig und richtig, München 1999

Hamm, Prof. Dr. Michael: Knaurs Handbuch Ernährung, München 2003

Hanreich, Lotte und Ingeborg: Gesundes aus Milch selbst gemacht, Stuttgart 2000

Hauner, Andrea: Vitamine – Das Märchen vom Mangel, Film 2017

Hayamizu, Kiyoshi: Küchen der Welt, Japan, München 1994

Heintze, Dr. Med. Thomas M.: Trennkost aus ärztlicher Sicht, Niederhausen 1996

Hellmiß, Margot: Das große Praxisbuch Apfelessig, München 1997

Hellmiß, Margot / Scheithauer, Falk: Heilmittel der Natur. Öl aus Sesam, Olive & Co, München 1998

Helmke Hausen, Monika: Lebensquell Schüßlersalze. Die 12 bewährten Selbstheilungsmittel, Freiburg i. Br. 2002

Helm, Beate: Die Heilkräfte der Kalifornischen Blütenessenzen, München 1995

Hendel, Dr. Barbara / Ferreira, Peter: Wasser & Salz. Urquell des Lebens. Über die heilenden Kräfte der Natur, Herrsching 2002

Herden, Birgit: Hilfe! Was soll ich essen, in: PM Juni 2007

Herden, Birgit: Einfach essen, unter: www. zeit.de/2006/46/Ernährung

Herrmann, Karl: Exotische Lebensmittel. Inhaltstoffe und Verwendung, Berlin 1983

Herold, Edmund / Leibold, Gerhard: Heilwerte aus dem Bienenvolk, München 1996

Hertzka, Dr. Gottfried: Kleine Hildegard-Hausapotheke, Stein am Rhein 1994

Hertzka, Dr. Gottfried / Strehlow, Dr. Wighard: Große Hildegard Apotheke, Freiburg im Breisgau 1998

Hess, Reinhardt / Sälzer Sabine: Die echte italienische Küche, München 1991

Hirschfeld, Günter: Europäische Esskultur. Eine Geschichte der Ernährung von der Steinzeit bis heute, Frankfurt-New York 2001

Hirschsteiner, Tanja: Von Apfelessig bis Weißdorn. Die besten Haus- und Naturheilmittel, München 1998

Hofrichter, Robert: Das geheimnisvolle Leben der Pilze. Die faszinierenden Wunder einer verborgenen Welt, Gütersloh 2017

Houdou, Gérard: Das große Buch der Pilze. In Wald und Flur, München 1997

Höhn, Wolfgang: Heilfasten mit Früchten. Energie und Gesundheit für Körper und Seele, München 1995

Hoover, Thomas: Die Kultur des Zens, Köln 1983

Hubschmid, Peter C.: Tee – für Kenner und Genießer. Ein Brevier mit 40 Teerezepten, Düsseldorf 1985

Iburg, Anne: Dumonts kleines Gewürzlexikon, Köln 2002

Indien kulinarisch, Köln 2004

Jarvis, D.C.: 5 x 20 Jahre leben, Bern-Stuttgart 1963

Kaestele, Gina: Das Essen im Einklang mit Seele und Körper, Freiburg 1996

Kataoka, Haruyo: Japanisch kochen leicht gemacht, München 1988

Kauka, Mascha: Geflügel, Köln 2000

Keller, Markus / Gätjen, Eddith: Vegane Ernährung. Schwangerschaft, Stillzeit und Beikost, Stuttgart 2016

Kellenberger, Richard / Kopsche Friedrich: Mineralstoffe nach Dr. Schüssler. Ein Tor zu körperlicher und seelischer Gesundheit, Aarau 2003

Klaus, Helene: Gesund ernähren – gesund leben. Ratgeber von A bis Z, München 1993

Kluge, Hannelore: Dinkelkochbuch, München 1998

Knoop, Martin: Pilze, Niedernhausen 1979

Kollath, Werner: Die Ordnung unserer Nahrung, Stuttgart 2005

Königs, Peter: Kokosfett. Ideal für Genuss, Gesundheit und Gewicht, Kirchzarten 2003

Kräuter und Gewürze. Die feine Kunst der richtigen Anwendung, Stuttgart 1995

Krebs, Susanna / Loretan, Hildegard: Gemüse. Die Jahreszeiten-Küche, Zürich 1987

Kreuter, Josef Heinrich P.: Handbuch Homöopathie, München 2004

Kumar, Marcela und Bikash: Küchen der Welt. Indien, München 1994

Kunkel, Dr. Med. Christoph: Fünf-Elemente Ernährung. Ein Weg der Selbstheilung, Niedernhausen 1997

Lagerströn, Britta / Wernhart, Otto: Vollkornkost, Ravensburg 1984

Laffon, Martine und Carolin: Alternative Medizin. Die Heilkunde, München 2004

Lambert Oritz, Elizabeth: Kräuter, Gewürze & Essenzen. Das Handbuch für die Küche, München 2001

Laux, Helger und Hans E.: Kochrezepte für Naturfreunde. Wildgemüse, Wildfrüchte Wildkräuter – Erkennen, Sammeln, Zubereiten, Stuttgart 1981

Leitzmann, Klaus: Vegetarismus. Grundlagen, Vorteile, Risiken, München 2001

Leitzman, Klaus / Keller, Markus / Hahn, Andreas: Alternative Ernährungsformen, Stuttgart 1999

Leonard, Jonathan Norton: Die Küche in Lateinamerika, Time-Live-Bücher 1974

Lexikon der Heilpflanzen, Wien 1995

Li, Christine: Chinesische Medizin für den Alltag, München 2006

Lockie, Dr. Andrew / Geddes, Dr. Nicola: Homöopathie, Augsburg 2000

Lutzenberger, José / Gottwald, Hans-Theo: Ernährung in der Wissensgesellschaft, Frankfurt-New York 1999

Mayer, Monika: Stevia – natürlich süßen ohne Kalorien, München 2000

Martin, Dr. Selma M.: Gesund durch richtiges Trinken, München 1998

Meier, Dr. Johannes Gottfried / Uehleke, Dr. med. Bernhard / Saum, Pater Kilian OSB: Das große Handbuch Klosterheilkunde, München 2005

Montanari, Massimo: Der Hunger und der Überfluss. Kulturgeschichte der Ernährung in Europa, München 1999

Moore, Thomas: Fenster zur Seele. Wer wir sind, was wir sein können, München 2001

Morningstar, Amadea u.a.: Die Ayurveda Küche. München 1999

Müller-Burzler, Henning: Auf den Spuren der Methusalem Ernährung, Oberstdorf 2006

Nadolny, Sten: Die Entdeckung der Langsamkeit, München 1983

Naumann, Regina: Bioaktive Substanzen: die Gesundmacher in unserer Nahrung, Reinbek 1997

Nentwig, Wolfgang: Humanökologie. Fakten - Argumente - Ausblicke, Berlin-Heidelberg-New York 2005

Ohashi, Watari: Körperdeutung. Östliche Diagnose und Therapie, Freiburg 1995

Ogodi, Mariana: Palmenwein und Erdnusskekse in: Ernährung in der Wissensgesellschaft von Lutzenberger, José / Gottwald, Franz –Theo, Frankfurt-New York 1999

Oberbeil, Klaus / Lentz, Dr. med. Christiane: Obst und Gemüse als Medizin. Die Heilkräfte unserer Nahrungsmittel wirksam nutzen, München 1996

Omas Lexikon der Kräuter und Heilpflanzen, Augsburg 2005

Ortner, Marlies: Essbare Wildpflanzen aus dem Hausgarten, 150 Sorten: Obst, Kräuter, Gemüse, Staufen bei Freiburg 2013

Otzen, Barbara und Hans: Das Kartoffelbuch. Geschichte und Geschichten, Königswinter 2005

Pahlow, Manfred: Das große Buch der Heilpflanzen, Augsburg 2004

Peter, Peter: Cusina e Cultura. Kulturgeschichte der italienischen Küche, München 2007

Paulus, Jochen: Radikal aus Unsicherheit. Wer an der Zukunft und sich selbst zweifelt, sucht Sicherheit durch strenge Regeln, in: Bild der Wissenschaft 12/2016

Piroué, Susi: Küchen der Welt. Frankreich, München 1995

Pollan, Michael: Diabetes! Fettsucht! Hölle!, in: Der Spiegel 12/2016

Pollmer, Udo / Warmuth, Susanne: Lexikon der populären Ernährungsirrtümer, Frankfurt am Main 2000

Pollmer, Udo /Fock, Andrea / Gonder, Ulrike / Haug, Karin: Prost Mahlzeit! Krank durch gesunde Ernährung, Köln 1994

Polunin, Miriam: Die 50 besten Lebensmittel für ihre Gesundheit. Was sie bewirken, wofür sie gut sind, München 1997

Possin, Roland: Vom richtigen Essen. Ernährung im Einklang mit den vier Elementen, München 1995

Pötzl, Norbert F.: Frust statt Lust, in: Der Spiegel 25/2005 oder unter: www.spiegel.de/print/d-40788904.html

Probst, Gabriele: Wildfrüchte. Köstlichkeiten und Heilmittel aus Wald und Flur, Stuttgart 1986

Pütz, Jean / Norten , Ellen / Werner, Kordula: Essig & Öl. Von Apfelessig bis Zimtöl, Köln 1998

Pütz, Jean / Norten, Ellen: Joghurt, Quark & Käse. Köln 1998

Qusar, Dr. Namgyal /Sergent, Jean-Claude: Tibetische Medizin und Ernährung, München 1997

Rau, Santa Rama: Die Küche in Indien, Time-Live-Bücher 1977

Rauch-Petz, Dr. med. Gisela: Heilende Biostoffe aus dem Gemüsekorb, München 1995

Ressel, Hildegard: Die Macht der Gewohntheit. Von der heilsamen Kraft unserer täglichen Rituale, Zürich 1995

Rhyner, Hans H. / Rosenberg, Kerstin: Das große Ayurveda
Ernährungsbuch, Neuhausen 2003
Richberg, Inga-Maria: Altes Gärtnerwissen wieder entdeckt, München
2004
Riedmeier, Margit / Seefeld, Martina: Gesunde Ernährung, Stuttgart 2001
Roberts, Jane: Die Natur der persönlichen Kreativität. Ein neues
Bewusstsein als Quelle der Kreativität, Kreuzlingen-München 2002
Rogans, Eve: Chinesische Kräuter-Heilkunde, Köln 1999
Rückert, Ulrich: Medizin, die nichts kostet. Ein Kneipp-Buch für
Menschen von heute, Genf 1987
Rückert, Ulrich: Vitamine und Mineralstoffe. Die Bausteine für ihre
Gesundheit, Genf 1985
Selius, Christine: Das kleine Tee-ABC. Alles über Sorten, Anbaugebiete,
Einkauf und Zubereitung, München 2000
Schauberger, Viktor : Das Wesen des Wassers, Baden/ München 2006
Schenk, Dr. Alexander / Ploss, Dr. Oliver / Gröber, Uwe: Klosterfrau
Gesundheitsbuch. Heilpflanzen. Homöopathie. Vitalstoffe, München 2003
Scherer, Dieter: Das große Ayurveda Buch, München 2002
Schneider, Regine: Entdecken, was wirklich zählt, Frankfurt am Main
1998
Schröder, Rudolf: Kaffee, Tee und Kardamom. Tropische Genussmittel
und Gewürze. Geschichte, Verbreitung, Anbau, Ernte, Aufarbeitung,
Stuttgart 1991
Schulz, Anne: Essen und Trinken im Mittelalter (1000-1300).
Literarische, kunsthistorische und archäologische Quellen, Berlin-Boston
2011
Schünemann, Claus: Lernfelder der Bäckerei und Konditorei, Alfeld-
Leine 2008
Schwarz, Aljoscha A. / Schweppe, Ronald: Gewürzheilkunde, Augsburg
1996
Schwarz, Aljoscha A. / Schweppe, Ronald P.: Heilen mit Gewürzen,
München 1996
Schweppe, Ronald P. /Schwarz, Aljoscha A.: Tibetische Heilkunst.
Gleichgewicht der Energien. Fünf-Elemente-Lehre, München 1999
Schwarz, Aljoscha A / Schweppe, Ronald P.: Tao. Mehr Energie,
Sinnlichkeit und Lebensfreude, München 2001
Shiva, Vandana: Biopiraterie, Münster 2002

Shiva, Vandana: Das Leben ist Nahrung. in: Ernährung in der Wissensgesellschaft von Lutzenberger und Gottwald (siehe oben)
Steinbrecht-Baade, Christine: Traditionelle Chinesische Medizin. Gesundheit, Glück und langes Leben, München 1998
Stöcker, Martina: Ein Meer an Geschmack. Artikel in BBV 5.04.2008
Stohrer, Michael: Die Kunst, harmonisch zu essen, Geo Nr. 6/2001
Strehlow, Dr. Wighard: Hildegard Heilkunde von A-Z, München 1998
Strehlow, Dr. Wighard: Die Ernährungstherapie der Hildegard von Bingen, Stuttgart 2003
Stürmer, Ernst: Asiatische Heilkunst, Freiburg 1992
Thielke, Wolfgang: Das praktische Kursbuch Hausmittel, Augsburg 1998
Tietze, Henry G.: Das Essen. Eine Kulturgeschichte unserer Ernährung von Anfängen bis heute, Hannover 1978
Tonkinson, Carole Hrsg.: Wach auf und koche. Buddhismus für Küche und Leben, München 1998
Treben, Maria: Gesundheit aus der Apotheke Gottes, Steyr 1995
Camsong, Tridavadee: Küchen der Welt. Thailand, München 1993
Verma, Dr.Vinod: Das Ayurveda-Programm für jeden Tag, München 200
Varrier, Gopi / Deepika, Gunavynt: Das große Buch Ayurveda. Der Weg zu gesundem Leben. Grundlagen und Praxis der indischen Naturheilpraxis, München 1997
Wang, Xiao Hui / Schinharl, Cornelia: Die Küchen der Welt. China, München 1993
Weiler, Ulrike: Fleisch essen? Eine Aufklärung, (Westend) 2016
Wessling, Elke / Kunze, Petra: 300 Fragen zum Feng-Shui, München 2008
Widjaya, Kusuma / Marske, Roland: Die Küchen der Welt: Indonesien, München 1994
Worm, Nikolai: Gute Fette, schlechte Fette, in: Slow Food 06/2016, S. 60-63
Wild. Die besten Genießerrezepte, Köln (Essen & Genießen)
Zeltner, Renate: Das neue Pilzkochbuch, München 1984
Zeltner, Renate: Getreide. Die 100 besten Vollwertrezepte mit ausführlicher Warenkunde, München 1989
Zitlau, Dr. Jorg / Kriegisch, Dr. Norbert: Das große Buch der gesunden Ernährung, Stuttgart 1997

Weiterführende Artikeln im Internet

Bratfette
https://pfanenhelden.de/oel-zu-braten
www.lebensmittel-warenkunde.de/lebensmittel/fette-
oele/tierische.../gaenseschmal.html
Cholesterin
Cornelia Dick-Paff: Cholesterin schmiert doch Gehirn, unter:
www.wissenschaft.de (unter Leben und Umwelt – Gesundheit) angesehen
am 03.07.2017
www.spektrum.de/news/die-cholesterin-bombe/124826 angesehen am
03.07.2017
www.deutschlandradio.de/archiv/dlr/sendungen/mahlzeit/152973/index.ht
m/ von 12.7.2003 angesehen am 05.07.2017
Fische
www.fische-arten.de
www.wikipedia.org/wiki/stockfisch
www.fischschutz.de/aal/59-aktuelle-gefaerdung-des-aals
gesättigte Fette
www.de.sott.net/artickle/1145-die-wahrheit-ueber-gesaetiggte-fette (von
8.03.2011)
Römer
www.imperiumromanum.com/kultur/kulinarium/kulinarium-
fleisch_01.htm
Transfettsäuren
www.dge./wissenschaft/weitere-publikationen/fachinformationen/trans-
fettsaeuren/
www.lebensmittellexicon.de/t0001330.php#6
www.blog.paleosophie.de/2012/03/04/alles-was-man-ueber-fett-wissen-
sollte/
Vitamin B12
www.sha-vegan.de/starthilfe-vegan-vegetarisch/vitamin-b12-ratgeber/
angesehen 06.2017
www.zentrum-der-gesundheit.der/vitamin-b12-ia.html
www.vitamine-lexikon.de/vitamin-b12-cobalamin.shtml

Danksagung

Ich bedanke mich herzlich bei meiner Freundin Barbara für das Korrekturlesen und bei Martin für die Bearbeitung des Umschlagsfotos.

Inka Faltynowicz

MIX

Papier | Fördert
gute Waldnutzung

FSC® C083411

Zeitfracht Medien GmbH
Ferdinand-Jühlke-Straße 7
99095 Erfurt, Deutschland
produktsicherheit@kolibri360.de